A LOUCURA DAS MASSAS

GÊNERO, RAÇA E IDENTIDADE

A LOUCURA DAS MASSAS

GÊNERO, RAÇA E IDENTIDADE

DOUGLAS MURRAY

Tradução de
Alessandra Bonrruquer

2ª edição

EDITORA RECORD
RIO DE JANEIRO • SÃO PAULO

2024

CIP-BRASIL. CATALOGAÇÃO NA PUBLICAÇÃO
SINDICATO NACIONAL DOS EDITORES DE LIVROS, RJ

M962L
2ª ed.

Murray, Douglas
A loucura das massas: gênero, raça e identidade / Douglas Murray; tradução Alessandra Bonrruquer. – 2ª ed. – Rio de Janeiro: Record, 2024.

Tradução de: The madness of crowds
Inclui índice
ISBN 978-85-01-11857-8

1. Ciências sociais. 2. Justiça social. 3. Identidade social – Aspectos políticos. I. Bonrruquer, Alessandra. II. Título.

20-63120

CDD: 306
CDU: 316.06

Meri Gleice Rodrigues de Souza – Bibliotecária – CRB-7/6439

Copyright © Douglas Murray, 2019
Pósfácio © Douglas Murray, 2020
Esta tradução de *A loucura das massas* foi publicada em acordo com a Bloomsbury Publishing Plc.

Título original em inglês: The madness of crowds

Todos os direitos reservados. Proibida a reprodução, armazenamento ou transmissão de partes deste livro, através de quaisquer meios, sem prévia autorização por escrito.

Texto revisado segundo o Acordo Ortográfico da Língua Portuguesa de 1990.

Direitos exclusivos de publicação em língua portuguesa para o Brasil
adquiridos pela
EDITORA RECORD LTDA.
Rua Argentina, 171 – 20921-380 – Rio de Janeiro, RJ – Tel.: (21) 2585-2000, que se reserva a propriedade literária desta tradução.

Impresso no Brasil

ISBN 978-85-01-11857-8

Seja um leitor preferencial Record.
Cadastre-se no site www.record.com.br
e receba informações sobre nossos
lançamentos e nossas promoções.

Atendimento e venda direta ao leitor:
sac@record.com.br

EDITORA AFILIADA

SUMÁRIO

Introdução	9
1. Gays	19
Interlúdio — As fundações marxistas	61
2 Mulheres	75
Interlúdio — O impacto da tecnologia	119
3. Raça	135
Interlúdio — Sobre o perdão	191
4. Trans	201
Conclusão	249
Posfácio	277
Agradecimentos	289
Notas	291
Índice	309

"A marca especial do mundo moderno não é ser cético, mas ser dogmático sem saber."

G. K. Chesterton

"Meu Deus do céu, olha a bunda dela
Meu Deus do céu, olha a bunda dela
Meu Deus do céu, olha a bunda dela
(Olha a bunda dela)
Olha, olha, olha
Olha a bunda dela."

N. Minaj

INTRODUÇÃO

Vivemos um grande transtorno das massas. Em público e em particular, on-line e off-line, as pessoas adotam o comportamento de manada, agindo de maneiras cada vez mais irracionais, febris e simplesmente desagradáveis. O ciclo diário de notícias está repleto das consequências desse comportamento. Embora vejamos os sintomas por toda parte, não enxergamos as causas.

Várias explicações foram dadas. Elas tendem a sugerir que toda e qualquer loucura é consequência de uma eleição presidencial ou de um referendo. Mas nenhuma dessas explicações chega às raízes do que está acontecendo de fato. Pois, muito abaixo desses eventos cotidianos, ocorrem movimentos e eventos muito maiores. Está na hora de começarmos a confrontar as verdadeiras causas do que está dando errado.

Até mesmo a origem dessa condição raramente é reconhecida. Trata-se do simples fato de que, há mais de um quarto de século, entramos em um período no qual todas as nossas grandes narrativas entraram em colapso. Uma a uma, elas foram refutadas, tornaram-se difíceis de defender ou impossíveis de se manter. As explicações para a existência dadas pela religião ruíram primeiro, a partir do século XIX. Então, no século passado, as esperanças seculares oferecidas por todas as ideologias políticas começaram a desabar. Na última parte do século XX, entramos na era pós-moderna, que se definiu e foi definida pela suspeita em relação a todas as grandes narrativas.[1] No entanto, como aprendem as crianças na escola, a natureza abomina o vácuo e, no vácuo pós-moderno, novas ideias começaram a surgir, com a intenção de fornecer explicações e sentidos próprios.

Era inevitável que algo brotasse no campo abandonado. Os povos das ricas democracias ocidentais de hoje não poderiam ser os únicos da história a não ter absolutamente nenhuma explicação para o que estamos fazendo aqui e nenhuma história para nos dar propósito. Por mais falhas que fossem, as grandes narrativas do passado ao menos davam sentido à vida. A questão sobre o que exatamente deveríamos estar fazendo — além de enriquecer quando podemos e nos divertir sempre que possível — precisava ser respondida de algum modo.

A resposta que se apresentou em anos recentes foram novas batalhas, campanhas cada vez mais selvagens e demandas cada vez mais estritas. Foi encontrar sentido lutando constantemente contra qualquer um que pareça estar do lado errado de uma questão que acabou de ser reformulada e cuja resposta acabou de ser alterada. A incrível velocidade desse processo se deve principalmente ao fato de que um punhado de empresas no Vale do Silício (notadamente Google, Twitter e Facebook) agora não somente tem o poder de decidir o que a maioria das pessoas sabe, pensa e diz, mas também possui um modelo de negócios acuradamente descrito como baseado em "clientes dispostos a pagar para modificar o comportamento alheio".[2] Porém, embora sejamos perturbados por um mundo tecnológico que corre mais rápido do que nossas pernas conseguem acompanhar, essas guerras não ocorrem a esmo. Elas seguem consistentemente em uma direção particular. E essa direção tem um vasto propósito. O propósito — desconhecido para algumas pessoas, deliberado para outras — é incluir uma nova metafísica em nossas sociedades; uma nova religião, se preferir.

Embora as fundações tenham sido estabelecidas há várias décadas, foi somente após o colapso financeiro de 2008 que passaram a fluir para o mainstream ideias previamente conhecidas apenas pelas franjas mais obscuras da academia. O poder de atração desse novo conjunto de crenças é bastante óbvio. Não está claro por que uma geração que não consegue acumular capital deveria sentir algum amor pelo capitalismo. E não é difícil descobrir por que uma geração que acredita que jamais terá casa própria pode se sentir atraída por uma visão ideológica que promete solucionar toda desigualdade existente, não somente em sua vida, mas no mundo inteiro. A interpretação do mundo através das lentes da "justiça social", da "política de identidade de grupo" e da "interseccionalidade" provavelmente é o mais audacioso e abrangente esforço, desde o fim da Guerra Fria, de criar uma nova ideologia.

INTRODUÇÃO

Até agora, a "justiça social" foi a que chegou mais longe porque soa — e, em algumas versões, realmente é — atraente. A própria expressão desencoraja a oposição. "Você se opõe à justiça social? O que você quer, *in*justiça social?" A "política identitária", entrementes, tornou-se o lugar no qual a justiça social encontra seu *caucus*. Ela atomiza a sociedade em diferentes grupos de interesse, de acordo com sexo (ou gênero), raça, preferência sexual e mais. Ela presume que tais características são os principais, ou únicos, atributos relevantes de seus detentores, e que trazem consigo algum bônus adicional — por exemplo (como disse o escritor norte-americano Coleman Hughes), a suposição de que um "conhecimento moral ampliado" surge de ser negro, mulher ou gay.[3] É isso que faz com que as pessoas tenham a propensão de começar perguntas ou declarações evocando um "lugar de fala". E, nisso, vivos e mortos precisam estar do lado certo. É por isso que há pedidos para remover estátuas de figuras históricas vistas como estando do lado errado, e é por isso que o passado precisa ser reescrito em nome de quem quer que se deseje salvar. É por isso também que se tornou perfeitamente normal para um senador do Sinn Féin alegar que as greves de fome de membros do IRA, o Exército Republicano Irlandês, em 1981 foram em nome dos direitos dos gays.[4] A política identitária encoraja grupos minoritários a simultaneamente se atomizar, se organizar e se pronunciar.

O conceito menos atraente dessa trindade é a "interseccionalidade". Trata-se do convite para passarmos o resto da vida tentando identificar cada alegação de identidade e vulnerabilidade em nós mesmos e nos outros, e então nos organizarmos ao longo de qualquer sistema de justiça que possa emergir da perpetuamente mutável hierarquia que descobrirmos. É um sistema não só impraticável como enlouquecedor, fazendo demandas impossíveis na busca de objetivos inatingíveis. Porém, a interseccionalidade escapou dos departamentos de ciências sociais das faculdades de artes liberais em que se originou. Ela é levada a sério por uma geração de jovens e — como veremos — se imiscuiu, a partir das leis trabalhistas (especificamente, por meio do "compromisso com a diversidade") em todos os principais governos e corporações.

Novas heurísticas foram necessárias para forçar as pessoas a engolir as novas suposições. A velocidade com que elas entraram no mainstream foi assombrosa. Como observou o matemático e escritor Eric Weinstein (e como demonstram as buscas no Google Books), termos como "LGBTQ", "privilégio branco" e "transfobia" passaram de nunca usados para dominantes. Como escreveu sobre o gráfico resultante, o "material de conscientização" que millennials e outros estão usando "para destruir milênios de opressão e/ou civilização [...] foi criado há vinte minutos". E, embora não haja nada errado em tentar novas ideias e frases, "é preciso ser muito precipitado para se apoiar tão pesadamente em tantas heurísticas não testadas inventadas pelos pais deles, em campos não testados que ainda não têm cinquenta anos".[5] Similarmente, Greg Lukianoff e Jonathan Haidt indicaram, em seu livro de 2018 *The Coddling of the American Mind*, quão novas são as maneiras de policiar e impor essas heurísticas. Expressões como *triggered* (gatilho emocional disparado) e *feeling unsafe* (sentindo-se inseguro), bem como alegações de que palavras que não se adaptam à nova religião causam "danos", só começaram a ser empregadas mais intensamente de 2013 em diante.[6] É como se, tendo descoberto o que queria, a nova metafísica levasse mais meia década para descobrir como intimidar o mainstream a fim de aceitar seus seguidores. Mas ela fez isso, e com grande sucesso.

Os resultados podem ser vistos nas notícias cotidianas. No fato de que a Associação Americana de Psicologia sentiu necessidade de aconselhar seus membros sobre como treinar meninos e homens para que não manifestem a danosa "masculinidade tradicional".[7] Foi por isso que um programador até então completamente desconhecido do Google — James Damore — foi demitido por escrever um meme sugerindo que alguns empregos da área tecnológica são mais atraentes para homens que para mulheres. E foi por isso que o número de norte-americanos que veem o racismo como "grande problema" dobrou entre 2011 e 2017.[8]

Tendo começado a ver tudo através das novas lentes que nos forneceram, tudo foi transformado em arma, com consequências desconcertantes e enlouquecedoras. Foi por isso que o *New York Times* decidiu publicar o artigo de um autor negro intitulado "Meus filhos podem ser amigos de pessoas brancas?".[9] E foi por isso que até mesmo uma matéria sobre morte de ciclistas em Londres, escrita por uma mulher, pôde receber o título "Estradas projetadas por homens estão matando mulheres".[10] Tal retórica exacerba quaisquer divisões existentes e cria várias outras. E para quê? Em

INTRODUÇÃO

vez de demonstrar como podemos conviver melhor, as lições da última década parecem intensificar a sensação de que, na verdade, não somos muito bons em conviver.

Para a maioria das pessoas, alguma consciência sobre esse novo sistema de valores surgiu não tanto por meio de tentativas, mas, sim, de erros muito públicos. Pois algo que todos começaram a ao menos pressentir em anos recentes é que um conjunto de detonadores foi implantado na cultura. Tenham sido instalados por indivíduos, coletivos ou algum sátiro divino, eles estão lá, esperando as pessoas. Algumas vezes, o pé de alguém os ativa sem querer e a pessoa imediatamente explode. Em outras ocasiões, as pessoas observam algum louco corajoso andar diretamente até a terra de ninguém, plenamente consciente do que está fazendo. Após cada detonação resultante, há algum debate (incluindo o ocasional grito de admiração), e então o mundo segue em frente, aceitando que outra vítima foi abatida pelo estranho e aparentemente improvisado sistema de valores de nossa época.

Levou algum tempo para que esses detonadores fossem delineados, mas eles estão claros agora. Entre os primeiros a se tornarem nítidos, estava qualquer coisa ligada à homossexualidade. Na última metade do século XX, a luta pela igualdade gay foi tremendamente bem-sucedida, revertendo uma terrível injustiça histórica. Depois que essa guerra foi vencida, ficou claro que ainda não terminara. Estava se metamorfoseando. A sigla GLB (gays, lésbicas e bissexuais) se tornou LGB, a fim de não diminuir a visibilidade das lésbicas. Depois um T foi acrescentado (do qual falaremos muito mais em breve). Então um Q e algumas estrelas e asteriscos. Conforme o alfabeto gay crescia, algo mudou no interior do movimento. Ele começou a se comportar — na vitória — como seus oponentes de outrora. Quando a situação se inverteu, algo feio aconteceu. Há uma década, quase ninguém apoiava o casamento gay. Mesmo grupos que defendiam os direitos gays, como o Stonewall, não eram a favor. Alguns anos depois, ele se transformou em valor fundacional do liberalismo moderno. Falhar na questão do casamento gay — somente alguns anos depois de quase todos falharem (incluindo os grupos que defendiam os gays) — era inaceitável. As pessoas podem concordar com certas reivindicações de direitos, ou não concordar, mas transformar os costumes tão rapidamente é algo que precisa ser feito com extraordinária sensibilidade e profunda reflexão. E, no entanto, parecemos contentes em passar por isso a todo vapor, sem sensibilidade nem reflexão. Outras questões seguiram um padrão similar. Os direitos das mulheres — como os direitos dos gays — se acumularam constantemente ao longo do século XX. E pareciam estar se consolidando. Quando o trem parecia estar chegando ao destino, ele subitamente acelerou e disparou pelos trilhos, desaparecendo de vista. Algo que mal era discutido até ontem se tornou motivo para destruir a vida de alguém hoje. Carreiras inteiras foram destroçadas enquanto o trem seguia seu caminho.

Carreiras como a do professor Tim Hunt, de 72 anos, vencedor do Prêmio Nobel, foram destruídas após uma piada sem graça, durante uma conferência na Coreia do Sul, sobre homens e mulheres se apaixonando no laboratório.[11] Expressões como "masculinidade tóxica" entraram no uso comum. Qual a virtude de tornar as relações entre os sexos tão tormentosas que a metade masculina da espécie passou a ser tratada como se fosse cancerígena? Ou do desenvolvimento da ideia de que homens não têm o direito de falar sobre o sexo feminino? Por que, quando as mulheres atravessaram mais barreiras que em qualquer outra época da história, alegações sobre "o patriarcado" e *mansplaining* saíram das franjas feministas e se infiltraram em locais como o Senado australiano?[12]

De modo similar, o movimento norte-americano pelos direitos civis, iniciado para corrigir o mais horrível dos erros históricos, parecia estar se movendo na direção da resolução desejada. Porém, novamente, perto da vitória tudo pareceu dar errado. Quando as coisas pareciam melhores que nunca, a retórica começou a sugerir que nunca foram tão ruins. Subitamente — depois que a maioria de nós passou a esperar que isso já nem entrasse em pauta —, tudo parecia ser sobre raça. Como com todos os outros detonadores, somente um tolo ou um louco pensaria em sequer especular — quem dirá disputar — essa reviravolta dos eventos.

Finalmente, chegamos tropeçando, pasmos, ao território menos mapeado de todos: a alegação de que vivia entre nós um número considerável de pessoas que estavam em um corpo errado e que, como consequência, as poucas certezas que ainda existiam em nossas sociedades (incluindo certezas enraizadas na ciência e na linguagem) precisavam ser totalmente reformuladas. De certa maneira, o debate sobre a questão trans é o mais sugestivo

INTRODUÇÃO

de todos. Embora a mais nova das questões sobre direitos também afete, de longe, um menor número de pessoas, ela é disputada com uma ferocidade e uma raiva sem iguais. Mulheres que ficaram do lado errado da questão foram perseguidas por pessoas que costumavam ser homens. Pais que deram voz àquilo que até ontem era uma crença comum tiveram sua habilidade parental questionada. No Reino Unido e em outros lugares, a polícia visitou pessoas que não admitiam que homens podem ser mulheres (e vice-versa).[13]

Entre as coisas que essas questões têm em comum está o fato de que começaram como campanhas legítimas pelos direitos humanos. É por isso que chegaram tão longe. No entanto, em algum ponto, atravessaram a defensa metálica na beira da estrada. Não contentes em ser iguais, começaram a se assentar em posições insustentáveis, como "melhores". Alguns podem contrapor que o objetivo é simplesmente passar algum tempo sendo "melhor" a fim de nivelar o campo de jogo histórico. Após o movimento #MeToo, passou a ser comum ouvir tais sentimentos. Como disse um apresentador da CNN, "Pode estar havendo certa correção excessiva, mas tudo bem. Estávamos precisando de uma correção".[14] Até agora, ninguém sugeriu quando a correção excessiva pode ser finalizada ou quem é confiável o bastante para anunciá-la.

O que todos sabem é do que as pessoas serão chamadas se seus pés esbarrarem nesses detonadores recém-instalados. "Preconceituoso", "homofóbico", "sexista", "misógino", "racista" e "transfóbico", para começar. As lutas pelos direitos de nossa época foram centradas nessas questões tóxicas e explosivas. Mas, no processo, essas questões sobre direitos deixaram de ser produto de um sistema e passaram a ser fundação de outro. Para demonstrar afiliação a ele, as pessoas devem comprovar suas credenciais e seu comprometimento. Como alguém pode demonstrar virtude nesse novo mundo? Sendo "antirracista", claro. Sendo "aliado" das pessoas LGBT, obviamente. Enfatizando quão ardente é seu desejo — seja homem ou mulher — de derrubar o patriarcado. E isso cria um problema de recrutamento no qual as juras públicas de lealdade ao sistema devem ser feitas eloquentemente, quer sejam necessárias ou não. É a extensão de um conhecido problema do liberalismo, reconhecido mesmo entre aqueles que já participaram da nobre batalha. Trata-se de uma tendência identificada pelo falecido filósofo político australiano Kenneth Minogue como "síndrome de São Jorge aposentado". Depois de derrotar o dragão, o bravo guerreiro se vê vagando a esmo, procurando batalhas ainda mais gloriosas. Ele precisa dos dragões. Finalmente, após se cansar perseguindo dragões cada vez menores, ele talvez seja encontrado brandindo a espada no ar, contra dragões imaginários.[15] Se isso é uma tentação para um verdadeiro São Jorge, imagine o que pode fazer a alguém que não é santo, não tem cavalo nem lança, e sequer ao menos é notado. Como ele pode tentar persuadir as pessoas de que, se tivesse uma chance histórica, também, e indubitavelmente, teria matado o dragão?

Nas alegações e na retórica de apoio citadas neste livro, há muito disso em evidência. Nossa vida pública está cheia de pessoas desesperadas para vigiar as barricadas muito depois de a revolução ter acabado. Seja porque confundem a barricada com um lar ou porque não têm lar para ir. Em ambos os casos, a demonstração de virtude exige que se exagere o problema, o que então o amplifica.

Mas há ainda mais problemas nisso tudo, e é por isso que levo a sério as bases dessas novas metafísicas e as analiso uma a uma. Em cada uma dessas questões, um número cada vez maior de pessoas, tendo a lei a seu lado, pretende que sua questão, ou melhor, que todas as questões foram encerradas e acordadas. Mas dá-se o contrário. De fato, não se concorda sobre a natureza daquilo sobre o que se deve concordar. Cada uma dessas questões é infinitamente mais complexa e instável do que nossas sociedades estão dispostas a admitir. E é por isso que, unidas como blocos de sustentação de uma nova moralidade e uma nova metafísica, elas formam a base da loucura geral. Na verdade, é difícil imaginar uma base mais instável para a harmonia social.

Pois, embora a igualdade social, os direitos das minorias e os direitos das mulheres estejam entre os melhores produtos do liberalismo, eles formam as fundações mais desestabilizadoras. Tentar transformá-los em fundações é como virar uma banqueta de bar de cabeça para baixo e então tentar se equilibrar sobre ela. Os produtos do sistema não podem reproduzir a estabilidade do sistema que os produziu. Entre outras razões, porque cada uma dessas questões é um componente profundamente instável em si mesmo. Apresentamos cada uma delas como acordada e resolvida. No entanto, embora as infinitas contradições, fabricações e fantasias no interior de cada uma sejam visíveis para todos, identificá-las é não somente

INTRODUÇÃO

desencorajado, como também policiado. Assim, nos pedem para concordar com coisas nas quais não podemos acreditar.

Essa é a causa central da feiura das discussões tanto na vida on-line como na vida real. Pois estão nos pedindo que demos uma série de saltos que não podemos dar e que talvez fosse melhor não dar. Estão nos pedindo que acreditemos em coisas inacreditáveis e nos dizendo para não objetar sobre questões (como dar drogas a crianças para evitar que entrem na puberdade) sobre as quais a maioria de nós se opõe intensamente. A dor que surge dessa expectativa de permanecer em silêncio em algumas questões importantes e dar saltos impossíveis em outras é tremenda, também porque os problemas (inclusive as contradições internas) são muito evidentes. Como pode atestar qualquer um que tenha vivido sob o totalitarismo, há algo degradante e destruidor da alma na obrigação de aceitar que são verdadeiras alegações nas quais você não acredita e que não podem se provar verdadeiras. Se a crença é que as pessoas devem ser vistas como tendo o mesmo valor e merecendo a mesma dignidade, pode ficar tudo bem. Se lhe pedem, no entanto, para acreditar que não há diferença entre homossexualidade e heterossexualidade, homens e mulheres, racismo e antirracismo, então, depois de algum tempo, isso o levará ao desespero. Esse desespero — ou loucura das massas — é algo que estamos atravessando e do qual realmente precisamos tentar sair.

Se falharmos, a direção da viagem está clara. Enfrentaremos um futuro não somente de atomização, raiva e violência cada vez maiores, mas também no qual a possibilidade de reação contra todos os avanços em termos de direitos — incluindo os bons — se torna maior. Um futuro no qual o racismo será respondido com racismo e a difamação baseada em gênero com difamação baseada em gênero. Em certo estágio da humilhação, simplesmente não há razão para os grupos majoritários não se engajarem em jogos que funcionaram tão bem contra eles mesmos.

Este livro sugere algumas maneiras de sairmos dessa situação. Mas o melhor caminho para começar é não somente entender as bases do que está acontecendo no momento, mas também ser livres para discuti-las. Ao escrever este livro, descobri que o Exército britânico possui um mecanismo localizador de minas terrestres que hoje é chamado de Píton, mas cuja versão anterior era conhecida como Víbora Gigante. Quando esse sistema móvel é dirigido contra um campo minado, ele dispara um foguete, atrás do qual se desdobra uma cauda parecida com uma mangueira, de centenas de metros e cheia de explosivos. Quando tudo está pronto no campo (e, como tudo o mais, é possível encontrar vídeos on-line), o sistema causa uma "detonação solidária". Ou seja, a coisa toda explode, detonando as minas dentro de um raio significativo do foguete e sua cauda. Embora o sistema não limpe todo o campo minado, ele pode abrir uma trilha, permitindo que outras pessoas, caminhões e mesmo tanques transitem com segurança por um terreno até então intransitável.

De maneira modesta, penso neste livro como meu sistema Víbora. Não pretendo limpar todo o campo minado — e não conseguiria, mesmo que quisesse. Mas espero que este livro ajude a abrir um caminho pelo qual, mais tarde, outras pessoas possam passar com mais segurança.

1

Gays

Estamos em um dia gelado de fevereiro de 2018, em Londres, e uma pequena manifestação está ocorrendo em frente a um cinema em Piccadilly Circus. Encasacados, os quietos manifestantes seguram cartazes dizendo "SILENCIADO". A maioria dos londrinos que tentam chegar às paradas de ônibus ou aos bares do Soho do outro lado da praça mal os nota. Um casal observa que o grupo é composto majoritariamente de pessoas de meia-idade ou idosas. Um diz para o outro: "Deve ser algum protesto do UKIP (United Kingdom Independence Party, ou Partido de Independência do Reino Unido)." Mas não é. As dezenas de pessoas reunidas estão ali para assistir a um filme chamado *Vozes dos silenciados* [*Voices of the Silenced*]. Mas, como seus cartazes indicam, o próprio filme foi silenciado.

Os organizadores reservaram o cinema três meses antes e dizem ter atendido a todas as regras para exibições particulares, incluindo o envio antecipado do filme. Porém, um dia antes da exibição, o *Pink News* — um remanescente on-line da imprensa gay britânica — ficou sabendo e pediu seu imediato cancelamento. O pedido foi atendido. O cinema Vue se livrou de qualquer publicidade negativa anunciando ter o direito de não honrar as reservas se o filme a ser exibido estivesse em "direta contradição" com seus "valores". O cinema também avisou ao grupo que fizera a reserva que poderia haver ameaça à "ordem pública" e mesmo à "segurança" se a exibição fosse realizada.

Assim, na grande noite, com exatamente 126 pessoas chegando de lugares tão distantes quanto a Holanda, os organizadores tentaram encontrar outro local para que seus clientes pudessem assistir ao filme. Entre os principais organizadores da noite está o dr. Michael Davidson, do Core Issues Trust. Davidson não é doutor em medicina. Ele tem doutorado em educação, mas, como outras figuras públicas que usam o prefixo, dá para sentir que não ficaria descontente se alguém tivesse uma impressão errônea sobre a natureza exata de suas qualificações.

Davidson chamara a atenção nacional britânica seis meses antes, quando fora convidado para o programa da ITV *Good Morning Britain*, apresentado por Piers Morgan, para discutir homossexualidade e as chamadas "terapias de conversão". Davidson admitira ter sido gay ou, ao menos, tido "experiências homossexuais". Em algum momento, decidira que isso não servia mais para ele. Ele está casado há 35 anos e tem dois filhos. Acredita que outras pessoas podem passar pelas mesmas experiências e, por intermédio de seu grupo, oferece aconselhamento voluntário para aqueles que gostariam de deixar de ser gays e se tornar heterossexuais que, como ele, admitem que ainda sentem — embora não cedam a — certos "desejos".

Quando desafiado a respeito, em rede nacional de televisão, Davidson calma e polidamente deixara claro que considerava a homossexualidade uma "aberração" e, especificamente, um comportamento aprendido. Perguntado se esse comportamento poderia ser desaprendido, respondera que, "em alguns casos, é reversível para pessoas que querem fazer dessa a trajetória de sua vida". O dr. Davidson conseguira chegar até aí antes que o principal entrevistador o denunciasse aos presentes no estúdio. "O senhor sabe como chamamos essas pessoas, dr. Michael?", perguntara Piers Morgan. "No mundo moderno, nós as chamamos de terrivelmente preconceituosas. Simplesmente pessoas preconceituosas que só dizem besteira e, na minha opinião, são uma parte malevolente e perigosa de nossa sociedade. O que há de errado com o senhor? Como pode achar que ninguém nasce gay, que todos os gays são corrompidos e podem ser curados? Quem é o senhor para dizer esse lixo?"

Um Davidson relativamente impassível pedira que Morgan apresentasse evidências de que as pessoas nascem gays, indicando que nem a Associação Americana de Psicologia nem o Royal College of Psychiatrists (RCP) acreditam que a homossexualidade seja inata e imutável. A essa altura, o entrevistador ordenara que ele parasse "de falar por um momento" e deixasse de "matraquear sobre cientistas malucos e atrasados nos Estados Unidos". Morgan continuara a gritar com seu convidado, "Cale a boca, seu preconceituoso", antes de encerrar a entrevista dizendo "Já ouvi o suficiente. Dr. Michael, cale a boca". E foi assim que terminou. A ITV enviara um carro até a casa de um convidado no início da manhã, a fim de levá-lo ao estúdio de uma rede nacional de televisão, somente para, durante a entrevista, mandá-lo calar a boca.

Seis meses após o evento, Davidson claramente não foi abalado pelo bafafá em rede nacional. Falando no celular em frente ao cinema em Piccadilly, ele ficou aliviado de poder dizer a sua plateia que finalmente encontrou um lugar que permitirá a exibição do filme. Os homens e mulheres reunidos se dirigem até o Emmanuel Centre, em Westminster, na esquina das câmaras do Parlamento.

As portas do centro estão fechadas, mas, se você disser seu nome em uma porta lateral e ele estiver na lista, ela se abrirá para você. Do lado de dentro, as coisas estão bastante animadas. Recebemos uma taça de prosecco e um saco de pipoca para acompanhar a exibição. Uma senhora idosa se aproxima e me agradece por comparecer. "Obviamente, conheço seu background...", diz ela, e percebo que não está falando sobre onde eu cresci, quando ela acrescenta, sentenciosamente, "... pois o senhor fala bastante sobre ele." Ela explica que isso a deixa ainda mais feliz por eu estar presente. É verdade que posso ser a única pessoa fora do armário durante essa exibição de um filme sobre cura para gays. Mas suspeito que eu não seja o único gay presente.

O filme *Vozes dos silenciados*, em si, é menos coerente do que se poderia esperar. O ponto principal (explicado pelo próprio Davidson antes do início da exibição) é que "ideologias antigas e modernas estão se unindo". Nunca fica claro como exatamente estão se unindo, e a coisa toda faz parecer que dois filmes diferentes foram juntados sem muito cuidado em um estágio avançado do processo de edição. O primeiro filme é sobre o mundo antigo, com imagens apocalípticas e muito assustadoras. O segundo filme consiste em depoimentos muito específicos de médicos e pacientes falando sobre ser gay e, em seguida, sobre já não ser gay. Além do dr. Davidson, há certo dr. Stephen Baskerville e um especialista do Texas chamado David Pickup.

Assim, há algo no filme sobre a destruição do Templo no ano 70 ou o Arco de Tito, e então a cena retorna para os gays. Ou ex-gays. Dizem-nos que "a nova ortodoxia estatal celebra a homossexualidade". Então, após declarações de vários "especialistas" — principalmente norte-americanos —, ouvimos depoimentos. Jamais fica claro qual é a relação com o Arco de Tito. Talvez a homossexualidade esteja causando o colapso da civilização? Se sim, a acusação nunca é feita explicitamente. Uma "ex-lésbica", agora casada e mãe de cinco filhos, diz que sua "vulnerabilidade" ressurgiu há dez anos, mas ela conseguiu ajuda com um ministro religioso. Várias testemunhas falam de pensamentos suicidas, abuso de álcool e "autocentramento". Há um longo depoimento de um alemão muito bonito de 29 anos chamado Marcel. Ele descreve suas tribulações. Diz que, quando criança, apanhava da mãe, nu, na frente da irmã, e isso — como se sugere — pode ser uma das razões pelas quais, no passado, ele se sentiu atraído por homens. Alguns dos entrevistados vieram de famílias com pais divorciados. Outros não. Vários deles parecem muito próximos das mães. Outros não.

O dr. Joseph Nicolosi — um dos astros do filme — aventa a possibilidade de muitos de seus "pacientes" na verdade odiarem as mães, não saberem lidar com homens e desenvolverem certas fantasias como resultado. Ele sugere que a cura para qualquer um atormentado por tentações homoeróticas é considerar uma alternativa saudável como "ir à academia". O que sugere, talvez, que o dr. Nicolosi nunca tenha entrado em uma academia.

É fácil rir desdenhosamente de tudo isso e, para algumas pessoas, seria fácil sentir ultraje. Mas as histórias humanas estão ali. John e Lindsay dizem ter sofrido de SSA (*same sex attraction*, atração pelo mesmo sexo), mas lidaram com isso juntos e agora formam um casal heterossexual muito bem-sucedido, com cinco filhos. "Não somos apenas nós", reassegura Lindsay. "Conhecemos várias pessoas [que também sofriam de SSA] casadas e felizes. É um trabalho duro", continua ela, com John ligeiramente constrangido a seu lado. "Não é para os fracos. E acho que você precisa apenas aguentar e seguir em frente. Particularmente na era atual, com toda a pressão cultural e da mídia para fazer outra coisa."

Mais tristes que esse casal são os vários entrevistados que já foram gays, mas agora surgem no filme com o rosto obscurecido. Talvez seja caridoso demais refletir que, há pouco tempo, a necessidade de obscurecer rostos e filmar a nuca dos entrevistados teria se aplicado no sentido inverso.

Perto do fim do filme, um pastor irlandês resume um dos argumentos. Ele explica que não se importa de as pessoas esposarem a visão de que a homossexualidade é inerente e imutável. Ele só quer ser capaz de expressar sua própria visão. Como reiterado pelo dr. Baskerville, somente uma posição nessa questão parece defensável na academia e na mídia, e essa posição é a "promoção" da homossexualidade. "A sexualidade está sendo politizada", dizem-nos nos momentos finais. Após outra referência inexplicável aos antigos judeus, o filme termina com uma linha dramática, mas cuidadosa: "Está na hora de aceitar a diferença."

Sem surpresa, a reação da plateia é muito calorosa. E então algo mortificante acontece. Vários dos entrevistados estão presentes e são convidados a subir ao palco para receber mais aplausos. Entre eles está o jovem britânico chamado Michael. Ele parece agitado, nervoso e sofrido. Sua testa é mais enrugada que o normal para alguém de sua idade. Por várias razões, que expôs durante o filme, ele não quer viver como gay e se colocou em um caminho que obviamente lhe causa tormentos para tentar viver como heterossexual e se tornar (como o próprio dr. Davidson) um ex-gay — e talvez, com o tempo, chegar ao prazer de ter esposa e filhos. A noite é encerrada com uma oração.

A caminho de casa, e nos dias que se seguiram, refleti sobre minha noite com os terapeutas da conversão voluntária. E me perguntei, em particular, por que não fiquei mais incomodado com eles.

Primeiro, devo dizer que não temo essas pessoas e, certamente, não conseguiria chegar ao nível de ultraje que a imprensa gay decidiu demonstrar enquanto perde seu propósito. Se há uma razão para isso, é o fato de eu não conseguir ver os eventos indo na direção das pessoas que se reuniram no Emmanuel Centre naquela noite. Hoje, e no futuro previsível, elas estão do lado perdedor.

Quando aparecem na TV, elas são tratadas com desdém, talvez excessivo. Para elas, é difícil produzir documentários de qualidade, e ainda mais difícil encontrar um lugar para exibi-los. Elas são forçadas a se esconder em salas secretas, e parece improvável que tomem qualquer lugar de assalto em curto prazo.

A LOUCURA DAS MASSAS

É claro que, se eu fosse um jovem gay em certas áreas rurais dos Estados Unidos ou da Grã-Bretanha — mesmo hoje —, poderia pensar de maneira diferente. Certamente, se tivesse crescido em certas áreas do cinturão bíblico norte-americano ou enfrentado (ou sido ameaçado com) as terapias de conversação forçada que ocorriam por lá — e ainda ocorrem em alguns lugares do mundo —, eu poderia olhar para (o dr.) Michael Davidson e seus amigos de modo muito diferente.

Contudo, naquela noite, eles eram os perdedores. E, consciente da empolgação que pode surgir quando a situação se inverte, sinto-me relutante em tratá-los, na vitória, como alguns de seus confrades ideológicos poderiam ter me tratado se tivéssemos nos encontrado no passado, em circunstâncias diferentes. A maneira pela qual pessoas e movimentos se comportam no momento da vitória pode ser a coisa mais reveladora a respeito deles. Você permite que argumentos que funcionaram para você funcionem para outros? Reciprocidade e tolerância são princípios ou subterfúgios? Aqueles que foram censurados passam a censurar outros quando têm a oportunidade de fazer isso? Hoje, o cinema Vue está de um lado. Há algumas décadas, poderia estar do outro. E o *Pink News* e outros que celebraram sua vitória perseguindo *Vozes dos silenciados* em certa noite de fevereiro parecem prontos para exercer poder sobre um evento privado. Ao fazer isso, contradizem as alegações feitas pelos ativistas dos direitos gays desde o início da batalha por igualdade, as de que não era da conta de ninguém o que adultos consensuais faziam em caráter privado. Se isso vale para os direitos gays, então certamente vale para os direitos dos fundamentalistas cristãos e de outros grupos.

Há duas outras coisas. A primeira é que, a fim de temer o que aconteceu naquela noite, você teria de extrapolar. Teria de suspeitar que, quando Davidson diz que só trata as pessoas que o procuram em busca de ajuda, isso é meramente um disfarce. Teria de acreditar que se trata de uma fachada, da primeira parte de um plano mais amplo para transformar algo voluntário em algo compulsório, e então algo compulsório para alguns em algo compulsório para todos. E isso seria pisotear uma das bases da tolerância política. Seria conceder a você mesmo o direito de não somente chegar a suas próprias conclusões sobre as pessoas, mas também atribuir a elas motivos que você não vê, mas suspeita. O que leva à pergunta que todos em sociedades genuinamente diversas e pluralistas devem se fazer em algum momento: "Aceitamos as pessoas por seu valor nominal ou tentamos interpretar suas palavras e ações, alegando conseguir ver seu coração e lá adivinhar os verdadeiros motivos que suas palavras e ações ainda não revelaram?"

Se fizéssemos isso, como faríamos? Insistindo que a outra parte apresenta os mais obscuros motivos a menos que prove satisfatoriamente que não? Ou aprendendo a ter certo grau de paciência e confiança? Nem mesmo as respostas para essas perguntas são fixas. Elas flutuam dependendo da data, do local, das circunstâncias e da sorte. Alguém que agora esteja por volta dos 70 anos e tenha enfrentado terapia de conversão forçada (especialmente terapia de "aversão") tem mais motivos para desconfiar que qualquer um das sucessivas gerações mais afortunadas que se seguiram. As sirenes de alerta disparam mais cedo se foram instaladas em épocas anteriores ou mais duras.

Talvez essas diferenças geracionais e geográficas diminuam com o tempo, e os efeitos niveladores das mídias sociais tornem todos igualmente otimistas. Ou talvez essas ferramentas tenham o efeito oposto, persuadindo um gay de Amsterdã em 2019 que ele está em perpétuo risco de viver no Alabama da década de 1950. Ninguém sabe. Vivemos em um mundo no qual cada medo, ameaça e esperança imaginável estão sempre disponíveis.

No entanto, um pré-requisito para evitar o confronto perpétuo é a habilidade de ouvir palavras e confiar nelas. É verdade que, em casos-limite, quando alertados de que algo estranho pode estar acontecendo, talvez seja necessário escavar por baixo das palavras para garantir que não há nada lá. Porém, se isso acontecer e nada for encontrado, as palavras devem merecer confiança. Nenhum dos veículos de imprensa que tentaram silenciar *Vozes dos silenciados* demonstrou que Davidson ou seus colegas estavam forçando participantes relutantes a se submeter a um regime de conversão heterossexual. Nenhum deles tentou descobrir quais detalhes estavam incluídos no filme ou como o "aconselhamento" ocorria. Um conjunto de suposições foi feito sobre o grupo, e palavras receberam uma interpretação diferente em função do interlocutor que as emitiu. Nessa calibração, "voluntária" significava "forçada", "aconselhamento" significava "perseguição" e todo mundo que o procurava era irrevogável e inalteravelmente gay.

A LOUCURA DAS MASSAS

E é esta última suposição que provoca o único grande desafio apresentado por Davidson e seus colegas. Em *Sobre a liberdade*, publicado pela primeira vez em 1859, John Stuart Mill citou as famosas quatro razões pelas quais a liberdade de expressão é necessária em uma sociedade livre: a primeira e a segunda, sendo que uma opinião contrária pode ser verdadeira, ou parcialmente verdadeira, e precisa ser ouvida a fim de corrigir nossas próprias visões errôneas; e a terceira e a quarta, sendo que, mesmo que a opinião contrária esteja errada, sua vocalização pode ajudar as pessoas a se lembrarem da verdade e evitarem o deslize para um dogma ignorante que, com o tempo — se não for desafiado —, pode ele mesmo se perder.[2]

Parece que seguir os princípios de Mill é difícil para muitas pessoas hoje. Na verdade, mais difícil que simplesmente modificar os dogmas. Em anos recentes, a opinião aceita sobre os direitos gays nos Estados Unidos, na Grã-Bretanha e na maioria das democracias ocidentais mudou inimaginavelmente, e para melhor. Mas mudou tão rapidamente que também testemunhou a substituição de um dogma por outro. A substituição do opróbrio moral para a expressão de opróbrio por qualquer um cujas visões estejam, mesmo que por pouco, fora da posição recém-adotada. O problema com isso não é somente que corremos o risco de ser incapazes de ouvir posições erradas, mas também que podemos nos impedir de ouvir argumentos que talvez sejam parcialmente verdadeiros.

Por mais confuso que fosse seu filme e por mais desagradável que sua visão de mundo possa ser, Davidson e seus colegas demonstraram algo no que se refere à natureza da atração sexual. Essas são águas profundas e tóxicas. Mas não faz sentido identificá-las e não mergulhar nelas.

Quando se trata de questões ligadas à sexualidade, adotou-se um conjunto de suposições que têm se provado tão dogmáticas quanto aquelas que substituíram. Em junho de 2015, a secretária de Educação Nicky Morgan, conservadora, declarou que visões homofóbicas eram evidência de potencial "extremismo" nos alunos britânicos. Como relatou a BBC, Morgan afirmou que "atacar os valores britânicos essenciais ou ser extremamente intolerante em relação à homossexualidade são exemplos de comportamentos que podem gerar alarme". Eles são evidência de que o aluno pode estar sendo "influenciado" por "extremistas", e um aluno que acredita que a homossexualidade é "má" pode precisar ser delatado à polícia.[3] De algum interesse é o fato de que, em maio de 2013, Morgan votara contra uma lei que introduzia o casamento gay no Reino Unido. Um ano depois, em 2014, disse que apoiava o casamento gay e votaria nele, se já não fosse lei. Mais um ano se passou e, em 2015, ela declarou que visões como as que ela mesma defendera dois anos antes eram não somente evidência de "extremismo", como também fundamentalmente antibritânicas.

Na década de 1990, Hillary Clinton apoiou a "lei de defesa do matrimônio" de seu marido, que tentava evitar que o casamento gay se tornasse possível nos Estados Unidos. Ela observou enquanto ele apoiava a política de "não pergunte, não conte" nas forças armadas, que significava que qualquer soldado gay que contasse a outra pessoa sobre sua sexualidade podia ser imediatamente desligado. Como escreveu Robert Samuels no *Washington Post*, "Hillary Clinton teve a chance de fazer os direitos gays entrarem para a história. E ela se recusou".[4] Porém, em 2016, quando fazia campanha para a presidência pela segunda vez e as visões da sociedade mais ampla haviam se modificado visivelmente, Clinton alegou que a comunidade LGBT (como os gays eram então conhecidos) era uma das seções do país pelas quais trabalhava com especial afinco. Não é incomum que políticos mudem de posição. Mas a velocidade com que as coisas se transformaram gerou mudanças de posição particularmente drásticas entre a classe política.

Outros indivíduos e países instituíram guinadas ainda mais rápidas e barulhentas. Quase imediatamente depois que o casamento gay se tornou legal na Alemanha, por exemplo, sua aceitação foi transformada em condição de cidadania no estado de Baden-Württemberg. Ontem havia um dogma. Agora há outro.

Não foram somente os políticos que deram guinadas em anos recentes. Jornais que até pouco tempo atrás eram decididamente desagradáveis com os homossexuais agora cobrem casamentos entre pessoas do mesmo sexo como qualquer outra matéria. Colunistas que condenavam a mesma idade de consentimento há alguns anos agora repreendem aqueles que não apoiam totalmente o casamento gay. Em 2018, a apresentadora da MSNBC Joy Reid foi publicamente censurada e obrigada a se desculpar por comentários históricos, feitos uma década antes, nos quais criticava o casamento gay — em

A LOUCURA DAS MASSAS

uma época na qual quase todo mundo se opunha a ele. Quando a mudança ocorre com tanta rapidez, há muito tempo perdido a se recuperar e pouca piedade por aqueles que não conseguem acompanhá-la.

TORNANDO TUDO GAY

E assim alguns indivíduos, governos e corporações parecem acreditar que sua função é recuperar o tempo perdido. Eles estão forçando a discussão de questões gays de uma maneira ligeiramente além da aceitação, entrando no reino do "isso vai ser pra você".

Em 2018, a BBC pareceu decidir que notícias especificamente gays precisavam não somente ser reportadas, mas também levadas às manchetes. Uma das principais notícias no site da corporação em setembro daquele ano era que o mergulhador Tom Daley já se sentira "inferior" sobre sua sexualidade, mas isso lhe dera motivação para se tornar um sucesso.[5] A matéria foi publicada cinco anos depois de Daley se revelar homossexual. Ele não se mantivera em silêncio sobre sua vida privada nesse período. E, no entanto, essa matéria de interesse humano era item de destaque no website da BBC, logo abaixo da notícia sobre um terremoto e um tsunami na Indonésia cujo resultado foi mais de oitocentas pessoas mortas. No dia seguinte, o website apresentava com destaque a notícia de que um astro menor de *reality show* chamado Ollie Locke anunciara que ele e o noivo, Gareth Locke, iriam unir os sobrenomes e passar a assinar Locke-Locke após o casamento.[6] Em outra manchete, dizia-se que o número de mortos durante o terremoto na Indonésia aumentara significativamente.

Talvez seja necessário ser gay para poder dizer isso, mas há vezes em que tais "notícias" não parecem de modo algum notícias. É como se algum tipo de mensagem estivesse sendo enviado, para o público ou para as pessoas que a mídia acredita estarem em posições de poder. Isso vai além de "isso vai ser bom pra você" e se aproxima de "toma essa, seu preconceituoso". Há dias em que eu me pergunto como os heterossexuais se sentem sobre a crescente insistência com que matérias gays são forçadas em qualquer área jornalística.

Veja, por exemplo, um dia bastante rotineiro no *New York Times*. Em 16 de outubro de 2017, um leitor da edição internacional do jornal poderia ter decidido deixar a página de opinião um pouco de lado e procurar algo mais estimulante. Ele poderia ter aberto o caderno de negócios. Lá encontraria a matéria principal sob a manchete "Gay no Japão e não mais invisível". Talvez o leitor médio do caderno de negócios do *New York Times* jamais tivesse pensado muito sobre a visibilidade dos gays japoneses. Ele teria a oportunidade de aprender algo novo. Especificamente, a história de Shunsuke Nakamura, que há pouco tempo usara uma reunião matinal com seus colegas em uma seguradora para se anunciar gay. Isso em um país no qual as atitudes em relação à homossexualidade tenderam a ser (como afirmou um professor da Universidade de Tóquio citado na matéria) "indiferentes, e não odiosas". Assim, *The New York Times* escolheu espalhar por duas páginas, como matéria principal do caderno de negócios, a história de como um homem se revelara gay em uma empresa, sem sofrer consequências negativas, em um país que não tinha nenhum problema especial com gays. Normalmente, aquele teria de ser um dia muito calmo nos mercados para que tal história fosse a matéria mais importante do caderno de negócios.

Virando a página, a história continuava, dessa vez sob a manchete "Empresas japonesas mais receptivas aos gays". A essa altura, o leitor casual poderia já ter saciado sua curiosidade sobre a posição dos homens gays nas empresas japonesas e começado a lançar olhares culpados para a página oposta, no caderno de cultura. E qual seria a matéria principal daquele caderno? "Um palco maior para o amor."

O assunto da matéria podia ser deduzido da foto de meia página de dois bailarinos do sexo masculino com braços e corpos entrelaçados. "O balé muda mais lentamente que as outras formas de arte", informava o jornal, continuando com empolgação, "mas, em apenas duas semanas, o New York City Ballet, uma das principais companhias do mundo, exibiu dois balés com significativos duetos do mesmo sexo".

A causa de todo esse barulho era um balé chamado *The Times Are Racing* [O tempo voa], cuja última produção — a do New York City Ballet — incluía um homem em um papel originalmente criado para uma mulher. *The New York Times* seguia explicando como o mundo até então majoritariamente heterossexual do balé estava enfim "respondendo ao mundo contemporâneo e o colocando no palco". Uma coreógrafa envolvida prometera uma "exploração da neutralidade de gênero" em sua obra em um post do Instagram com as hashtags "AmorÉAmor", "NeutralidadeDeGênero", "igualdade", "diversidade", "beleza", "orgulho" e "orgulhosa". Um único e herético coreógrafo era criticado por sua declarada crença de que "há papéis masculinos e femininos no balé tradicional" e, embora "homens e mulheres tenham igual valor", suas "tarefas são diferentes". As estrelas do New York City Ballet — e *The New York Times* — não concordavam.

Para surpresa de ninguém, vários bailarinos do New York City Ballet eram gays, e um deles explicou ao *New York Times* como, no início dos ensaios, seu parceiro de dança se virara para ele e dissera: "É tão bom interpretar um papel no qual sinto que poderia potencialmente me apaixonar pela pessoa com quem estou dançando, em vez de fingir ser um príncipe se apaixonando por uma princesa." A que alguém poderia responder que qualquer um que se sinta entediado interpretando cenas nas quais príncipes se apaixonam por princesas pode concluir que o balé não é sua mídia. No caso de essa explosão de diversidade no mundo do balé não ser suficiente, a matéria adquiria ainda mais peso moral com a notícia de que a produção "explora não somente o relacionamento entre pessoas do mesmo sexo, mas também questões de raça". Descrevendo o efeito geral de dois homens dançando juntos, a coreógrafa declarou que isso simplesmente "a tirara do chão". "Subitamente, eles podiam ser eles mesmos", terminava a matéria. A essa altura, o leitor do *New York Times* tinha a oportunidade de ler outra matéria do caderno de cultura, sobre como comediantes do sexo feminino contando piadas sobre gravidez e maternidade finalmente estavam fazendo sucesso.[7]

Não há nada errado com o fato de um jornal de peso decidir devotar seus cadernos de negócios e cultura, assim como grande parte de suas páginas de opiniões e atualidades, ao fato de ser gay. Mas às vezes parece que há algo mais em jogo: o uso de matérias de interesse gay para propósitos que não o de noticiar, talvez para compensar o tempo perdido ou somente esfregar essas coisas na cara daqueles que ainda não acompanham os costumes modificados de nossa era. De qualquer modo, há qualquer coisa estranha e vagamente vingativa no ar.

É claro que as pessoas mudam, aprendem e frequentemente alteram suas posições. A maioria faz isso com discrição, e depois que outros já fizeram o trabalho pesado. Um dos problemas de modificar posições sociais tão rapidamente é que questões e argumentos ainda não explorados, e mesmo ainda não detonados, são deixados para trás. Quando Piers Morgan perguntou a seu convidado "Como o senhor pode achar que ninguém nasce gay?", a resposta é que muitas pessoas pensam assim, e elas podem estar certas ou parcialmente certas. Ninguém tem certeza ainda. Quer as pessoas nasçam gays ou todo mundo que é gay já tenha nascido assim, não se segue que ser gay é uma via de mão única.

UMA VIA DE MÃO ÚNICA?

Essa ideia é somente um dos lugares curiosos a que nossa cultura chegou. Na sociedade em geral, quando as pessoas se declaram gays, elas são celebradas por terem chegado a seu ponto final. Para a maioria de nós, trata-se do decente reconhecimento, pela sociedade, de que não há problema em ser quem são: elas chegaram ao lugar natural e certo para elas. Mas uma peculiaridade dessa posição é que qualquer um que seja gay e subsequentemente decida que é hétero estará sujeito a certo grau de ostracismo e suspeita, e à dúvida disseminada sobre se está sendo honesto consigo mesmo. Um hétero que se torna gay se estabeleceu. Um gay que se torna hétero se transforma em objeto de suspeita permanente. De ser fortemente inclinada na direção da heterossexualidade, a cultura se tornou ligeiramente inclinada na direção da homossexualidade.

Depois do drama gay divisor de águas *Os assumidos*, série lançada no fim da década de 1990, o roteirista Russell T. Davies escreveu outra série de TV chamada *Bob & Rose* (2001). Ela conta a história de um gay que se apaixona por uma mulher. O roteiro foi inspirado, como disse Davies à imprensa na época, pelo reconhecimento de que homens gays que se tornam héteros com frequência são alvo de mais ressentimento em seu círculo de amigos que homens héteros que se revelam gays.[8]

Talvez essa seja uma das razões pelas quais a direção do tráfego é tão pouco abordada. Para muitos homens e mulheres gays, a ideia de que a sexualidade é fluida e aquilo que vai em uma direção pode ir em outra (o que sobe precisa descer) é um ataque pessoal. E não se trata de um medo infundado. Muitos gays ouvirão na sugestão algum eco das temidas palavras: "É apenas uma fase." As pessoas que são gays acham essa sugestão imensamente ofensiva, assim como desestabilizadora em seus relacionamentos com pais, familiares e outros. Como a frase "é apenas uma fase" é ofensiva para alguns, a ideia de que possa ser verdadeira para outros é indizível.

Os millennials e a "geração Z" tentaram se desviar da questão enfatizando a fluidez sexual. Pesquisas de opinião sugerem que essas pessoas, agora no fim da adolescência, estão se afastando da ideia de que existem pontos fixos na sexualidade, com um estudo de 2018 demonstrando que dois terços da geração Z afirmam ser "exclusivamente heterossexuais".[9] Embora ainda se trate da maioria, isso sugere uma mudança distinta em relação às atitudes das gerações anteriores.

Para gerações mais velhas que os millennials, a questão da "fluidez" permanece complexa e frequentemente dolorosa. Para muitos deles, as pessoas que entram no clube e depois saem têm muito mais probabilidade de ser insultadas que aquelas que nunca entraram. Elas podem não figurar nas pesquisas e certamente não têm porta-vozes nacionais ou "líderes comunitários", mas muitos gays conhecem casos assim. Amigos que não se encaixam perfeitamente no mundo gay, que não gostam dessa cena, mas não conseguem encontrar outra. Pessoas que participaram por algum tempo e, então, caíram fora. Ou pessoas que buscavam outras coisas na vida. Que queriam, por exemplo, filhos e a segurança do casamento e abandonaram ou deixaram de lado a questão de ser gays para tentar outra coisa. Ou (e ninguém sabe que proporção elas representam) pessoas que, tendo tido relacionamentos com o mesmo sexo durante a maior parte de suas vidas, subitamente — como o personagem-título de *Bob & Rose* — conhecem alguém do sexo oposto e se apaixonam.

Esses tipos de comportamento diminuirão agora que existem parcerias civis e casamentos gays, sem mencionar adoção gay e mesmo a possibilidade de gestação gay? As pessoas adotarão as identidades sexuais cada vez mais vagas da geração Z? Talvez. Ou talvez não. Porque todo mundo também conhece pessoas que não foram feitas para isso. Pessoas que deram um ou mais beijos gays e então voltaram a ser héteros. E, no entanto, se a cultura no passado recente teria visto o beijo gay como aberração — como distanciamento da norma —, hoje ela sugere que o beijo gay é um momento de reveladora verdade.

Hoje acredita-se que a pessoa que alguma vez já fez algo gay está vivendo uma mentira. Porque, de certa maneira, desenvolveu-se a percepção de que ser gay uma única vez é ter chegado a seu verdadeiro estado natural, ao passo que em seguida ser hétero para sempre não é. Isso é diferente da alegação de bissexualidade. É a suposição de que a gangorra da sexualidade não está perfeitamente equilibrada, mas, na verdade, inclina-se na direção gay. E de que, ao passo que a era anterior pode ter inclinado a gangorra na direção hétero, esta era decidiu incliná-la na outra direção. Talvez a fim de corrigir um erro (na esperança de que a gangorra, em certo momento, chegue à posição de equilíbrio). Mas é impossível dizer como as pessoas ficarão sabendo quando a gangorra chegar à posição certa. Porque, como todo o restante, estamos aprendendo tudo isso pelo caminho.

Por enquanto, as gerações anteriores aos millennials — assim como a maioria deles — retêm a ideia de, ao menos, alguns pontos fixos na identidade sexual. Talvez porque conhecer a posição das outras pessoas imponha ao menos alguma clareza a relacionamentos e potenciais relacionamentos. Mas o fato de que tudo isso pode mudar de uma identidade fixa para outra e delas para a fluidez indica mais que um salto de um dogma para outro. Sugere profunda incerteza sobre um fato subjacente e raramente mencionado: ainda não fazemos a menor ideia de por que algumas pessoas são gays. Após décadas de pesquisa, essa é uma grande — e potencialmente desestabilizadora — pergunta que permanece sem resposta em uma questão identitária que está no primeiríssimo plano de nossos supostos valores.

Naturalmente, alguma sensibilidade sobre o assunto é compreensível. Afinal, foi somente em 1973 que a Associação Americana de Psiquiatria decidiu que não havia evidências científicas para continuar tratando a homossexualidade como transtorno. Naquele ano, eles a removeram do glossário de transtornos mentais (um exemplo raro de remoção em um volume que está sempre crescendo). A Organização Mundial da Saúde (OMS) fez o mesmo em 1992. Nada disso aconteceu há muito tempo, e essa é uma boa razão para ainda restar alguma suspeita em relação à entrada da linguagem ou da prática da medicalização ou da psiquiatria na discussão da homossexualidade.

Mas a aceitação de que ser gay não é um transtorno mental não implica que se trata de um estado de ser totalmente inerente e imutável. Em 2014, o RCP de Londres publicou uma fascinante "declaração sobre orientação sexual". Eles foram louvavelmente inflexíveis em sua condenação de qualquer coisa que busque estigmatizar aqueles que se dizem gays. E explicaram não acreditar que terapias para alterar a orientação sexual possam funcionar em qualquer sentido. O RCP não poderia transformar um homossexual em heterossexual, nem um heterossexual em homossexual. E, mesmo assim, eles reconheceram algo importante — o fato de que "o RCP acredita que a orientação sexual é determinada por uma combinação de fatores biológicos e fatores ambientais pós-natais". Eles citam um conjunto de fontes para embasar sua declaração[10] e afirmam que "não há evidências que permitam ir além disso e imputar qualquer tipo de escolha às origens da orientação sexual".[11]

Embora esteja preocupado com as pretensas "terapias de conversão", que criam um ambiente no qual "o preconceito e a discriminação florescem" e que são "totalmente antiéticas", e afirmando abordar algo que "não é um transtorno", o RCP diz que:

> Não é que a orientação sexual seja imutável ou não possa variar em certa extensão durante a vida de uma pessoa. Mesmo assim, a orientação sexual da maioria parece se estabelecer em torno de um ponto amplamente heterossexual ou homossexual. As pessoas bissexuais podem ter certo grau de escolha em termos de expressão sexual, na qual podem focar em seu lado heterossexual ou homossexual.
>
> No caso das pessoas que estão infelizes com sua orientação sexual — seja ela heterossexual, homossexual ou bissexual —, pode haver espaço para explorar opções terapêuticas a fim de ajudá-las a viver mais confortavelmente com ela, reduzir seu sofrimento e chegar a um grau maior de aceitação.[12]

Em sua declaração, a Associação Americana de Psicologia concorda. Seu conselho mais atualizado na questão é o seguinte:

Não há consenso entre os cientistas sobre as razões exatas pelas quais um indivíduo desenvolve orientação heterossexual, bissexual, gay ou lésbica. Embora muitas pesquisas tenham examinado as possíveis influências genéticas, hormonais, desenvolvimentais, sociais e culturais sobre a orientação sexual, não surgiu nenhuma descoberta que permita que os cientistas concluam que ela é determinada por quaisquer fatores particulares. Muitos pensam que natureza e criação desempenham papéis complexos; a maioria das pessoas experimenta pouco ou nenhum senso de escolha em relação a sua orientação sexual.[13]

Tudo isso é muito admirável, do ponto de vista de tentar reduzir a discriminação ou atitudes tortuosas e malsucedidas para "endireitar as pessoas". Mas enfatiza o fato de que toda a questão sobre o que torna alguém gay permanece sem resposta. A lei pode ter mudado. Mas hoje não há praticamente nenhum conhecimento adicional em relação a antes sobre se e por que alguém é ou escolhe ser homossexual.

Tampouco houve qualquer descoberta útil. Na década de 1940, o sexólogo Alfred Kinsey realizou o até então mais sofisticado e abrangente trabalho de campo sobre preferências sexuais humanas. A despeito de muitas picuinhas metodológicas, durante anos suas descobertas foram consideradas bastante acuradas. Nas obras que resultaram dessa pesquisa (*Sexual Behaviour in the Human Male* [Comportamento sexual do macho humano], de 1948, e *Sexual Behaviour in the Human Female* [Comportamento sexual da fêmea humana], de 1953), Kinsey e seus colegas declaram ter descoberto que 13% dos homens eram "predominantemente homossexuais" por um período de no mínimo três anos entre os 16 e os 55 anos, e que cerca de 20% das mulheres tiveram algum tipo de experiência com o mesmo sexo. Hoje, sua famosa "escala" de experiências sexuais humanas produziria a manchete de que cerca de 10% da população em geral é homossexual. Nos anos desde Kinsey, esses números se transformaram — como todo o restante nessa área — em um campo de batalha. Grupos religiosos deram boas-vindas a qualquer pesquisa que sugerisse o número de homossexuais era mais baixo. Nos Estados Unidos, por exemplo, eles adoraram a National Survey of Men

A LOUCURA DAS MASSAS

[Pesquisa nacional sobre homens] de 1991, que afirmava que somente 1,1% dos homens eram "exclusivamente homossexuais" e, na Grã-Bretanha, o Departamento Nacional de Estatísticas [ONS, em inglês] chegou ao mesmo número duas décadas depois. Em 1993, um levantamento baseado em pesquisas presenciais conduzidas pelo Instituto Alan Guttmacher nos Estados Unidos afirmou que somente 1% da população era gay. Esse número — o mais baixo até então — foi adotado pelos mesmos grupos religiosos. O presidente da Coalizão pelos Valores Tradicionais vibrou: "Finalmente, a verdade emergiu." E um radialista de direita declarou: "Fomos vindicados."[14]

Porém, assim como há aqueles que dão boas-vindas às estatísticas que minimizam o número de gays na população em geral, obviamente há aqueles que desejam maximizar esse número. O grupo pelos direitos gays Stonewall descreveu como "razoável" a estimativa de que entre 5% e 7% da população seria gay, mas isso está bastante longe de Kinsey. Novas tecnologias permitiram que parte do debate fosse encerrado, ou ao menos esclarecido. Elas apresentam seus próprios problemas metodológicos, assim como as perguntas que o ONS faz aos domicílios (nesse caso, em razão da dificuldade de fatorar os gays não assumidos). Contudo, como muito poucas pessoas mentem sistematicamente em seus mecanismos de busca, as informações sobre homossexualidade obtidas pela Big Data são consideráveis. O ex-cientista de dados do Google, Seth Stephens-Davidowitz, revelou que 2,5% dos usuários masculinos do Facebook registram interesse em pessoas do mesmo sexo.

Nas buscas por pornografia na internet, Stephens-Davidowitz chegou a um número que inclui pessoas não tão abertas sobre sua sexualidade. Uma coisa surpreendente é que esse número é bastante consistente em todo o país. Por exemplo, embora haja duas vezes mais usuários gays do Facebook em Rhode Island que no Mississippi (o que pode ser parcialmente explicado pela migração gay), as buscas por pornografia na internet são bastante consistentes. Assim, 4,8% das buscas no Mississippi são por pornografia gay, e em Rhode Island esse número é de 5,2%. Com todas as ressalvas necessárias (pessoas que estão meramente curiosas, por exemplo), Stephens-Davidowitz chegou à conclusão de que uma estimativa razoável da população gay nos Estados Unidos está em torno de 5%.[15]

No entanto, como todas as outras estatísticas, essas continuam a ser usadas como uma espécie de bola de futebol. Em 2017, o Office of National Statistics do Reino Unido disse que, pela primeira vez, gays, lésbicas, bissexuais e transgêneros na Grã-Bretanha haviam chegado a 1 milhão. O *Pink News* britânico afirmou que se tratava de "um marco para a comunidade", adicionando que o número era "alto, mas não alto o bastante".[16] Isso praticamente implora pela pergunta: quão alto ele gostaria que fosse?

A despeito de tudo isso, em décadas recentes o público chegou a suas próprias conclusões sobre a questão. E essas conclusões mudaram de maneira muito significativa. Em 1977, pouco mais de 10% dos norte-americanos achavam que as pessoas nasciam gays. Em 2015, cerca de metade da população disse acreditar que esse era o caso. No mesmo período, o número de norte-americanos que concordavam que ser gay se devia "à criação e ao ambiente" caiu pela metade em relação aos 60% que concordaram com essa declaração em 1977. Não por acaso, suas atitudes morais em relação à homossexualidade se transformaram enormemente no mesmo período. As pesquisas do Gallup entre 2001 e 2015 demonstraram que os relacionamentos gays e lésbicos eram vistos como "moralmente aceitáveis" por 40% dos norte-americanos em 2001 e por 63% em 2015. Aqueles que achavam que eram "moralmente errados" no mesmo período caíram de 53% para 34%.[17] O principal fator que, segundo as pesquisas de opinião, modificou a opinião pública na questão foi o fato de as pessoas conhecerem alguém — familiar, amigo ou colega de trabalho — gay. Esse fator teve implicações significativas para outros movimentos de direitos. Um segundo fator óbvio nessa mudança de atitude foi a crescente visibilidade dos gays na vida pública.

Mas o fator moral que modificou mais claramente as atitudes em relação à homossexualidade foi a passagem da crença de que é um comportamento aprendido para a crença de que é inata. A importância disso no caso dos gays tem implicações significativas para qualquer outra campanha de direitos. Pois aqui podemos vislumbrar um dos mais importantes blocos de construção da moralidade contemporânea: o reconhecimento fundamental de que é errado punir, humilhar ou desdenhar as pessoas por características sobre as quais elas não têm controle. Isso pode parecer um bloco de construção óbvio para a moralidade, mas que não esteve presente durante grande parte da história, quando as características inalteráveis das pessoas eram muito frequentemente usadas contra elas.

HARDWARE *VERSUS* SOFTWARE E A NECESSIDADE DE TER "NASCIDO ASSIM"

Mesmo assim, o mundo contemporâneo começou a adotar uma moralidade enraizada nessa disputa e que pode ser vista como uma questão de hardware *versus* software.

O hardware é algo que as pessoas não podem modificar e, portanto (diz o argumento), é algo pelo que não devem ser julgadas. O software, em contrapartida, pode ser modificado e exigir que julgamentos — inclusive julgamentos morais — sejam feitos. Em tal sistema, inevitavelmente haverá pressão para transformar potenciais questões de software em questões de hardware, inclusive a fim de angariar simpatia para pessoas que podem ter questões de software, não de hardware.

Por exemplo, se uma pessoa é alcoólatra ou viciada em drogas, os outros podem vê-la como alguém com uma falha sobre a qual deveria ser capaz de exercer algum controle. Se não consegue, isso é consequência de sua própria fraqueza, de suas decisões ruins ou de alguma outra falha moral. Se, em contrapartida, ela não tiver controle sobre seu comportamento, não deve ser culpada, mas sim vista e entendida como vítima das circunstâncias. Um bêbado inveterado pode ser inconveniente para todos a sua volta, porém, caso se afirme que nasceu com tendência ao alcoolismo — ou, melhor ainda, que tem um "gene alcoólatra" —, ele será visto sob uma luz muito diferente. Em vez de certo grau de criticismo, pode receber variados graus de simpatia. Se seu alcoolismo fosse um comportamento aprendido, ele poderia ser considerado fraco ou mesmo mau. Em geral, nós, pessoas modernas, somos mais solidárias com comportamentos que não podem ser modificados, mas ainda criticamos ou questionamos estilos de vida que achamos ser uma questão de escolha, especialmente se forem inconvenientes para outros. A homossexualidade poderia (do ângulo reprodutivo, entre outros) ser considerada socialmente inconveniente e, portanto, a questão sobre o que de fato é se mostra perfeitamente legítima para a sociedade.

O fator que mais claramente ajudou a modificar a opinião pública sobre a homossexualidade no Ocidente foi a decisão de que é uma questão de "hardware", não de "software". Algumas pessoas — principalmente os conservadores religiosos — continuam a tentar inserir sua visão contrária nesse assunto. Alguns deles ainda gostam de descrever a homossexualidade como "escolha de estilo de vida", uma frase que insinua que os homossexuais escolheram sua própria programação.

Os países e as épocas em que essa atitude predominou tendem a coincidir com períodos de leis repressivas contra a atividade homossexual. Assim, há compreensível pressão para rejeitar a alegação de "escolha de estilo de vida" e encorajar seu reconhecimento como questão de hardware ou, como disse Lady Gaga, como uma questão de "Born this way" [ter nascido assim].

Na realidade, a homossexualidade tem sido moralmente aceita há um tempo curto demais e em poucos lugares para que possamos tirar conclusões de longo prazo, quem dirá ter bases para qualquer teoria moral. O certo é que o fato de ser inata ou uma escolha — hardware ou software — tem profundo efeito sobre a simpatia que as pessoas estão dispostas a investir na questão. Se as pessoas "escolhem" ser gays — se é um "comportamento aprendido" —, então deve ser possível, em certa extensão, desaprender esse comportamento ou mesmo apresentá-lo sob uma luz tal que ninguém deseje escolhê-lo.

A ideia de que, em vez de ser uma "escolha de estilo de vida", as pessoas "nascem assim" certamente recebeu impulsos não científicos em anos recentes. A presença, na vida cotidiana de todos, de gays cada vez mais visíveis significou que a opção de "esconder" a homossexualidade se tornou cada vez menos viável. Entrementes, as histórias de gays famosos — e especialmente o medo, o bullying e a discriminação que muitos sofreram — claramente persuadiram muitas pessoas de que ninguém escolheria isso voluntariamente. Que criança desejaria entrar na mira de perseguidores por ser gay? Que adulto em desenvolvimento desejaria acrescentar uma camada adicional de complexidade a uma vida já complexa?

Assim, o zeitgeist parece ter adotado a teoria "nascido assim", evitando contemplar o desestabilizador fato de que a ciência ainda não encontrou nada para apoiar a teoria de Lady Gaga. Um fascinante trabalho de epigenética foi realizado a fim de localizar uma variação genética que possa causar a homossexualidade. Os últimos trabalhos focam nos grupos metil adicionados às moléculas genéticas. Em 2015, cientistas da Universidade da Califórnia, em Los Angeles (UCLA), anunciaram ter descoberto uma forma de modificação do DNA em partes do genoma que diferiam entre irmãos gays e héteros. Mas o estudo empregou amostras pequenas e, como resultado, foi muito questionado, a despeito das resultantes esperanças e manchetes. Houve alguns outros estudos similares que se provaram inconclusivos.

Por enquanto, o "gene gay" permanece elusivo. O que não significa que não será encontrado em algum momento. Mas a guerra que o cerca é reveladora. Em geral, fundamentalistas cristãos e outros não querem que seja encontrado, pois isso prejudicaria seriamente uma das fundações de sua visão de mundo ("Deus cria gays?") e afetaria sua posição sobre a questão. Gays, em contrapartida, têm um claro viés a favor do gene, por conta do potencial de livrá-las permanentemente de quaisquer acusações de software. Assim, as pesquisas continuam, focando em gêmeos idênticos cuja sexualidade, interessantemente, também parece ser idêntica.

Talvez se devesse dar mais atenção ao que aconteceria se aqueles mais dispostos a descobrir o "gene gay" tivessem sucesso. Nem todos os sinais são bons. No início desta década, um neurocientista chamado Chuck Roselli, da Universidade de Saúde e Ciências do Oregon, fez um estudo com carneiros que pareciam preferir outros carneiros em vez de ovelhas. Quando seu trabalho se tornou publicamente conhecido (graças a uma organização de direitos dos animais que tentava atrair ativistas gays para sua causa), alegou-se que ele seria usado como base para esforços eugênicos para impedir que seres humanos nascessem gays. Dezenas de milhares de e-mails e mensagens chegaram ao empregador de Roselli exigindo que fosse demitido, e proeminentes gays e lésbicas, incluindo a tenista Martina Navratilova, atacaram Roselli e seu empregador na mídia. O estudo com carneiros jamais pretendeu algo assim.[18] Porém, se é assim que as pessoas reagem a alguém pesquisando homoerotismo entre carneiros, como reagiriam à descoberta de um gene gay em seres humanos? E, se o "gene gay" for descoberto, os pais teriam permissão para editar os padrões de DNA de seus filhos? Quais seriam as justificativas para evitar que fizessem isso?

A tensão que cerca cada aspecto da genética nessa questão é uma das razões pelas quais há tão poucos estudos sobre outros aspectos da homossexualidade. Por exemplo, são poucas as pesquisas sobre o papel, se há algum, da homossexualidade em termos evolutivos. Em 1995-1996, um acadêmico norte-americano e um acadêmico britânico iniciaram correspondência sobre o assunto.[19] Gordon G. Gallup, da Universidade Estadual de Nova York, em Albany, e John Archer, da Universidade de Central Lancashire, publicaram sua correspondência em um jornal acadêmico. A discussão focava na questão sobre se atitudes negativas em relação aos homossexuais são herdadas como parte da seleção natural ou fazem parte de um viés transmitido pela cultura. O fascinante debate estava centrado na sugestão de Gallup de que "em sua forma mais simples, pais que demonstraram preocupação com a orientação sexual dos filhos podem ter deixado mais descendentes que aqueles que eram indiferentes". Gallup também afirmou que aquilo que ficou conhecido como "homofobia" pode ser consequência da preocupação parental com a possibilidade de a sexualidade emergente de seus filhos ser impressionável. Duas demonstrações disso são a maior preocupação com homossexuais em empregos que os levem a contato regular com crianças e com a possibilidade de, após crescerem, seus filhos se tornarem muito mais relaxados na presença de pessoas gays.

Tudo, parte ou nada disso pode ser verdadeiro. Os dados de opinião nos quais Gallup baseou seu trabalho foram coletados há décadas, quando as atitudes em relação à homossexualidade — como vimos — eram muito diferentes do que são hoje. O interessante é que os estudos sobre o papel que a homossexualidade pode ou não desempenhar, qual justificativa evolutiva pode haver para ela e qual justificativa evolutiva pode haver, consequentemente, para a suspeita em relação a ela evaporaram e deram lugar ao respeitável debate biológico. Em caráter privado, alguns biólogos estão dispostos a admitir que essa é uma falha de seu campo. Mas as águas contemporâneas em torno desse assunto são tão profundas e perigosas que essas não são questões com as quais acadêmicos buscando estabilidade no cargo desejem se engajar. Se já decidimos quais respostas não são possíveis — ou com quais respostas não conseguimos lidar —, parece haver pouco propósito, para além do amor à verdade, em fazer as perguntas.

A CONFUSÃO FILOSÓFICA

Se os cientistas não são capazes ou não estão dispostos a responder perguntas sobre a origem da homossexualidade, então a responsabilidade pela discussão dessa questão deve caber a outros. Ordinariamente, recairia sobre a filosofia. Contudo, também aqui nenhum progresso foi feito durante muitos anos. Na verdade, durante 2 mil anos.

Aristóteles faz somente uma breve referência à homossexualidade em sua *Ética a Nicômaco*. Ele inclui essa condição em uma lista que não agradaria muitas pessoas hoje. Em sua discussão sobre o estado "mórbido" e o estado "adoentado" no livro VI da *Ética*, ele fala sobre situações comuns nas quais uma mulher estraçalha uma grávida e come o feto, um homem mata e come a mãe e um escravo come o fígado de outro escravo. Aristóteles as vê como produtos da "doença", incluindo a "loucura". Mas outros estados decorrem do "hábito" ou dos "costumes", incluindo arrancar o próprio cabelo, roer as unhas e a homossexualidade. Ou a sodomia. Ou, possivelmente, a pederastia. Há alguma diferença de opinião sobre a questão precisa que Aristóteles está abordando (dada a confusão gerada por suas diferentes visões sobre a natureza das relações entre pessoas do mesmo sexo). Porém, se assumirmos que está falando da homossexualidade, então é espantoso que tenha defendido, no século III a.C., a mesma posição que a Associação Americana de Psicologia e o Royal College of Psychiatrists assumiram no século XXI. Ele a vê como característica encontrada em alguns homens naturalmente, e em outros como resultado dos "hábitos". A única diferença é que uma fonte confiável do século XXI provavelmente não forneceria o mesmo exemplo de Aristóteles: "como aqueles que foram abusados na infância."[20]

Filósofos mais recentes que Aristóteles tampouco tiveram muito sucesso na tentativa de chegar às raízes da questão. Hoje, Michel Foucault é um dos mais citados acadêmicos ocidentais das ciências sociais.[21] Apesar de toda certeza e santidade que lhe são atribuídas, mesmo em uma de suas mais famosas e influentes obras — *História da sexualidade* (1976) —, suas visões sobre a homossexualidade são profundamente confusas. Foucault afirma que falar dos homossexuais como se fossem um grupo definido é historicamente incorreto, além de todo o restante. As pessoas que, no passado, foram acusadas de ser homossexuais não formavam uma categoria distinta de indivíduos, como homens e mulheres do século XIX começaram a considerá-las. Ele descreveu a mudança ocorrida ao fim do século XIX: "o sodomita costumava ser uma aberração temporária; o homossexual era agora uma espécie."[22]

Entretanto, para além de aproveitar a oportunidade para insistir em suas teorias sobre poder e sexo, muito do que Foucault pensava sobre a homossexualidade é seriamente questionável. Às vezes, ele parece vê-la como absolutamente central para a identidade. Em outras ocasiões (inclusive na mesma obra), ele a considera desimportante. Aqueles que vieram depois dele — o citaram e se declararam seus discípulos — usaram a sexualidade, como todo o restante, como uma forma de manter uma identidade de grupo oposta à norma heterossexual. O seguidor de Foucault no Instituto de Tecnologia de Massachusetts (MIT), David Halperin, famosamente disse não haver "orgasmo sem ideologia".[23] O que, além de sugerir tédio na cama, também indica que as pessoas que desejam compreender a homossexualidade a partir desse prisma estão amontoando fundações instáveis sobre fundações instáveis.

Uma das poucas coisas claras em sua obra é que o próprio Foucault parece ter reconhecido que a identidade sexual provavelmente não é uma base sensata sobre a qual se construir qualquer identidade formal. De fato, perto do fim do primeiro volume de *História da sexualidade*, ele se maravilha com a maneira pela qual algo que durante séculos se pensou ser um tipo de "loucura" se tornou a peça central de nossa "inteligibilidade", fazendo com que nossa "identidade" passasse a ser a fonte do que "era percebido como desejo obscuro e sem nome". O sexo se tornou "mais importante que a vida". O pacto faustiano, "cuja tentação foi instilada em nós", é o de "trocar a vida em sua inteireza pelo sexo em si, pela verdade e soberania do sexo. Vale a pena morrer pelo sexo".[24] Embora seus discípulos pareçam ter decidido o contrário — e embora Foucault não tenha se aprofundado no assunto —, parece que mesmo ele concluiu que o sexo ou até a sexualidade são instáveis demais como base para a identidade.

GAY *VERSUS* QUEER

A despeito de tudo isso, ser gay hoje em dia se tornou um dos blocos de construção absolutamente centrais da identidade, da política e da "política identitária". Os políticos convencionais falam rotineiramente sobre e para grupos LGBT. É uma forma de absurdo. Pois, mesmo em seus próprios termos, essa composição é extremamente insustentável e contraditória. Homens e mulheres gays não têm quase nada em comum. Pode ser algo trivial demais para mencionar, mas gays e lésbicas não têm o mais caloroso dos relacionamentos. Gays frequentemente caracterizam lésbicas como desmazeladas e entediantes. Lésbicas frequentemente caracterizam gays como tolos e incapazes de crescer. Nenhum deles vê muita utilidade no outro, e quase ninguém se reúne em espaços "comunais". Há lugares em que homens gays podem se encontrar e lugares em que mulheres gays podem se encontrar, mas dificilmente houve lugares, nas décadas desde a liberação homossexual, nos quais homens e mulheres gays tenham se organizado ou se reunido para estar perto uns dos outros em bases regulares.

Homens e mulheres gays, entrementes, famosamente demonstram ter grande suspeita das pessoas que se afirmam "bissexuais". O "B" em LGBT é fonte de ocasional angústia na mídia gay. Os bissexuais continuam a ser vistos não tanto como parte da mesma "comunidade", mas como uma espécie de traidores em seu meio. Os gays tendem a acreditar que homens que afirmam ser "bi" na verdade são gays em negação ("'bi' agora, gay mais tarde"). E, embora mulheres que às vezes transam com mulheres com frequência sejam abordadas por homens heterossexuais, poucas mulheres reagem positivamente à ideia de ser parceiras de homens que também transam com outros homens. A questão sobre o que qualquer uma dessas pessoas — gays, lésbicas ou bissexuais — tem a ver com pessoas que decidiram mudar de gênero fica para outro capítulo.

Mas é válido manter esses atritos e contradições internas em mente quando as pessoas falam sobre a comunidade LGBT ou tentam cooptá-la para propósitos políticos. Ela mal existe, mesmo no interior de cada uma de suas letras constituintes. E cada uma delas tem pouco em comum com as outras. Antes da descriminalização da homossexualidade, na década

GAYS

de 1960, as coisas talvez fossem um pouco diferentes. Hoje, contudo, as Ls não precisam dos Gs, os Gs não se importam muito com as Ls e quase todo mundo desconfia dos Bs. E há tremenda disputa sobre se os Ts são a mesma coisa que todos os outros ou um insulto a eles. Mesmo assim, ninguém faz a menor ideia de onde veio tudo isso. E, todavia, esse acrônimo permanece sendo o meio a partir do qual as pessoas estão dispostas a identificar vastas parcelas da população e construir uma das justificativas e bases definidoras da sociedade liberal.

Não surpreende que um conglomerado de pessoas com posições e origens tão contraditórias possa sofrer sérias tensões no interior de cada elemento de seu próprio movimento. Desde a origem do ativismo gay até hoje, está presente toda a tensão imaginável sobre o que está sendo demandado. Tudo se resume à pergunta não respondida sobre se gays são exatamente iguais a todo mundo, com exceção de uma única característica. Ou se essa única característica os torna profundamente diferentes do restante da sociedade. É uma divisão que gera dois campos amplos.

No primeiro estão aqueles que acreditam que gays são — e deveriam ser — iguais a todo mundo. Que eles vencerão todas as batalhas remanescentes por direitos demonstrando que nada os torna diferentes de seus amigos e vizinhos heterossexuais. Assim como os héteros, gays podem viver em casas com belas cercas de estacas, se casar, ter relacionamentos monogâmicos e mesmo produzir e criar filhos como todo mundo. Em essência, podem ser respeitáveis. Ao menos essa é uma das opiniões, exposta em textos como a obra de 1989 de Hunter Madsen e Marshall Kirk, *After the Ball: How America Will Conquer its Fear and Hatred of Gays in the '90s* [Depois do baile: como os Estados Unidos superarão seu medo e seu ódio pelos gays na década de 1990].[25] Mas tais obras, pregando um caminho de aceitação dos gays via normalização com o restante da sociedade, sempre são contrapostas a outro elemento no interior da mesma suposta "comunidade".

Esse lado pode ser descrito (e autodescrito) não como "gay", mas como "*queer*". Ele era — e é — um grupo de pessoas que acreditam que se sentir atraído pelo mesmo sexo significa mais que simplesmente se sentir atraído pelo mesmo sexo. Elas acreditam que se sentir atraído pelo mesmo sexo deveria ser meramente o primeiro estágio em uma jornada mais ampla. O

A LOUCURA DAS MASSAS

primeiro estágio não somente em seguir com a vida, mas em transgredir os modos normais de vida. Ao passo que os gays podem querer somente ser aceitos como todo mundo, os *queers* querem ser reconhecidos como fundamentalmente diferentes de todo mundo e usar essa diferença para destruir o tipo de ordem na qual os gays estão trabalhando para entrar. Trata-se de uma divisão quase nunca reconhecida, mas completamente central, que existe desde que "gay" foi reconhecido como identidade.

No início da revolução gay, houve aqueles que pressionaram por uma frente unificada que poderia alinhar a "frente de liberação gay" a outros movimentos. Sob a influência de ativistas como Jim Fouratt, essas alianças se estenderam (embora não se limitassem) a movimentos domésticos como os Panteras Negras e movimentos estrangeiros como o Viet Cong, o regime de Mao Tsé-tung na China, a Cuba de Fidel Castro e mais. O fato de que esses movimentos eram explícitos em sua variada oposição aos homossexuais (a China de Mao, por exemplo, estava disposta a castrar publicamente os "degenerados sexuais") era meramente uma das contradições que precisavam ser superadas.[26] O movimento pelos direitos gays continuou a se identificar com movimentos que não somente eram revolucionários, mas também se opunham à sociedade na qual o movimento gay buscava ser aceito. Em todas as décadas que se seguiram desde a de 1960, essa divisão foi replicada no mundo gay.

Durante a crise da AIDS na década de 1980, houve considerável (e compreensível) radicalização entre os gays na Europa e nos Estados Unidos. Grupos como o Act Up [algo como "comportar-se mal"] alegaram que seus representantes eleitos não estavam fazendo o suficiente para reconhecer o inacreditável sofrimento causado pelo início da "praga". Tais grupos se engajaram na ação direta, mas outros "gays" sentiram que isso se deu à custa da causa como um todo. Em um importante livro do início da década de 1990, reagindo à tomada *"queer"* da luta pelos direitos gays, o autor norte--americano Bruce Bawer lembrou-se das atitudes "inflexíveis" de grupos como o Act Up. Em *A Place at the Table* [Um lugar à mesa], ele mencionou a resposta à carta criticando os métodos do grupo do agora defunto semanário gay *QW*: "Seus merdas hipócritas, desinformados e cheios de ódio por si mesmos", dizia uma resposta típica. "Vocês são uma desgraça para a nação *queer*."[27] O que era a "nação *queer*"? Ela contava somente com uma voz e um conjunto de objetivos? Deveria buscar uma vida separada ou uma vida como qualquer outra? Então, como agora, essas perguntas ficaram sem resposta nem resolução. Os gays eram como todo mundo ou um grupo de pessoas diferentes que queriam, informada e deliberadamente, se segregar como cidade-Estado gay ou mesmo nação gay?

"Gays" e "*queers*" permaneceram em conflito durante a década de 1990. Na Grã-Bretanha, aqueles que buscavam aceitação e respeitabilidade no longo prazo costumavam ficar horrorizados com as ações de grupos como o Outrage [Ultraje]. No domingo de Páscoa de 1998, Peter Tatchell e outros membros de seu grupo tomaram o púlpito da Catedral de Canterbury, interrompendo o arcebispo durante o sermão de Páscoa e exibindo cartazes sobre a atitude da Igreja da Inglaterra em relação aos direitos gays. Foi uma maneira sensata de colocar os direitos gays em evidência ou correu-se o risco de alienar pessoas que poderiam ficar assustadas com o aparentemente "fundamentalismo" desses gays? O mesmo debate ocorreu (e, em menor extensão, continua a ocorrer) em outros lugares. Um projeto de lei se opondo legalmente à discriminação contra os gays ficou sem aprovação no estado de Nova York durante 21 anos. Um dos envolvidos descreveu, em 1992, como "muitos legisladores tiveram contato com grupos gays durante conflitos furiosos", como aquele no qual o grupo radical Queer Nation "desfilou com uma efígie do líder da maioria no Senado Ralph J. Marino", que então foi queimada. Outros grupos fizeram lobbies mais efetivos, assumindo o que foi descrito como abordagem mais "polida".[28]

Mas a atitude radical persistiu. Assim como a divisão entre gays que queriam igualdade e aqueles que queriam usar o fato de ser gays meramente como primeiro passo na destruição de alguma ordem ou na formação de um novo tipo de sociedade. Essa divisão raramente esteve mais evidente que durante a "Marcha de Washington" de 25 de abril de 1993. O movimento pretendia fazer pelos direitos gays o que a manifestação de Martin Luther King Jr. fizera pelo movimento dos direitos civis, três décadas antes. Mas a marcha de 1993 foi uma bagunça, incluindo "comediantes obscenos" e "radicais cuspidores de fogo que falavam somente por um minúsculo segmento da população gay". Foi, segundo Bawer, "como se os organizadores da marcha quisessem confirmar todos os estereótipos sobre homossexuais":

> Eu ficava comparando o evento com a marcha de 1963 em Washington pelos direitos civis dos negros. Naquela ocasião, Martin Luther King Jr. fez o melhor discurso de sua vida e imbuiu não somente em seus seguidores, mas em todo norte-americano escrupuloso, o senso de seriedade de sua missão e correção de sua causa. Ele não pediu revolução, denunciou a democracia norte-americana ou dividiu o pódio com comediantes [...] Naquele dia de 1963, ele deu voz à visão de radical igualdade que atingiu a consciência dos Estados Unidos, despertando o melhor em seus seguidores e apelando aos mais virtuosos instintos de seus antagonistas.[29]

E esse foi outro aspecto do movimento pelos direitos gays que continuou a se degradar. Como observou outro escritor gay, Andrew Sullivan, na década de 1990: "Vá a qualquer marcha pelos direitos gays e você verá a impossibilidade de organizar um lobby coerente; tais tentativas são sempre minadas pela ironia, pelo exibicionismo ou pela irresponsabilidade."[30]

Em quase qualquer manifestação pelos direitos gays hoje — mais proeminentemente nas marchas de "orgulho gay" que acontecem em todo o mundo —, o pedido de igualdade legal (agora atingido na maioria dos países ocidentais) é misturado a elementos capazes de fazer corar tanto homossexuais como heterossexuais. Não há nada errado no fato de as pessoas gozarem do que quer que gostem na privacidade de suas casas. Mas não é preciso ser pudico para sentir que multidões vestidas com trajes de fetiche, perneiras e outras coisas em tais manifestações estão prejudicando quaisquer causas que esperem defender. Se o movimento pelos direitos civis dos negros tivesse incluído uma seção de fetiche, teria sido considerado fácil ignorar sua força moral.

Mas os gays não serão confinados. Não por eles mesmos, e certamente não por outros. Aqueles que pedem igualdade sempre incluirão um contingente que confunde exibicionismo com ativismo, sentindo que ninguém é livre ou igual até ter o direito de se fantasiar de cachorrinho e, de quatro, ser conduzido por seu "mestre" por uma rua pública. O pensador liberal Paul Berman se lembra das comemorações das "grandes festas" do Stonewall na década de 1990. Os "austeros políticos gays" marchavam pedindo direitos civis, seguidos por "jovens sem camisa" dançando eroticamente, mulheres sem sutiã, fetichistas usando couro, sadomasoquistas chicoteando uns aos outros e os slogans "orgulho retal" e "orgulho vaginal". A justificativa (oferecida, entre outros, pela socióloga interseccional Arlene Stein) era que, se os gays se parecessem com todo mundo, acabariam desaparecendo. Somente sendo flagrantes e visíveis essas pessoas podiam assegurar que isso não aconteceria. Stein terminou descrevendo a si mesma, entre outras coisas, como *sexpert* ["especialista em sexo"]. Um título que, como comentou Berman, "qualquer um gostaria de ter, embora talvez não 24 horas por dia".[31] Aqueles que defendem a visão *"queer"* tendem a apresentar o fato de ser gay como uma ocupação de tempo integral. Aqueles que são gays tendem a não gostar deles.

IGUAL OU MELHOR?

Mesmo nas mais conservadoras demandas dos movimentos pelos direitos gays, há questões repletas de riscos que permanecem não abordadas. Por exemplo, se os gays obtiverem os mesmos direitos de todo mundo, devem ser sujeitados aos mesmos padrões que todo mundo? Ou existe na igualdade gay algum tipo de opção de descadastramento? Agora que o casamento gay existe, devemos esperar que os casais gays sejam monogâmicos, como se espera dos casais heterossexuais? Se não tiverem filhos para uni-los, faz sentido esperar que dois homens ou duas mulheres que se conheceram antes dos 30 anos se casem e transem exclusivamente um com o outro pelas próximas seis décadas ou mais? Será que estarão dispostos a isso? E, se não estiverem, quais serão as consequências sociais? Afinal, deve haver consequências, certo? Entre os primeiros casais a se casar nos EUA, havia um que imediatamente admitiu, durante uma entrevista, manter um relacionamento aberto. O que outras pessoas — incluindo heterossexuais — pensam do casamento gay em uma situação assim? A questão permanece, totalmente ignorada. Na Grã-Bretanha, um proeminente casal gay fez extraordinários esforços para esconder o fato de que mantinha um relacionamento aberto. Presumivelmente porque percebeu o dano potencial se a população majoritariamente heterossexual soubesse da "infidelidade" em um casal gay de alta visibilidade.

Em todas essas conversas de "igualdade", não há qualquer certeza de que a maioria dos gays de fato quer ser completamente igual. Muitos parecem querer ser precisamente iguais, mas com um pequeno bônus gay. Quando a apresentadora norte-americana Ellen DeGeneres se revelou lésbica em 1997, ela correu um grande risco. O fato de que foi um risco que valeu a pena e aumentou significativamente a visibilidade lésbica a transformou em objeto de respeito. Mas é o capital social remanescente desse ato ou alguma espécie de vantagem lésbica que lhe permite um tipo de liberdade que não seria concedida a nenhum homem heterossexual? Como a do jogo "Who'd you rather" [Quem você prefere?], no qual Ellen, em seu programa na TV, pede que seus convidados (homens e mulheres) olhem para fotografias de duas pessoas famosas de cada vez e digam com qual delas gostariam de transar.

No início do escândalo "MeToo", em 2017, qualquer homem que já tivesse tocado inapropriadamente ou objetificado uma mulher estava em apuros. Contudo, parecia que DeGeneres não tinha de jogar pelas mesmas regras. No fim de outubro, mês em que Harvey Weinstein entrou em desgraça, ela postou na mídia social uma fotografia com Katy Perry. A pop star usava um vestido notavelmente apertado que deixava seus seios em grande evidência. A foto mostrava DeGeneres com um braço em torno de Perry, e os olhos na altura de seus seios, encarando-os boquiaberta. "Feliz aniversário, Katy Perry!", dizia DeGeneres em sua conta oficial do Twitter. "Está na hora de exibir os balões!"[32] Porque, embora àquela altura já houvesse considerável consenso de que homens não podiam objetificar as mulheres, parecia existir uma cláusula de isenção para celebridades lésbicas.

PATERNIDADE GAY

O sucesso dos movimentos pelos direitos gays pode ser celebrado em todas as democracias ocidentais liberais. Entretanto, há outro lado nessa celebração — a chantagem moral sobre as outras questões. Quais são as questões equivalentes que, no futuro, serão vistas com o mesmo tipo de vergonha com que a criminalização dos homossexuais é vista hoje? Vários candidatos estão disponíveis. Mas isso tem um efeito indireto sobre os outros direitos gays. Como a criminalização foi tão errada, todo o restante nessa área pode passar diante de nossos olhos sem muita, ou nenhuma, contestação.

O advento do casamento gay no Reino Unido e nos Estados Unidos levou a demandas pelo direito seguinte, que é a paternidade gay. Não somente o direito de gays adotarem filhos, mas o de terem filhos próprios. Casais gays célebres, como Elton John e David Furnish, e Tom Daley e Dustin Lance Black, frequentemente retratam a situação como se fosse a coisa mais simples do mundo: "Decidimos começar uma família." Em fevereiro de 2018, Daley e Black divulgaram uma foto em que Daley segurava uma imagem de ultrassom. As manchetes dos jornais proclamavam: "Tom Daley anuncia que ele e o marido terão um bebê."[33] Uma antiga piada gay dizia: "Ainda não tivemos um bebê, mas continuamos tentando." Mas eis aqui uma história sugerindo o primeiro sucesso nessa área. E logo ficou claro que qualquer um que perguntasse "Mas dois homens podem ter um bebê?" receberia esta resposta: "Por que não? Seu preconceituoso."

Naturalmente, um colunista do *Daily Mail* tropeçou nessa mina terrestre. Porém, a pergunta "Como, exatamente?" dificilmente era injustificada. Uma das razões é que se concordara, em anos precedentes, que excluir as mulheres de qualquer coisa era um sério *faux pas*. E lá estavam dois homens gays excluindo completamente ao menos uma mulher — que teve de ser relevante em algum ponto da jornada — da história. De fato, excluindo uma mulher daquela que provavelmente é a mais importante história da qual qualquer um pode participar. A segunda razão para uma pausa é o fato de a cuidadosamente maquiada narrativa do bebê de Daley e Black ser uma mentira para toda uma geração de jovens gays. Pois a verdade é que, embora isso seja significativamente mais fácil para mulheres lésbicas, dois homens gays acharão excepcionalmente difícil ter um bebê biológico; e, mesmo que o façam, o bebê só terá as marcas biológicas de um deles, criando questões e potenciais tensões no futuro próximo. A parte ainda mais clara da mentira é o fato de que mesmo essa situação — na qual dois homens gays produziram uma criança com o DNA de um deles — não está disponível para a maioria. Ela está disponível somente para os gays muito ricos. Procedimentos envolvendo óvulos e barrigas de aluguel não são baratos. Mas, até a muito moderada reação contra a moldura em que essa gravidez foi apresentada, nada disso estava claro. Um grupo chamado Stop Funding Hate [Parem de Financiar o Ódio] criou uma lista de empresas que anunciavam no *Daily Mail* e tentou fazer com que as pessoas as pressionassem para deixarem de anunciar em um jornal que, segundo a campanha do grupo, estava "cada vez mais distante das visões da sociedade britânica".[34] Tudo isso porque um colunista disse "Espere aí um minuto" em resposta à alegação de que dois homens teriam um bebê.

Todavia, a atitude "não somente igual, mas ligeiramente melhor" persiste no debate gay, como em tantos outros. Em 2014, pesquisadores da Universidade de Melbourne realizaram um estudo no qual demonstraram que filhos de casais do mesmo sexo são mais saudáveis e felizes que filhos de casais heterossexuais. O líder do projeto, dr. Simon Crouch, alegou que uma das causas dessa maior felicidade é o fato de casais de mesmo sexo não recaírem nos tradicionais "estereótipos de gênero", levando a "uma unidade familiar mais harmônica".[35] Essa alegação não é assim tão incomum. Em 2010, a BBC exibiu um curta da reverenda Sharon Ferguson (que também era CEO do Movimento de Lésbicas e Gays Cristãos) no qual afirmava que lésbicas como ela não eram somente mães tão boas quanto as heterossexuais. De acordo com ela, lésbicas na verdade eram mães melhores que as mulheres heterossexuais.[36] Alegações similares, baseadas em estatísticas igualmente dúbias, que sempre se parecem mais com propaganda que com análise, surgem com considerável regularidade.

Em março de 2018, por exemplo, pesquisadores do Williams Institute, da Faculdade de Direito da UCLA, publicaram suas descobertas após estudarem 515 casais em Vermont durante um período de doze anos. De acordo com a pesquisa, casais gays tinham mais probabilidade de permanecer juntos que casais lésbicos ou heterossexuais.[37] Isso foi prontamente divulgado pela imprensa gay e outros veículos como "Casamentos gays têm menos probabilidade de acabar que casamentos heterossexuais, revela estudo".[38]

Pode-se pensar que a paternidade recai somente do lado gay da divisão gay *versus queer*, mas, por trás de parte da cobertura da mídia, há um eco reconhecível de um dos mais feios ruídos que já existiram às margens do movimento pelos direitos *queer*. Trata-se da alegação de que a igualdade não é suficiente, porque gays são, em certo sentido, "melhores" que heterossexuais. O norte-americano Robert Rafsky, um radical ativista gay, certa vez foi filmado urrando para outros ativistas gays durante uma manifestação, falando dos heterossexuais: "Nós somos mais importantes que eles!" Uma atitude que, como disse Bruce Bawer, "é tão feia quanto a dos heterossexuais que presumem ser mais importantes que os homossexuais".[39] Mas há confusão a respeito disso, assim como sobre tantas outras coisas.

Entre as duas últimas confusões que vale mencionar, há algo que pode ser a maior questão de todas. Trata-se de decidir se ser gay significa que você se sente atraído por pessoas de seu próprio sexo ou significa que você faz parte de um grande projeto político.

SER GAY É POLÍTICA?

Antes do referendo do Brexit em 2016, no Reino Unido, Sir Ian McKellen foi entrevistado sobre a maneira como planejava votar. A manchete da entrevista era a citação: "O Brexit não faz sentido se você é gay." O ator — que contribuiu muito para o avanço dos direitos gays fundamentais ao longo de décadas — disse que, analisando a votação da perspectiva gay, "só há uma opção, que é a de permanecer. Se você é gay, você é internacionalista".[40] Presumivelmente, as pessoas que achavam ser gays e pretendiam votar pela saída da União Europeia estiveram fazendo tudo errado durante todos aqueles anos. Com a mesma frequência, guerras muito piores foram iniciadas no mesmo terreno nos Estados Unidos.

A data de 21 de julho de 2016 deveria ter sido um grande momento para os apoiadores dos direitos gays no país. Nesse dia, Peter Thiel subiu ao palco da Convenção Nacional Republicana em Cleveland, Ohio, e fez um discurso. Um gay já surgira em uma plataforma republicana antes, mas não sozinho, nem se identificando abertamente como tal. Em contraste, o cofundador do PayPal e investidor inicial do Facebook fez uma referência clara e já de saída à sua sexualidade quando endossou Donald Trump como candidato à presidência do Partido Republicano. Durante seu discurso, Thiel disse:

"Tenho orgulho de ser gay. Tenho orgulho de ser republicano. Mas, acima de tudo, tenho orgulho de ser norte-americano." Tudo isso foi recebido com grandes vivas no hall. Tal situação teria sido inimaginável em ciclos eleitorais anteriores. A NBC estava entre os veículos de mídia tradicionais que relataram o evento sob uma luz positiva. "Peter Thiel faz história durante a convenção republicana", dizia a manchete.

A imprensa gay não foi tão positiva. A principal revista gay dos Estados Unidos, *Advocate*, atacou Thiel em um longo e curioso artigo que o excomungava da igreja gay. O título dizia: "Peter Thiel nos mostrou que existe diferença entre gay e sexo gay." O subtítulo do artigo de 1.300 palavras de Jim Downs (ex-professor-associado de história da Faculdade de Connecticut) perguntava: "Quando você abandona numerosos aspectos da identidade *queer*, você ainda é LGBT?"

Embora Downs admitisse que Thiel era "um homem que faz sexo com outros homens", ele questionava se ele era, de qualquer outra maneira, realmente "gay". "Essa pergunta pode parecer estrita", admitia o autor. "Mas, na verdade, suscita uma ampla e crucial distinção em nossas noções de sexualidade, identidade e comunidade." Após depreciar aqueles que haviam saudado o discurso de Thiel como momento divisor de águas — quem dirá como "progresso" —, Downs pronunciou seu anátema: "Thiel é exemplo de um homem que faz sexo com outros homens, mas não de um homem gay. Ele não abraça a luta das pessoas para assumirem suas identidades distintivas."

A prova A desse denunciador de heresias gays podia ser encontrada no discurso feito durante a convenção. Thiel ignorara as infindáveis e altamente visíveis discussões sobre o acesso de transgêneros aos banheiros, quem deveria usar quais banheiros, quais banheiros deveriam ser instalados, e onde. Embora tivesse afirmado não concordar com "cada elemento da plataforma de nosso partido", declarou que as "falsas guerras culturais só nos distraem de nosso declínio econômico". E continuou: "Quando eu era criança, o grande debate era como derrotar a União Soviética. E vencemos. Agora nos dizem que o grande debate é quem usa qual banheiro. Isso é uma distração de nossos problemas reais. Quem se importa?" Isso fez muito sucesso em Cleveland. E, se as pesquisas de opinião estivessem certas, faria muito sucesso em todo o país. Era facilmente demonstrável que as pessoas estavam mais preocupadas com a economia que com o acesso a banheiros. Mas, para a *Advocate*, tratava-se de um desvio grande demais.

Embora tivesse reafirmado suas próprias "escolhas sexuais", Thiel era culpado de "se separar da identidade gay". Suas opiniões sobre a relativa efemeridade, para a cultura mais ampla, dos banheiros transgêneros "efetivamente rejeita a concepção de LGBT como identidade cultural cuja defesa requer luta política". Thiel supostamente fazia parte de um movimento que, desde a década de 1970, não "investiu na criação de uma identidade cultural na mesma extensão que seus antecessores". O sucesso da liberação gay aparentemente fizera com que esse movimento não realizasse seu "papel cultural". Mas isso era perigoso, como demonstrara, de alguma maneira desconectada, o recente massacre em um clube noturno gay. O autor encerrou lembrando seus leitores de que "o movimento de liberação gay nos deixou um legado poderoso, e proteger esse legado requer entender o significado do termo 'gay', e não usá-lo simplesmente como sinônimo de desejo e intimidade entre pessoas do mesmo sexo".[41]

Na verdade, o massacre no clube Pulse, em Orlando, em junho de 2016, fora perpetrado por um jovem muçulmano que jurara lealdade ao Estado Islâmico (ISIS). Mas esse detalhe não deteve a *Advocate*, nem a marcha do orgulho gay em Nova York, no mesmo mês. Na ocasião, a marcha foi aberta com um imenso banner com as cores do arco-íris e as palavras "Ódio republicano mata!", claramente esquecendo que Omar Mateen não era membro do Partido Republicano.

Não se trata apenas do fato de que os autonomeados organizadores da "comunidade gay" têm uma visão particular da política. Eles também têm uma visão específica sobre as supostas responsabilidades que ser gay carrega consigo. Em 2013, o romancista Bret Easton Ellis foi repreendido e banido do jantar anual de premiação de mídias da organização gay GLAAD. Ele foi considerado culpado de tuitar visões sobre a natureza asinina de personagens gays na televisão, às quais, segundo a GLAAD, "a comunidade gay respondeu de forma negativa".[42] Esse tom censório — o tom de um decoroso diretor de escola — foi o mesmo que o *Pink News* empregou em 2018, aparentemente a sério, em sua lista de dez coisas que os heterossexuais "devem e não devem fazer em bares gays".[43] Em todos esses casos, o instinto normal é dizer "Quem diabos você acha que é?". Porém, após ser repreendido por "crime de pensamento", Ellis conseguiu resumir uma parte do novo problema gay. Era como se tivéssemos passado a viver "no reino do homem gay como elfo mágico, que sempre surge diante de nós como algum tipo de ET santificado cujo único propósito é nos lembrar *somente* sobre tolerância, nossos próprios preconceitos, como nos sentirmos bem conosco mesmos e sermos um *símbolo*".

O reino do elfo mágico gay de fato foi aceito, por enquanto, como uma das maneiras pelas quais a sociedade pode ficar em paz com a homossexualidade. Os gays agora podem se casar, como todo mundo, fingir ter filhos exatamente da mesma maneira que todo mundo e, de modo geral, provar — como fazem Dustin Lance Black e Tom Daley em seu canal do YouTube — que gays são pessoas não ameaçadoras que na verdade passam a vida sendo fofas e assando cupcakes. Como escreveu Ellis, "o gay doce, sexualmente não ameaçador e muito bem-sucedido supostamente está destinado a transformar os heterossexuais em nobres protetores e amigos dos gays, desde que os gays em questão não sejam complicados, sexuais ou difíceis".[44] O antigo *enfant terrible* da ficção norte-americana disse uma verdade aqui.

QUAIS SÃO AS CAUSAS PLAUSÍVEIS DA "HOMOFOBIA"?

Nada disso justifica ódio ou violência contra indivíduos, quem dirá contra grupos inteiros. Mas há muitos estágios entre a equanimidade absoluta e sentir-se confortável na presença das pessoas e o desejo de atacá-las violentamente. O fato é que alguns heterossexuais ficam genuinamente nervosos perto de gays. Talvez muitos, a maioria ou mesmo todos os heterossexuais sintam algo assim, que está muito distante da aversão e se aproxima da inquietude. Embora grande parte dos textos e estudos sobre o que passou a ser conhecido como "homofobia" tenha focado em falsas justificativas para ela, as razões plausíveis para algo assim foram ignoradas. Isso é mais verdadeiro no caso da homossexualidade masculina que do lesbianismo. Por todo tipo de razão histórica e social, o lesbianismo raramente foi visto como ataque fundamental à ordem social, como aconteceu com a homossexualidade masculina. E isso talvez tenha acontecido porque há

GAYS

algo na natureza da homossexualidade masculina que atinge a própria raiz de um dos mais importantes aspectos da sexualidade — não de algumas pessoas, mas de todas.

Na raiz da atração de quase todo homem ou mulher pelo sexo oposto há uma séria de perguntas não respondidas e provavelmente não respondíveis. Há mistérios e confusões que ocorrem no nível do ritual do namoro. Eles serviram de tema básico para quase toda comédia e tragédia desde o início dos tempos. Mas as maiores e mais persistentes questões estão localizadas nos rituais de flerte e namoro e costumam encontrar sua plena expressão no ritual de acasalamento. As mulheres querem saber do que os homens estão atrás, o que eles querem e o que sentem — se é que sentem — durante o ato sexual. Essas perguntas frequentemente são o assunto de conversas entre amigas e fonte de inacreditável preocupação e angústia em algum estágio (se não em todos) da vida da maioria, da adolescência em diante.

Se há algo na sociedade que se aproxima da confusão e da angústia das mulheres em relação aos homens, esse algo, claro, é a lista de perguntas dos homens sobre as mulheres. O tema de quase toda comédia dramática é a inabilidade de os homens entenderem as mulheres. O que elas estão pensando? O que querem? Por que é tão difícil entender suas reações? Por que cada sexo espera que o outro seja capaz de decodificar suas palavras, suas ações e seus silêncios quando nenhum deles jamais recebeu um manual para compreender o sexo oposto?

Na raiz do conjunto de preocupações e questões do homem heterossexual está a mesma pergunta que as mulheres se fazem a respeito dos homens. Como é o ato de fazer amor? O que a outra pessoa sente? O que ela ganha com isso? E como os dois sexos se combinam? Os antigos contemplaram essas perguntas, é claro. Elas estão presentes em Platão, e são sugeridas na contribuição de Aristófanes a O banquete. Mas nenhuma delas é respondida. Os mistérios continuam presentes e, muito provavelmente, sempre continuarão.

E é aqui que a presença de homossexuais, especialmente do sexo masculino, faz sua enervante entrada. Pois, até o advento de cirurgias plausíveis para pessoas que acreditavam ter nascido no corpo errado (sobre o que falaremos adiante), os mais perturbadores viajantes entre os sexos eram os homossexuais masculinos. Não por causa da parte fortemente feminina de sua natureza, mas porque eles sabiam algo sobre o segredo das mulheres durante o sexo. É uma questão — e uma preocupação — que existe há milênios. Considere a lenda de Tirésias, como narrada em *Metamorfoses*. Ovídio conta a história de Júpiter e Juno, que um dia estão conversando relaxadamente sobre o ato de fazer amor. Júpiter diz a Juno: "Tenho certeza de que vocês mulheres obtêm mais prazer com o amor que os homens." Juno discorda e eles decidem pedir a opinião de Tirésias, "que conhece ambos os lados do amor". A história de Tirésias é complexa. Ovídio nos diz que Tirésias certa vez encontrou um par de grandes serpentes copulando em um bosque verdejante. Ele as atacou com seu cajado e foi imediatamente transformado em mulher. Após passar sete anos assim, no oitavo ano ele reencontrou as serpentes e as atacou novamente. "Se agredi-las tem o mágico poder/ De transformar o agressor no sexo oposto/ Agredi-las-ei mais uma vez", é a conclusão a que chega. E ele as ataca, e volta a ser homem.

Júpiter e Juno mandam chamar Tirésias porque querem que ele seja juiz da questão sobre se homens ou mulheres aproveitam mais o ato de fazer amor. O viajante entre os sexos declara que Júpiter tem razão: as mulheres aproveitam mais. Ofendida com a alegação, Juno condena Tirésias à cegueira e, para compensá-lo (pois nenhum deus pode desfazer os atos de outro), Zeus lhe concede o dom da profecia, que mais tarde permitirá que Tirésias prediga o destino de Narciso.[45] Deuses, serpentes e cajados à parte, a lenda de Tirésias suscita — e sugere uma resposta a — uma questão de grande profundidade. E os homens gays também desempenham papel nela.

Notavelmente, poucas pessoas encararam essa questão. Um dos poucos a fazê-lo em anos recentes foi o escritor e (não por coincidência) classicista Daniel Mendelsohn em sua obra de 1999 *The Elusive Embrace: Desire and the Riddle of Identity* [O beijo elusivo: desejo e o enigma da identidade]. Nessa história-memória familiar, ele se envolve profundamente com esse tema. Perguntando-se como são as relações sexuais entre dois homens, escreve:

> De certa maneira, é como a experiência de Tirésias; essa é a real razão
> para homens gays serem estranhos, para a ideia de homens gays ser
> perturbadora e desconfortável. Todos os homens heterossexuais que
> se engajaram no ato físico do amor sabem como é penetrar a parceira

durante o intercurso, como é estar *dentro* dela; todas as mulheres que já tiveram intercurso sabem como é ser penetrada, ter o outro dentro de si. Mas o homem gay, no exato momento em que penetra seu parceiro ou é penetrado por ele, sabe exatamente o que o parceiro sente e experimenta, ao mesmo tempo que ele mesmo experimenta exatamente o oposto, o ato complementar. O sexo entre homens dissolve a alteridade em similaridade, em uma perfeita suspensão: não há nada que uma parte não saiba sobre a outra. Se o objetivo emocional do intercurso é o *conhecimento* total do outro, o sexo gay pode ser, nesse sentido, perfeito, porque, nele, o total conhecimento da experiência do outro é finalmente possível. Porém, como o objeto desse conhecimento já é totalmente conhecido por ambas as partes, o ato também é, de certa maneira, redundante. Talvez seja por isso que muitos de nós continuam a buscar a repetição, como se a profundidade fosse impossível.

Mendelsohn descreve um poema, escrito por um amigo, sobre um jovem gay que assiste a um jogo de futebol entre homens que ele silenciosa e invejosamente deseja. O poema termina com uma descrição libidinosa e imaginativa dos jogadores fazendo sexo com as namoradas e um deles "atravessando-a e chegando a sua própria paixão". Mendelsohn descreve suas experiências heterossexuais iniciais e, embora admita não haver nada desagradável nelas, diz que são como "participar de um esporte para o qual você tem o tipo físico errado". Mas acrescenta:

Eis o que lembro daqueles acasalamentos indiferentes: quando um homem faz sexo com uma mulher, ele entra nela. Ela é a coisa que ele deseja, ou às vezes teme, mas, de qualquer modo, é o ponto final, o lugar para onde ele está *indo*. Ela é o destino. São os homens gays que, durante o sexo, atravessam seus parceiros até chegar de volta a si mesmos, uma vez depois da outra.

E continua:

Fiz sexo com muitos homens. A maioria deles tinha boa aparência. Eles tinham altura mediana e tendiam a ser bonitos. Provavelmente tinham olhos azuis. Pareciam, na rua ou do outro lado da sala, um pouco solenes. Quando eu os abraçava, era como atravessar um reflexo até chegar de volta a meu próprio desejo, até a coisa que me define, meu self.[46]

Esse é um insight notável, e também perturbador. Porque sugere que sempre haverá algo estranho e potencialmente ameaçador nas pessoas gays, especialmente nos homens gays. Não somente porque ser gay é um componente instável no qual basear uma identidade individual e uma maneira terrivelmente instável de tentar criar qualquer forma de identidade de grupo, mas porque gays sempre estarão presentes como desafio a algo inato ao grupo que forma a maioria da sociedade.

Todas as mulheres têm algo que os homens heterossexuais querem. Elas são detentoras e utilizadoras de um tipo de mágica. Mas eis o problema: os gays parecem, de alguma forma, conhecer o segredo. Isso pode ser libertador para alguns. Algumas mulheres sempre gostarão de conversar com homens gays sobre os problemas — incluindo os sexuais — dos homens. Assim como alguns homens heterossexuais sempre gostarão de ter esse amigo vagamente bilíngue que pode ajudá-los a aprender a outra língua. Mas há outros para os quais isso sempre será enervante. Porque, para eles, os gays sempre serão as pessoas — especialmente os homens — que sabem demais.

INTERLÚDIO

As fundações marxistas

"Credo quia absurdum"
("Acredito porque é absurdo")
Tertuliano (atribuído a)

Em 1911, surgiu um famoso pôster intitulado "Trabalhadores industriais do mundo", retratando o que se alegava ser a "pirâmide do sistema capitalista". Na base da pirâmide, estavam os bravos homens, mulheres e crianças da classe trabalhadora. Com seus ombros orgulhosos, robustos, mas trêmulos de esforço, eles seguravam o edifício inteiro. "Trabalhamos por todos" e "Alimentamos todos" eram as legendas acompanhando essa parte mais baixa, fundamental, do sistema. No andar de acima, jantando de black-tie e vestidos de noite, estavam as ricas classes capitalistas, suportadas pelos trabalhadores e só capazes de se divertir graças ao trabalho deles. "Comemos por vocês", dizia esse nível. Acima deles, estavam os militares ("Atiramos em vocês"). Acima deles, o clero ("Enganamos vocês"). Acima deles, os monarcas ("Governamos vocês"). E, finalmente, no topo da pirâmide, acima mesmo dos monarcas, havia um grande saco de dinheiro, marcado com cifrões. "Capitalismo" era a legenda no nível mais alto do Estado.

Hoje, uma versão dessa antiga imagem abriu caminho até o centro da ideologia da justiça social. Uma das coisas que sugere que essa nova estrutura possui fundações marxistas é o fato de que o capitalismo ainda está no topo da pirâmide de opressão e exploração. Mas os outros níveis da pirâmide hierárquica são habitados por tipos diferentes de pessoas. No topo da hierarquia, estão pessoas brancas, do sexo masculino e heterossexuais. Elas não precisam ser ricas, mas as coisas pioram se forem. Abaixo desses tirânicos soberanos estão todas as minorias, mais notadamente os gays, qualquer um que não seja branco, mulheres e pessoas trans. Esses indivíduos são reprimidos, oprimidos, deixados de lado e tornados insignificantes pelo sistema branco, patriarcal, heterossexual e "cis". Assim como o marxismo pretendia libertar os trabalhadores e partilhar a riqueza, nessa nova versão de uma antiga demanda o poder dos machos brancos patriarcais deve ser tomado e dividido mais justamente entre os grupos minoritários relevantes.

Inicialmente, essa nova ideologia não foi levada muito a sério por seus oponentes. Algumas de suas alegações pareciam tão risíveis e suas contradições inerentes eram tão claras que o criticismo coerente foi quase ausente. Isso foi um erro. Trata-se de uma ideologia com claros precursores ideológicos, mas, mesmo assim, uma ideologia que — o que quer que se diga dela — fornece uma lente para entender o mundo e um propósito para as ações e a vida de um indivíduo no mundo.

Não surpreende que todos os acadêmicos que passaram anos refletindo sobre as ideias que evoluíram até se transformar na teoria dos grupos interseccionais de interesses especiais tenham todos os mesmos interesses históricos. Nenhum acadêmico envolvido na pressão por política identitária e interseccionalidade veio da direita conservadora. E há várias razões para isso não ser uma surpresa. Uma é a tendência ideológica no interior da academia. Um estudo sobre universidades norte-americanas realizado em 2006 mostrou que 18% dos professores de ciências sociais se identificam alegremente como "marxistas". E, embora haja departamentos com relativamente poucos marxistas, qualquer campo no qual um quinto dos professores acredita em um dogma altamente controverso (para dizer o mínimo) pode suscitar questões. O mesmo levantamento descobriu que 21% dos professores de ciências sociais estão dispostos a se identificar como "ativistas" e 24% como radicais.[1] Esse número é consideravelmente mais alto que o de professores dispostos a se identificar como "republicanos" em qualquer campo.

Mesmo quando não se identifica como tal, a tendência marxista e pós-marxista na esquerda política sempre pode ser reconhecida a partir do conjunto de pensadores que cita e reverencia, e cujas teorias tenta aplicar a toda e qualquer disciplina e área da vida. De Michel Foucault, esses pensadores absorveram a ideia de sociedade não como sistemas infinitamente complexos de confiança e tradições que evoluíram com o tempo, mas sempre à inclemente luz que é lançada quando tudo é visto somente através do prisma do "poder". Ver todas as interações humanas sob essa luz distorce, em vez de iluminar, apresentando uma interpretação desonesta de nossas vidas. É claro que o poder existe como força no mundo, mas também existem caridade, perdão e amor. Se perguntarmos à maioria das pessoas o que importa em suas vidas, pouquíssimas dirão "poder". Não porque elas não absorveram Foucault, mas porque é perverso ver tudo na vida através de uma lente tão monomaníaca.

Mesmo assim, para certo tipo de pessoa, determinada a encontrar culpa em vez de perdão no mundo, Foucault ajuda a explicar tudo. E o que Foucault e seus admiradores buscam explicar nas relações pessoais eles também buscam explicar em um nível político mais amplo. Para eles, absolutamente tudo na vida é uma escolha política e um ato político.

Os pós-marxistas que buscam explicar o mundo a nossa volta não se imbuíram somente do prisma distorcido de Foucault e Marx. De Antonio Gramsci eles absorveram a noção de cultura como "força hegemônica" cujo controle é ao menos tão importante quanto a classe trabalhadora. Do contemporâneo de Foucault, Gilles Deleuze, absorveram a ideia de que o papel do indivíduo é enxergar através da teia que a cultura em que nasceu teceu a sua volta e desfazê-la. E sempre e por toda parte está o objetivo — retirado da teoria literária francesa — de "desconstruir" tudo. "Desconstruir" algo é tão significativo para a academia quanto "construir" é significativo para o restante da sociedade. De fato, uma das curiosidades da academia em décadas recentes é o fato de ela não ter encontrado quase nada que queira desconstruir, com exceção de si mesma.

O processo de desmanche ocorreu em vários campos, mas em nenhum deles mais rápida ou completamente que nos ramos sempre em metástase das ciências sociais. Cursos como "estudos *queer*", "estudos das mulheres", "estudos negros" e outros, cada um em seu próprio campo, trabalharam sempre e por toda parte para atingir os mesmos objetivos. E sempre com referência aos mesmos, aparentemente indispensáveis, pensadores. A primeira prioridade desse segmento da academia em décadas recentes — a primeira coisa a "destecer" — foi atacar, minar e finalmente derrubar tudo que previamente parecera ser uma certeza fixa, incluindo as certezas biológicas. Assim, o reconhecimento de que há dois sexos diferentes se transformou na sugestão de que há dois gêneros diferentes. Daí, o argumento foi cuidadosamente escoltado até aquilo que se transformou — ao menos nas universidades — em uma conclusão extremamente popular: na verdade, não existe gênero. O gênero não é real, mas meramente um "constructo social". A obra de Judith Butler, da Universidade de Berkeley, foi particularmente popular nesse sentido. Na visão de Butler (especialmente em *Gender Trouble: Feminism and the Subversion of Identity* [Problema de gênero: feminismo e subversão da identidade], de 1990), o feminismo cometeu um erro ao pensar que havia categorias como macho e fêmea. Tanto o masculino quanto o feminino são "culturalmente pressupostos". De fato, o próprio gênero não é mais que uma "performance social reiterada", e definitivamente não o resultado de uma "realidade anterior". Esse exercício ocorreu, ao mesmo tempo, nos estudos negros, nos quais o mesmo trabalho foi feito — com referência aos mesmos conjuntos de pensadores — para asseverar que, assim como o gênero, a raça também é um constructo social, "culturalmente pressuposto" e relacionado somente à "performance social reiterada".

Foi somente após esse "destecimento" que uma nova trama começou a ser tecida. Nesse momento, entraram em cena os textos fundacionais da justiça social e da interseccionalidade. Depois que os acadêmicos abriram espaço, descobriu-se que haviam feito isso para suas próprias ideias.

Em 1988, Peggy McIntosh, da Faculdade Wellesley (cuja área de pesquisa eram os "estudos das mulheres") publicou *White Privilege: Unpacking the Invisible Knapsack* [Privilégio branco: desfazendo a mochila invisível]. A obra em si não é bem um ensaio, mas uma lista de alegações que preenchem algumas páginas. Nelas, McIntosh lista cinquenta coisas que vê como "efeitos cotidianos do privilégio branco". Elas incluem alegações como "Se eu quiser, posso estar na companhia de pessoas de minha raça na maioria do tempo" e "Posso fazer compras sozinha na maior parte do tempo, com a certeza de que não serei seguida nem incomodada".[2] Muitas das alegações

INTERLÚDIO

que McIntosh fez em 1988 já parecem absurdas e datadas hoje. A maioria não se aplica somente a pessoas brancas e nenhuma prova o argumento sistêmico que ela parece estar defendendo. Mas *White Privilege* foi escrito de maneira incomumente clara e defende uma posição também clara: a de que as pessoas devem reconhecer os privilégios que podem ser identificados em sua vida. Ela afirma que as pessoas que se beneficiam das estruturas existentes de poder não as "conquistaram". E, ainda mais importante, alega que vários grupos (incluindo pessoas de diferentes orientações sexuais e raças) sofrem de "opressões interligadas". É como se todos os departamentos de estudos de queixas tivessem se reunido em um grande seminário.

Na visão de McIntosh, Kimberlé Crenshaw e outros que fizeram alegações similares, a natureza dessas opressões interligadas precisa ser definida. Sempre presente está a sensação de que, uma vez que as coisas forem destrinchadas, algo maravilhoso pode acontecer, embora, como é comum entre os utópicos, o mapa da utopia não esteja incluído no plano. Mesmo assim, McIntosh urgia as pessoas a "aumentar nossa consciência cotidiana" sobre a natureza do privilégio e tentar usar "nosso poder arbitrariamente concedido para tentar reconstruir sistemas de poder em bases mais amplas". Isso sugere que ela não era contra o poder, somente favorável a alguma redistribuição ao longo de linhas diferentes. Sua posição era tão mal definida que, em tempos normais, sua lista de alegações jamais teria ultrapassado os muros de Wellesley. E, por muitos anos, certamente não teria ultrapassado os muros da academia em geral. Mas *White Privilege* sobreviveu em tempos muitos incomuns, nos quais as pessoas estavam correndo para explicar as coisas. E, como se viu, por mais simplista que fosse, simples pedido de autoconsciência e redistribuição foi muito efetivo em uma época de confusão intelectual.

Simultaneamente, outros faziam o mesmo trabalho, de um ângulo um pouco diferente. Um importante pós-marxista, o argentino Ernesto Laclau (que morreu em 2014), passou a década de 1980 tentando lidar com os problemas que, como reconheceu, estavam emergindo. Juntamente com sua parceira e coautora Chantal Mouffe, ele forneceu uma das primeiras fundações para o que se tornaria a política identitária. Em sua obra de 1985 *Hegemony and Socialist Strategy* [Hegemonia e estratégia socialista], eles começam por nobremente admitir que o socialismo foi desafiado pela "emergência de novas contradições". O "discurso tradicional do marxismo" fora "centrado no conflito de classes" e nas "contradições do capitalismo". Contudo, a noção de "conflito de classes" precisava ser modificada. Eles perguntam:

> Em que extensão se tornou necessário modificar a noção de conflito de *classes* a fim de sermos capazes de lidar com novos sujeitos políticos — mulheres, minorias nacionais, raciais e sexuais, movimentos antinucleares e anti-institucionais etc. —, de caráter claramente anticapitalista, mas cuja identidade não foi construída em torno de interesses de classe específicos?[3]

Deve-se dizer que não se trata de alguma obra obscura, mas de uma que é regularmente citada. De fato, o Google Scholar mostra que foi citada mais de 16 mil vezes. Em *Hegemony and Socialist Strategy*, assim como em outros livros, incluindo *Socialist Strategy: Where Next?* [Estratégia socialista: para onde agora?], Laclau e Mouffe são perfeitamente claros sobre o que acham que pode ser conseguido, e como.

O fato de que o sistema capitalista ainda não entrou em colapso não é evidência de que jamais acontecerá. A falha do projeto até o presente meramente apresenta a Laclau e Mouffe ainda mais contradições que precisam ser conciliadas. Entre elas está o fato de que "as condições do conflito político no capitalismo maduro estão cada vez mais distantes do modelo do século XIX".[4] O conflito político em nossa era deve envolver outros grupos.

Naturalmente, reconhecem que esses novos movimentos podem trazer suas próprias contradições. Por exemplo, eles sugerem que "a subjetividade política de classe dos trabalhadores brancos" pode ser "sobredeterminada por atitudes racistas ou antirracistas", que são "evidentemente importantes para o conflito dos trabalhadores imigrantes".[5] Ambos os autores são excepcionalmente prolixos e totalmente ambíguos sobre como encontrar uma maneira de superar essas complexidades. Eles escrevem constantemente sobre "certas atividades", "formas organizacionais" e, às vezes, toda palavra sua parece ser "parcialmente".[6] Embora Laclau e Mouffe sejam vagos de formas distintas sobre toda uma variedade de conclusões, são claros sobre a utilidade, para o conflito socialista, dos "novos movimentos sociais", como o movimento das mulheres.

A utilidade de tais grupos é óbvia: seus "conflitos altamente diversos, urbanos, ecológicos, antiautoritários, anti-institucionais, feministas, antirracistas, étnicos, regionais ou relacionados a minorias sexuais" dão propósito e impulso a um movimento socialista que precisa de novas energias. Além disso, a menos que se unam, esses grupos podem perseguir somente suas próprias agendas e necessidades. É necessário juntar todos eles sob a alçada do conflito socialista. Laclau e Mouffe falam sobre o que os "interessa nesses novos movimentos sociais" e explicam como eles "nos levam a conceber esses movimentos como uma extensão da revolução democrática em uma nova série de relações sociais. Quanto a seu ineditismo, ele lhes é conferido pelo fato de que eles colocam em questão novas formas de subordinação".[7]

No artigo "Marxism Today" ["Marxismo hoje"], escrito antes do lançamento de seu livro, Laclau e Mouffe foram ainda mais claros sobre a utilidade desses movimentos. Porque, embora possam se opor às mesmas coisas que os socialistas, esses "novos sujeitos políticos" ("mulheres, estudantes, jovens, minorias raciais, sexuais e regionais, assim como os vários conflitos anti-institucionais e ecológicos") têm uma vantagem imediata óbvia: seu inimigo é definido não em função de sua exploração, mas por deter certo poder.

> E esse poder tampouco deriva de um lugar nas relações de produção, mas do resultado da forma de organização social característica da sociedade atual. Essa sociedade é de fato capitalista, mas não é sua única característica: ela também é sexista e patriarcal, sem mencionar racista.[8]

Laclau e Mouffe estavam explicitamente tentando encontrar, ou criar, uma nova classe de pessoas "exploradas". As classes trabalhadoras podem ter sido exploradas, mas foram incapazes de reconhecer o fato, decepcionaram os teóricos e falharam em seguir o caminho do progresso que lhes fora traçado. Para Laclau e Mouffe, esse progresso era óbvio, serpenteando pela Segunda Internacional, pela ruptura leninista, pelo Komintern, por Antonio Gramsci, por Palmiro Togliatti e pelas complexidades do eurocomunismo. Mas nem

A LOUCURA DAS MASSAS

todo mundo os seguiu. De qualquer modo, se não é possível substituir os decepcionantes trabalhadores, agora ao menos é possível adicionar outros grupos à classe.

Enquanto escreviam, Laclau e Mouffe estavam conscientes da desmoralização que atingira grande parte da esquerda. O legado de Budapeste, Praga, Vietnã e Camboja (para citar somente alguns de seus próprios exemplos) deixara muitos socialistas abalados. Porém, nessa "série inteira de fenômenos novos e positivos", novas energias podiam ser obtidas — ainda que, para Laclau e Mouffe, elas obviamente primeiro precisassem de uma urgente "reconsideração teórica":

> A ascensão do novo feminismo, os movimentos de protesto das minorias étnicas, nacionais e sexuais, os conflitos ecológicos anti--institucionais das camadas marginalizadas da população, o movimento antinuclear, as formas atípicas de conflito social em países da periferia capitalista, todos esses movimentos implicam uma extensão da conflitualidade social para uma ampla variedade de áreas, o que cria o potencial, mas não mais que o potencial, de avanço na direção de sociedades mais livres, democráticas e igualitárias.[9]

O ponto é que esses novos grupos podem ser úteis.

É claro que aqueles que seguiram esse conselho e tentaram unir todos os grupos encontraram vários problemas. Para além do assumido racismo da classe trabalhadora, os praticantes da desconstrução nas décadas de 1980 e 1990 criaram novas tensões. Por exemplo, depois que os críticos estudos de teoria da raça e de gênero fizeram seu trabalho, não passou a ser difícil explicar por que algumas coisas que pareciam fixas (especialmente sexo e raça) na verdade eram constructos sociais, ao passo que coisas que pareciam mais fluidas (incluindo a sexualidade) passaram a ser vistas como completamente fixas?

Se essas questões detiveram alguém, não o fizeram por muito tempo. Um dos traços dos pensadores marxistas é que eles não hesitam ou se questionam em face da contradição, como poderia fazer qualquer um tentando chegar à verdade. Os marxistas sempre correram na direção da contradição. A

INTERLÚDIO

dialética hegeliana só avança a partir da contradição e, consequentemente, todas as complexidades — poderíamos dizer absurdos — encontradas pelo caminho são bem-vindas e quase aceitas como se fossem úteis, e não preocupantes, para a causa. Qualquer um esperando que a interseccionalidade se dissolvesse em meio a suas contradições inerentes certamente não conhece a miríade de contradições que um marxista pode ter em mente a qualquer momento.

Seus filhos ideológicos na política identitária e na interseccionalidade parecem contentes em habitar um espaço ideológico repleto de contradição, absurdo e hipocrisia. Por exemplo, uma das noções fundacionais dos estudos das mulheres e dos estudos feministas é que sempre se deve acreditar nas vítimas de abuso sexual. Discussões sobre estupro, abuso, violência doméstica e relações de poder inapropriadas estão na base de todos os estudos das mulheres e estudos feministas. Todavia, quando um aluno de Avital Ronell, da Universidade de Nova York, protocolou uma queixa Título IX contra ela em 2017, acusando-a de assédio sexual, os colegas acadêmicos de Ronell, a suposta assediadora, a apoiaram. Juntamente com Slavoj Žižek e outros, Judith Butler esteve entre os signatários de uma carta condenando a investigação, elogiando o caráter de Ronell ("sua graça, sua aguçada espirituosidade") e tentando o equivalente a um tiroteio de drive-in contra a reputação do acusador do sexo masculino. Especificamente, eles exigiram que Ronell "recebesse a dignidade justamente merecida por alguém de sua posição e reputação internacional".[10] Tudo isso sugeria que as alegações de abuso de fato são sempre levadas a sério, a menos que a vítima seja homem ou a acusada seja professora de teoria literária feminista. Em todas as questões, tais contradições simplesmente precisam ser superadas.

Em contrapartida, qualquer um que fique no caminho se vê pisoteado com espantoso vigor. As armas à mão (acusações de racismo, sexismo, homofobia e, finalmente, transfobia) são facílimas de empunhar e não há preço a se pagar por empunhá-las injusta, injustificada ou frivolamente. Os críticos da ortodoxia emergente, incluindo cientistas, são acusados de ser motivados pelos mais baixos motivos. Como disse Steven Pinker em 2002, "muitos escritores estão tão desesperados para desacreditar qualquer sugestão de constituição humana inata que jogaram a lógica e a civilidade

A LOUCURA DAS MASSAS

pela janela [...] A análise das ideias é comumente substituída por calúnias políticas e ataques pessoais [...] A negação da natureza humana se espalhou para além da academia e levou a uma desconexão entre a vida intelectual e o senso comum".[11]

É claro que levou. Pois o propósito de amplas parcelas da academia deixou de ser a exploração, a descoberta ou a disseminação da verdade. O propósito se tornou a criação, a promoção e a propaganda de um ramo particular e peculiar de política. O propósito não é a academia, mas o ativismo.

Esse fato é revelado de várias maneiras. A primeira é a pretensão de que essas alegações políticas acadêmicas são nada menos que ciência. Durante as décadas nas quais as ciências sociais produziram as bases da interseccionalidade, elas consistentemente apresentaram suas alegações como se "sociais" não estivesse em seu nome e as "ciências" fossem reais. Também nisso, seguiram uma tendência que pode ser traçada diretamente até Marx através de Nikolai Bukharin, Georgi Plekhanov e da Segunda Internacional. Em todos esses casos, alegações foram apresentadas como se fossem científicas quando, na verdade, sequer eram política, mas mais parecidas com mágica. Tratava-se de faz de conta mascarado de ciência.

Outra curiosidade sobre o movimento interseccional é a camuflagem que emprega. Pois, com exceção do documento mais popular de McIntosh, o que todos os fornecedores das ideologias da justiça social e da interseccionalidade têm em comum é o fato de sua obra ser ilegível. Sua escrita tem o estilo deliberadamente obstrutivo normalmente empregado quando alguém não tem nada a dizer ou precisa esconder o fato de que não está dizendo a verdade. Eis uma dessas sentenças, escrita por Judith Butler, em pleno fluxo:

A passagem de um relato estruturalista no qual o capital é entendido, em relação à estrutura das relações sociais, de maneiras relativamente homogêneas para uma visão de hegemonia na qual as relações de poder estão sujeitas à repetição, à convergência e à rearticulação trouxe a questão da temporalidade para a reflexão sobre a estrutura e marcou uma mudança, de uma espécie de teoria althusseriana que toma as tonalidades estruturais como objetos teóricos para outra na qual os insights sobre a contingente possibilidade de estrutura inauguram

INTERLÚDIO

uma renovada concepção de hegemonia como ligada aos locais e estratégias contingentes da rearticulação de poder.[12]

Uma prosa tão ruim só pode ocorrer quando o autor está tentando esconder algo.

Um físico teórico como Sheldon Lee Glashow não pode se dar o luxo de escrever na prosa ilegível das ciências sociais. Ele precisa comunicar verdades excepcionalmente complexas na linguagem mais simples e clara possível. Ao analisar a última alegação em relação à teoria das cordas, ele conclui que ela "não responde a nenhuma de nossas questões, não faz predições e não pode ser falseada". "Se a teoria de alguém não pode prever", observou Peter Woit com certa aspereza, "ela está errada e a pessoa deve tentar outra coisa."[13] Essa clareza e essa honestidade podem ainda existir nas ciências. Mas estão mortas — se é que já existiram — nas ciências sociais. Além disso, se os praticantes dos estudos das mulheres, estudos *queer* e estudos de raça tentassem outra coisa quando suas teorias nada previssem ou se provassem erradas, os prédios de seus departamentos ficariam vazios.

Mesmo assim, os fornecedores de teorias de justiça social prestaram um serviço ao enviar à biblioteca obras que (por mais ilegíveis que sejam) apresentam uma estrutura intelectual sobre a qual posições políticas podem ser adotadas e alegações politizadas podem ser feitas. Qualquer um que ache útil argumentar que gênero e raça são constructos sociais pode citar uma biblioteca inteira para sustentar sua alegação e citar infinitos acadêmicos com estabilidade que podem "prová-la". Assim, X é transformado em deus, estudado por Y e, logo depois, Z escreve sobre a rearticulação da temporalidade demonstrada por qualquer comparação althusseriana entre as obras dos dois. Qualquer estudante se perguntando se o mundo realmente funciona dessa forma é apresentado a uma biblioteca de intimidantes evidências de que, se não consegue compreender o jargão obscuro, isso se deve a suas próprias falhas, e não a qualquer problema com o jargão.

É claro que, às vezes, quando é quase impossível dizer o que está sendo dito, quase qualquer coisa pode ser dita e argumentos excepcionalmente desonestos podem ser introduzidos sob o disfarce da complexidade. Essa é uma das razões pelas quais Butler e outros escrevem tão mal. Se escrevessem

A LOUCURA DAS MASSAS

claramente, atrairiam ainda mais ultraje e o ridículo. Também é uma das razões pelas quais esse campo acha tão difícil detectar o que é sincero e o que é sátira. As alegações feitas pelas ciências sociais em anos recentes se tornaram tão desligadas da realidade que, quando seus muros são atacados por invasores genuínos, elas não possuem defesas para detectá-los ou repeli-los.

Uma das mais belas coisas a acontecer em anos recentes foi "O pênis conceitual como constructo social". Trata-se de um artigo acadêmico publicado em 2017 que propunha que:

> O pênis, *vis-à-vis* a masculinidade, é um constructo incoerente. Argumentamos que o pênis conceitual é mais bem compreendido não como órgão anatômico, mas como altamente fluido constructo social performativo de gênero.[14]

A alegação foi revisada por pares e publicada em um jornal acadêmico chamado *Cogent Social Sciences*. O único problema é que se tratava de uma farsa promovida por dois acadêmicos — Peter Boghossian e James Lindsay — que mergulharam na literatura acadêmica de nossa época. Quando os autores admitiram a farsa, o jornal em questão deixou de publicar o artigo. Mas os dois já haviam repetido o exercício com sucesso em outros jornais.

Em 2018, agora com a colaboração de Helen Pluckrose, os mesmos acadêmicos conseguiram publicar, em um jornal de "geografia feminista", um artigo intitulado "Reações humanas à cultura do estupro e à performatividade *queer* em parques urbanos para cachorros em Portland, Oregon". O artigo alegava que a cópula entre cães nos parques de Portland era evidência adicional da "cultura do estupro", que, para muitos acadêmicos e estudantes, era a mais perceptiva lente através da qual observar nossas sociedades. Outro artigo, publicado em um jornal de "trabalho social feminista", era intitulado "Nossa luta é minha luta". Aqui os mistificadores conseguiram unir passagens de *Mein Kampf* e um pastiche de jargões da teoria feminista de justiça social e apresentar o resultado como estudo acadêmico. Em um terceiro artigo, publicado em "Sex Roles", os autores alegaram ter usado "análise temática de diálogos à mesa" para conduzir um estudo de dois anos sobre por que homens heterossexuais gostam de ir ao restaurante Hooters.[15]

INTERLÚDIO

Com exceção de algumas publicações rapidamente canceladas, a principal resposta dos pares dos autores, quando sua infiltração bem-sucedida foi exposta, foi tentar expulsar Boghossian de seu cargo universitário.

A mistificação de Boghossian e seus colegas demonstrou alguns pontos mortalmente sérios. Demonstrou não somente que essas áreas de estudos acadêmicos se tornaram uma incubadora de fraudes, mas também que não existe absolutamente nada que não possa ser dito, estudado ou alegado, desde que se encaixe em teorias e suposições preexistentes dos campos relevantes e utilize uma linguagem desastrosa. Desde que as pessoas estejam dispostas a alegar que vivemos em uma sociedade patriarcal, uma "cultura de estupro" homofóbica, transfóbica e racista; desde que acusem sua própria sociedade e deem alguns gritinhos de admiração por qualquer outra sociedade (que faça parte da lista aprovada), quase qualquer coisa pode ser dita. Desde que se acredite na pirâmide de opressão e se faça propaganda dela, quase praticamente tudo pode entrar para o cânone de obras acadêmicas ilegíveis e amplamente não citadas.

Mas o maior erro não foi permitir que isso ocorresse durante décadas em instituições financiadas pelo público. O verdadeiro erro foi não perceber que, algum dia, seus frutos se espalhariam pelo restante da sociedade. Em seu guia de 2018 sobre como seus membros devem tratar a "masculinidade tradicional" em meninos e homens, a Associação Americana de Psicologia escreveu:

> Demonstrou-se que a consciência sobre o privilégio e sobre o impacto danoso de crenças e comportamentos que mantêm o poder patriarcal reduz as atitudes sexistas em homens. Essa consciência foi ligada à participação em atividades de justiça social.[16]

Veja você. Se meninos pudessem perceber que seu gênero é "performativo", e não natural, eles cresceriam para desempenhar maior papel nas atividades de justiça social, cumprindo os propósitos com os quais Laclau, Mouffe e uma geração de outros radicais sempre sonharam.

2

Mulheres

Em seu livro *Tábula rasa*, de 2002, Stephen Pinker comentou que o gênero já se tornara uma das questões "polêmicas" da época. Mesmo assim, parecia confiante de que a visão científica venceria. Por várias páginas, ele listou algumas das diferenças biológicas entre homens e mulheres, como o fato de que, embora homens tenham "cérebros maiores com mais neurônios (mesmo levando-se em conta o tamanho do corpo), mulheres "têm maior porcentagem de matéria cinzenta". Ele demonstrou também que muitas das diferenças psicológicas entre os sexos são exatamente o que um biólogo evolucionista teria previsto (em média, os machos são maiores que as fêmeas em razão de uma história evolutiva repleta de violenta competição por parceiras).[1] Aproximando-se de algo que, em breve, formaria uma questão totalmente separada, ele também notou a divergência de desenvolvimento do cérebro em meninos e meninas e os efeitos sobre o cérebro da testosterona e do androgênio. Trata-se de uma estimulante resposta científica às pessoas que alegam que as diferenças biológicas entre os sexos não existem. Como disse Pinker: "As coisas não parecem boas para a teoria de que meninos e meninas nascem idênticos com exceção da genitália, com todas as outras diferenças sendo resultado da maneira como a sociedade os trata."[2]

Só que, menos de duas décadas depois, eles nascem. Os fatos certamente estão do lado de Pinker, mas as vozes mais altas, não. Como resultado, desde que Pinker escreveu *Tábula rasa*, nossas sociedades intensificaram a crença na ilusão de que as diferenças biológicas — incluindo as de aptidão — podem ser afastadas, negadas ou ignoradas. Um processo similar ocorreu com as

A LOUCURA DAS MASSAS

diferenças sociais. Qualquer pai pode notar as diferenças entre seus filhos e suas filhas, mas a cultura lhe diz que não há nenhuma ou que as diferenças existentes são puramente questões "performativas".

O resultado disso e de muitas outras coisas é tóxico. A maioria das pessoas não é gay. Homens e mulheres precisam encontrar maneiras de conviver. E, todavia, a autoilusão social sobre a realidade biológica é somente uma de uma série de autoilusões nas quais nossas sociedades decidiram se engajar. O pior é que começamos a tentar reordenar nossas sociedades não em função de fatos apresentados pela ciência, mas com base em falsidades políticas impostas por ativistas das ciências sociais. De todas as coisas que perturbam nossas sociedades, a mais perturbadora talvez seja tudo que se relaciona aos sexos — e, particularmente, às relações entre eles. Porque os fatos estão sempre presentes, diante de nossos olhos. Mas não devemos notá-los; ou, se notarmos, devemos nos manter em silêncio.

* * *

Estamos em 2011, no dia do Independent Spirit Awards em Santa Mônica. Após longas horas de prolongada autocongratulação, Paul Rudd e Eva Mendes sobem ao palco para apresentar o prêmio de melhor roteiro. Mendes (com 36 anos na época) conta que ela e Rudd (41 anos) haviam combinado algumas coisas divertidas, mas o show está atrasado. Ela explica à plateia: "Paul ia agarrar meus seios. Vocês ficariam chocados, horrorizados e começariam a rir histericamente. Mas, aparentemente, não podemos fazer isso porque estamos sem tempo. Então..."

Rudd olha de maneira exagerada para o peito de Mendes, coloca a mão em seu seio direito e o aperta, antes de dizer, impassível: "Os indicados para o prêmio de melhor roteiro são..." A plateia ri, arqueja, grita e encoraja. Mendes parece falsamente chocada. Enquanto Rudd segura seu seio direito, ela ajeita o cabelo. Afinal, é importante cuidar da aparência.

Depois de alguns momentos, outra mulher se junta a eles no palco. A atriz Rosario Dawson (31) vai até o pódio e agarra com força os testículos de Rudd. A plateia grita, encoraja e ri mais um pouco. "Meu Deus, o que está acontecendo?", pergunta Mendes duas vezes, na pouco convincente confusão sobre a cena da qual faz parte. Ela abre o envelope do prêmio. O tempo todo, Dawson mantém a mão vigorosamente nos testículos de Rudd, enquanto, com a outra, faz no ar um gesto de poder ou triunfo. Embora Rudd já não esteja segurando os seios de Mendes, Dawson continua a segurar seus testículos. A plateia continua a rir e gritar de prazer. Porque estamos em 2011 e o abuso sexual ainda é hilário.

Em uma entrevista nos bastidores após o show, Dawson explica o ímpeto de sua agarração pelas oportunidades iguais:

> Eu adoro Paul. Sou uma grande fã desde a época de *As patricinhas de Beverly Hills*. Mas ele estava apertando o seio dela e por meio segundo eu pensei: "Ok, isso é engraçado, hahaha." Mas ele continuou fazendo aquilo, as luzes diminuíram, o clipe começou a passar, e ele ainda estava apertando... Então pensei: "Muito bem, vou agarrar o pacote dele." Por que não? Foi bacana. Não foi nada demais. Ele tem um pacote bem interessante. Eu estava curiosa desde a adolescência, assistindo a *As patricinhas de Beverly Hills*. Mas então ele parou... Eu sou ativista dos direitos das mulheres e fiquei meio cansada de ele apertar o seio dela no palco, por quase meia hora. Nada de mais, foi engraçado.

O entrevistador garante: "Foi uma das... a reação foi ótima." "Ok, ótimo", responde ela.

> Eu agarrei o pacote dele no palco. Foi ótimo. Por que são sempre os homens que tiram uma casquinha? As mulheres também querem tirar uma casquinha. Você sabe do que estou falando. Estou dizendo: temos de manter a igualdade de oportunidades.[3]

Isso foi naquela época. A agarração durante o Independent Spirit Awards não era incomum nem especialmente notável. Durante anos, a ideia de agarrar, apertar ou se expor para o sexo oposto pode ter sido encarada com certo desdém pela sociedade mais ampla. Mas, em Hollywood, ainda fazia parte do entretenimento. Em uma profissão na qual a nudez é normal e para a qual o termo "teste do sofá" foi cunhado, os limites jamais foram fáceis de discernir. Essa é uma das razões pelas quais Hollywood pode ser um lugar ruim para se basear um conjunto de éticas às quais aspirar ou a ser vistas como particularmente emblemáticas de qualquer coisa além da indústria de entretenimento.

Padrões diferentes sempre estiveram em operação em Hollywood. Trata-se da única indústria do século XXI na qual alguém sendo acusado de pedofilia ainda pode receber aplausos, ser reverenciado e mesmo visto como vítima de seus pares. Se um contador, um assistente social ou mesmo um padre, lá pelos 40 anos, tivesse sodomizado uma menina de 13 anos, eles poderiam se livrar, como Roman Polanski. Poderiam ter amigos que mentissem por eles. Mas seria inconcebível — mesmo na Igreja católica — que alguém fosse aplaudido no horário nobre da televisão como estando no auge da profissão e, ao mesmo tempo, fugisse da lei. Hollywood e, em particular, a plateia dos pares de Polanski durante o Oscar de 2003 não sentiam tal impulso restritivo.

Sempre foi um mundo ligeiramente à parte — como os centros de artes e entretenimento costumam ser — e, portanto, o pior lugar possível para determinar normas sociais. Especialmente normas sociais tão complexas quanto as relações entre os sexos. Somente em Hollywood um diretor famoso como Woody Allen se separaria da mulher porque estava em um relacionamento com a filha adotiva. Mas essa é uma cidade, e um negócio, que vomitou Gloria Grahame na década de 1940. O quarto de seus quatro maridos (Tony Ray) era filho de seu segundo marido (Nicholas Ray) com a primeira esposa. O relacionamento entre Grahame e Tony Ray foi exposto quando ela foi encontrada na cama com ele (Grahame tinha quase 30 anos e Ray somente 13).

Assim, transformar Hollywood, ou a gente do cinema, em exemplo moral teria sido um erro em qualquer época. Mas, quando estourou o escândalo de Harvey Weinstein, em 2017, foi exatamente isso que se tentou fazer. Todavia, à sua própria maneira, a esquisitice da indústria de entretenimento sempre segura um espelho. E, se a sua maneira de se comportar não é exemplar, certamente é um espelho que enfatiza a confusão de nossa época. Mais especialmente a confusão sobre quais papéis as mulheres podem desempenhar — e quais papéis todos sabem que elas podem desempenhar — em uma era que parece oscilar entre a libertinagem e o puritanismo sem encontrar qualquer equilíbrio intermediário.

Considere o afeto com que as pessoas se lembram da participação da atriz Drew Barrymore no programa *David Letterman Show* em abril de 1995: 12 de abril fora aniversário de Letterman, e Barrymore estava no show descrevendo — entre outras coisas — seu recente interesse por dançar nua. Embora tivesse 20 anos na época, Barrymore passou a entrevista alternando entre os papéis de mulher sexualmente confiante e colegial safadinha.

Finalmente, apresentando-a como presente de aniversário, na frente da plateia (que apupou, riu e gritou), Barrymore perguntou se Letterman gostaria de uma dança. Sem esperar pela resposta, ela pediu que a banda do estúdio começasse a tocar, subiu na mesa e dançou para Letterman, um homem casado e com o dobro de sua idade. Deslizando para cima e para baixo, com as mãos acima da cabeça e a barriga à mostra, a performance chegou ao auge quando ela levantou o curto top e expôs os seios nus a um Letterman visivelmente chocado. A plateia não conseguiu ver seus seios, embora uma câmera pegasse o que a coluna da vergonha do *Mail Online* chamaria de lateral. Mesmo assim, eles queriam mais. Adoraram a coisa toda, rindo, incentivando e dando gritos de apreciação enquanto Barrymore se expunha para o apresentador.

Barrymore se virou e estendeu os braços para agradecer a apreciação da plateia. Então voltou à mesa, de quatro, rastejou na direção de Letterman e, segurando sua nuca, beijou seu rosto. Quando voltou a seu lugar, ela abandonou o comportamento de antes, dobrou as pernas contra o corpo e colocou a cabeça sobre os joelhos, como uma garotinha que sabia que fora muito, muito má.

É claro que seria plausível argumentar que 1995 era outra época. Mas não era, não realmente. Esse episódio foi visto com o mesmo grau de afeto quando, em março de 2018, Barrymore retornou, dessa vez para *The Late Show* de Stephen Colbert. Durante o programa, Barrymore, mais velha, se não mais sábia, refletiu sobre quão "selvagem" fora naquele dia. Em particular, ela se lembrou do episódio Letterman. "Neste mesmo teatro, eu fiz algo particular com o sr. Letterman", disse ela. A plateia se uniu ao riso nostálgico. Colbert, que mantivera uma linha estrita durante as alegações do "MeToo", que haviam emergido somente alguns meses antes e ainda estavam em curso, incentivou as lembranças de Barrymore. "No dia do aniversário dele. No dia do aniversário dele", lembrou ele. "Foi memorável."

Barrymore seguiu com o tema das memórias. "Eu tinha que idade?", começou ela.

> Penso nisso às vezes. Não parece ser eu. É como se fosse uma memória distante que nada tem a ver comigo. Mas sou eu. E isso é bacana. Ainda estou nessa. Sou mãe de dois filhos agora. Sou completamente... não sei. Sou uma pessoa muito diferente e tudo isso não se parece comigo, mas meio que ainda estou nessa.

Tudo isso foi saudado com risos e aplausos da plateia e o encorajamento de Colbert, que então comentou que Barrymore fora uma das primeiras mulheres famosas de Hollywood a criar a própria produtora. Ele usou esse pretexto para perguntar o que podemos aprender com o empoderamento feminino em Hollywood e o "momento em que estamos agora".[4] O que aconteceu em 1995 jamais foi visto com qualquer coisa que não afeto.

E por que seria? A ideia de mulheres se expondo para homens, deixando homens desconfortáveis ou se apresentando como especialmente "feministas" por agarrarem ou assediarem homens, era um artifício usado havia anos. E Stephen Colbert sabia disso, com base na sua própria experiência.

Ele era um astro novato da televisão em maio de 2007, quando entrevistou Jane Fonda. Isso ocorreu dois anos depois de Fonda reviver sua carreira interpretando a sogra de Jennifer Lopez no sucesso *A sogra*. Mas Fonda estava no programa de Colbert para promover o futuro fracasso *Ela é poderosa*. Aos 69 anos, claramente estava ávida para demonstrar às plateias que ainda estava no jogo. Assim, durante a entrevista, ela deu um show de sexualidade assediando o apresentador. O fato de que o filme que estava promovendo tratava de abuso sexual não lhe sugeriu que aquele poderia *não* ser um bom momento para fazer o que fez.

Logo no início da entrevista, ela se sentou no colo de Colbert. E ficou lá o tempo todo. Em certo momento, deu-lhe um beijo na boca e disse saber

MULHERES

que ele fantasiava com ela. "Não foi assim que imaginei esta entrevista", disse ele. Colbert tentou mudar de assunto várias vezes, incluindo os protestos contra guerra. Mas Hanói Jane não se deixou distrair. Ela continuou a acariciar Colbert, beijando seu rosto e o apalpando. Ela começou a falar sobre ejaculação precoce. Isso continuou eternamente.

A mídia da época não pareceu achar a cena inapropriada ou perturbadora. Na verdade, os jornalistas queriam mais. "É, Jane Fonda ainda está no jogo", dizia a manchete do *Huffington Post*: "O Colbert Report de quarta-feira também trouxe esse hilário — e, admitamos, sensual — segmento no qual Jane Fonda parecia bastante determinada em engajar o 'segmento sensual' de Stephen Colbert ('Você tem um segmento sensual no bolso ou está feliz em me ver?')." O *Huffington Post* continuou nessa linha e mencionou um artigo do *Salon* que "chegava ao ponto", aparentemente "fornecendo um pouco de contexto à maravilha que é Fonda".[5] Porque, em 2007, avanços sexuais indesejados não eram somente hilários e sensuais. Eles também eram uma maravilha.

Anos depois, em 2014, Colbert relatou como ficara "definitivamente desconfortável" durante tudo aquilo. Mas relatou o incidente, incluindo detalhes sobre a aparente infelicidade de sua esposa com a entrevista, para uma sala cheia de pessoas que riam e aplaudiam.[6] Porque, em 2014, os avanços sexuais indesejados ainda eram adoráveis.

É claro que tudo isso mudou em 2017, com as primeiras alegações "MeToo" contra Harvey Weinstein. Nesse estágio, pareceu haver rápido consenso de que qualquer avanço sexual era intolerável e não havia desculpa para agir assim. Novas linhas pareceram ser traçadas muito fundo e muito rapidamente. Mas deixaram para trás muitas coisas desagradáveis ocorridas no passado recente. Depois do caso Weinstein, tudo relacionado à interação entre os sexos em Hollywood e no mundo em geral foi apresentado pela imprensa como extraordinariamente fácil e óbvio. Claramente não era, nem em Hollywood, nem em nenhum outro lugar.

Uma das poucas pessoas na indústria de entretenimento a discordar levemente desses contornos precisos foi a atriz Mayim Bialik. Em outubro de 2017, quando surgiu o "MeToo", ela recebeu algumas reações negativas por um artigo de opinião no *New York Times* no qual falava francamente sobre a indústria na qual entrara (em suas palavras) "como judia nariguda, desajeitada e nerd de 11 anos". Ela descreveu como sempre tivera "um relacionamento desconfortável com o fato de estar empregada em uma indústria que lucra com a objetificação das mulheres". E descreveu como fizera escolhas "conservadoras" como jovem atriz e, guiada pelos pais, norte-americanos de primeira geração, sempre fora cuidadosa em relação às pessoas na indústria. Isso, juntamente com suas práticas religiosas, significou que — como explicou — ela era incomum entre as mulheres de Hollywood.

A trajetória de Bialik certamente foi incomum. Ela deixou de atuar durante alguns anos para fazer doutorado em neurociências. Após retornar à indústria, estrelou o sitcom *The Big Bang Theory*. Em 2017, disse ela, "ainda faço escolhas, como atriz de 41 anos, que julgo protetoras e prudentes. Decidi que meu *self* sexual deve ser reservado a situações privadas com aqueles com os quais tenho intimidade. Tenho a política de não flertar com homens".[7]

Tudo isso lhe causou certos problemas com outras mulheres de Hollywood, que alegaram que ela estava "culpando as vítimas"; especificamente, que estava culpando a maneira como as mulheres se vestiam pelo comportamento dos homens. Bialik foi forçada a se desculpar e expressar pesar pela maneira como algumas pessoas interpretaram seu artigo. Porém, mais estranho que isso foi o fato de que grande parte do que disse no artigo estava em direta contradição com o que fizera um ano antes.

Em fevereiro de 2016, Bialik fora ao *Late Late Show*, de James Corden. Um dos outros convidados do programa era Piers Morgan. Em certo momento, Corden pediu ao compatriota britânico que explicasse a recente hashtag "Cleavagegate" [escândalo do decote]. Morgan disse que ele e Susan Sarandon haviam discutido sobre um tuíte dele. Durante um recente Prêmio do Sindicato dos Atores, Sarandon, de 69 anos, apresentara a seção "In Memoriam" usando um top decotado que revelava a curva de seus seios. Morgan usara a mídia social para reclamar que havia algo inapropriado em um tributo a amigos e colegas mortos apresentado com um traje tão revelador. Como resposta — que Morgan não poderia ter previsto e cuja atenção resultante foi enormemente dolorosa para ele —, Sarandon tuitara para Morgan uma foto dela de sutiã, apontando para a estátua do pouco dotado *Davi*, de Michelangelo. Morgan explicou à plateia do programa de Corden que milhares de outras autodeclaradas "feministas" haviam respondido com fotos de seus decotes, como forma de protesto.

Durante a explicação, Bialik estava sentada entre Corden e Morgan em um decotado vestido verde. Nesse momento, ela colocou a mão no braço de Morgan e o interrompeu. "Você sabe, eu me identifico como feminista. Eis o que vou fazer." Ela se levantou e, de costas para a plateia, abriu o vestido e expôs os seios para Morgan. A plateia ficou delirante, rindo e aplaudindo. Tanto o anfitrião de Bialik como seu convidado aplaudiram e riram tão eloquentemente quanto possível. Eles brincaram sobre o fato de Morgan ter ficado corado e parecer quase constrangido por um momento. Quando ele enfatizou que gostava de decotes, mas não achava que fossem apropriados para tributos a colegas mortos, repetindo que gostava de decotes, Bialik se levantou novamente. "Você precisa ver de novo?", perguntou ela, e mais uma vez (só que mais brevemente) abriu a parte de cima do vestido.[8]

As coisas não poderiam ter sido melhores. A cena foi avidamente devorada pelas plateias no estúdio e em casa. Em 2016, expor os seios era um ato "feminista". Expô-los para um homem que não pedira para vê-los era um ato especialmente "feminista". E mesmo uma mulher que alegava ser "modesta", por razões religiosas e sociais, podia voluntária e facilmente deliciar a plateia do estúdio exibindo os seios — sem convite — para um homem.

Nada disso significa que as mulheres não podem fazer o que quiserem com seus corpos. Nem que celebridades não podem mostrar os seios para as pessoas a fim de conseguirem risadas ou atenção, ou que uma mulher mostrando os seios para um homem seja o equivalente preciso de um homem mostrando o pênis para uma mulher. Mas é justo dizer que as mulheres — especialmente as mais famosas e celebradas — enviam mensagens muito confusas. Além disso, essas mensagens mais que confusas são enviadas mesmo por pessoas como Bialik, que, de todas as outras maneiras, pareceu se manter equilibrada durante todo aquele turbilhão.

AMO VOCÊ

Uma das razões pelas quais qualquer um pode ficar confuso com as mensagens sendo enviadas para o mundo todo pela indústria de entretenimento é o fato de que a própria indústria está extremamente confusa sobre o que está acontecendo. Há somente duas décadas, ainda havia alguma consciência sobre a complexidade das relações macho-fêmea. Nesse sentido, há uma cena famosa em *Indiana Jones e a última cruzada*, lançado em 1989. Em um momento inicial do filme, Indiana Jones, interpretado por Harrison Ford, está em uma sala de aula ensinando arqueologia básica para uma turma cheia de jovens mulheres. A maioria delas parece encará-lo com olhos sonhadores e uma em especial o faz perder a linha de raciocínio ao escrever "amo" em uma pálpebra e "você" na outra. Ela pisca sem parar, lenta e significativamente, para que ele possa ler as palavras e, presumivelmente, absorver a intenção por trás delas.

Há dois memes nessa cena que nos eram perfeitamente familiares até que, recentemente, passamos a fingir que não são. O primeiro é o fato de que o relacionamento professor-estudante pode ter uma subcorrente sexual. Os antigos gregos sabiam disso, embora houvesse então, como agora, o entendimento de que se deve resistir a essa corrente sexual. Mas ela pode estar presente. O segundo tema — mais importante para nosso propósito — é o da jovem predatória, e mesmo vampiresca, perseguindo um homem mais velho, vulnerável e possivelmente indefeso. Esse tema foi reconhecido durante grande parte da história e, no mínimo, até tão recentemente quanto 1989. Trata-se da consciência de que os homens podem perseguir as mulheres, mas também ser perseguidos por elas. Todo homem conhece essa experiência, mesmo que não tenha passado por ela pessoalmente — embora a maioria passe por isso em algum momento. Suas versões mais suaves são parecidas com a maneira como Drew Barrymore voltou ao modo "menininha travessa": "Fui tola e possivelmente má." Mas há versões mais duras, nas quais a mulher pode positivamente perseguir o homem para extrair dele aquilo que quer.

Se você acha que as mulheres não têm prática nessas formas de comportamento, pense no mercado para roupas e acessórios femininos que tem o objetivo de apresentá-las aos homens sob uma luz ainda mais sexual. Considere a voga dos mamilos falsos. Empresas como "Just Nips" frequentemente apresentam esses itens em seu website como se eles fossem destinados a mulheres que sofreram mastectomias. Mas o marketing mais amplo e a consciência pública sobre a tendência é de que o look "sem sutiã" é imensamente atraente para os homens. Na década de 1990, em um episódio da série *Sex and the City*, Miranda usa mamilos falsos em uma festa e recebe exatamente a atenção que queria quando os homens notam os mamilos eretos sob seu vestido e se aproximam dela. Como as celebridades tornaram o look "sem sutiã" superdesejável, os fabricantes passaram a oferecer versões mais baratas de mamilos adesivos. Em 2017, a "Just Nips for All" anunciava produtos que incluíam os tamanhos "frio" e "ligeiramente menor" e eram "o incentivo perfeito" para mamilos que se sentiam "para baixo". Como dizia o website, "Quando seu look precisa de um *je ne sais quoi* a mais, use um par! Cold Nips são tudo que você sempre quis em mamilos falsos... e mais! Você pode perguntar: o que mais? Eles são sutis. Eles são sexy. Eles são tão fofos!"

É claro que isso pode ser apresentado de maneiras focadas nas mulheres. Trata-se de fazer com que as mulheres se sintam melhores sobre si mesmas, e não há nenhuma relação com homens; sem homens, as mulheres ainda usariam adesivos que imitam mamilos em dias frios. Mas o marketing de tais produtos deixa perfeitamente claro para que — e para quem — realmente foram projetados. Sobre a opção "congelados", os fabricantes proclamam:

> Essas belezuras com certeza são mais baratas que implantes! Como descrevê-las? Freezing Nips são as armas de destruição em massa dos eretores de mamilos. São potentes. São letais. Cortam vidro, aço, teflon e muito mais, ao mesmo tempo que dão a todas na festa algo do que falar pelas suas costas — de uma maneira boa, claro (elas estão com muita inveja). Use com sua camiseta favorita para obter o visual naturalmente sexy das modelos, mas, sejamos francas, você deve mesmo é usá-los sob seu suéter mais justo, a fim de obter o look frio mais quente da estação.[9]

Veja você. Por que as mulheres quereriam eretores de mamilos que são armas de destruição em massa se não fosse para se sentir melhor de modo geral? Alguma outra razão?

Embora elas não obtenham, ou busquem, muita atenção dos homens, o mercado está repleto de produtos desse tipo. Mais comumente, coisas como sutiãs *push-up*. Mas não há limite para o potencial desse mercado, porque não há limite para quão longe uma mulher pode ir se ela quiser. Em anos recentes, desenvolveu-se um mercado para as "calcinhas pata de camelo". Como disse uma jornalista:

> Uma das maiores preocupações com moda que toda mulher experimenta é o medo de que sua vagina não seja roliça o suficiente. Não esteja suficientemente visível para o olhar público. Você pode ter belos peitos e um bom traseiro [...] e cérebro, mas, se não tiver lábios vaginais cheios, de que adianta? Mas eis uma boa notícia, minhas irmãs de lábios finos. Se você já temeu que sua vagina não fosse suficientemente proeminente debaixo do short ou da calça de ioga, suas preocupações acabaram.

Realmente, pois, em 2017, o "sutiã *push-up* para os lábios vaginais" foi descoberto. Uma calcinha em vários tons de pele "que faz com que suas calças pareçam estar bem no meio de seus grandes lábios".[10] Novamente, é possível alegar que isso não tem nada a ver com homens, e é o tipo de coisa que as mulheres gostam de usar sob o roupão em casa ou sob sua calça ou saia mais folgada no trabalho. Tudo se resume a como a mulher se sente sobre si mesma. Mas há razões mais óbvias para as mulheres desejarem que suas calças pareçam estar bem no meio de seus grandes lábios.

Em anos recentes, apresentar mesmo que somente parte desse argumento levou as pessoas para muito perto da destruição profissional. Em fevereiro de 2018, o acadêmico, autor e psiquiatra canadense dr. Jordan Peterson foi entrevistado por Jay Caspian Kang para a VICE News. Em certo momento da entrevista, Kang fez uma série de afirmações às quais Peterson respondeu dizendo que as perguntas difíceis não estavam sendo feitas. Por exemplo: "Homens e mulheres conseguem trabalhar juntos?" O entrevistador pareceu pasmo com a pergunta e respondeu dizendo que sim, podiam, porque "trabalho com muitas mulheres". Mas Peterson indicou que isso só vem acontecendo há cerca de quarenta anos e, portanto, trata-se de uma coisa bastante nova cujas regras ainda tentamos descobrir. "Há assédio sexual no local de trabalho? Sim. Ele deveria deixar de existir? Seria bom. Ele deixará

MULHERES

de existir? Por enquanto não, porque não sabemos quais são as regras." E foi aqui que Peterson entrou em terreno muito perigoso.

"Eis uma regra. Que tal não usar maquiagem no local de trabalho?", sugeriu ele. Jay Kang começou a rir e respondeu: "Por que isso seria uma regra?" Peterson então perguntou: "Por que alguém deveria usar maquiagem no local de trabalho? Maquiagem não é sexualmente provocante?" Kang não concordou. "Qual o objetivo da maquiagem, então?", perguntou Peterson. "Algumas pessoas gostam de usar. Não sei por quê." Nesse momento, Peterson explicou que o propósito de usar batom e ruge era estimular a excitação sexual. Então, para piorar, afirmou que saltos altos também eram uma ferramenta para exagerar a atratividade sexual. Ele explicou que não estava dizendo que as mulheres não deviam usar saltos altos ou maquiagem no local de trabalho, mas que não deveríamos ter nenhuma ilusão sobre as reações que elas estão tentando provocar. Esse é o jogo que as mulheres que usam maquiagem e saltos altos estão jogando.[11] Durante toda a entrevista, Kang pareceu pasmo e às vezes entediado, como se as perguntas que Peterson fazia fossem incrivelmente óbvias e fáceis de responder. O que ele não fez, em nenhum momento, foi tentar lidar com a aterrorizante caixa de Pandora que seu convidado abrira.

Talvez o entrevistador tenha demonstrado sensatez ao se esquivar. Afinal, a resposta à entrevista foi intensa, mesmo se comparada à resposta-padrão às entrevistas de Peterson. Os fóruns on-line ficaram cheios de pessoas alegando que ele dissera que as mulheres que usam maquiagem e saltos altos no trabalho estão torcendo para ser sexualmente agredidas. Parte da mídia alegou o mesmo. E momentos como esse são interessantes. Porque, se alguém diz que iniciar essa discussão não significa que as mulheres não devem vestir o que quiserem e, mesmo assim, muitas pessoas ouvem (ou alegam ter ouvido) que foi exatamente isso que Peterson disse, e que, além disso, ele forneceu desculpas para a agressão sexual, então algo claramente está dando errado. Não se trata de ouvir ou entender mal. Esse provavelmente foi um exemplo de como as pessoas deliberada e preguiçosamente adotam representações errôneas e simplificadas do que os outros dizem a fim de evitar a difícil discussão que, de outra maneira, teria de ocorrer.

As discussões sobre esse assunto não têm fim. Se uma cultura adota a ideia de que sempre se deve acreditar nas mulheres nos casos não só de agressão sexual, mas também de avanços sexuais indesejados, isso gera confusão na sociedade. O que as pessoas devem pensar e como devem reagir nas ocasiões em que presenciam mulheres fazendo aquela coisa feminina? Como podem reconciliar a informação de que sempre devem acreditar nas mulheres com o fato de que há indústrias inteiras dispostas a ajudá-las a enganar os homens? Ou — para falar de maneira mais positiva — a atraí-los? Afinal, o que são todas aquelas campanhas publicitárias que convidam as mulheres a "virar cabeças neste verão"? Quais cabeças elas estão sendo convidadas a virar? As de quaisquer mulheres que estejam passando por ali, na esperança de comprar o mesmo vestido ou biquíni? Ou as dos homens?

FAÇA-O BABAR

A maneira pela qual o marketing se dirige às mulheres nos diz muito sobre o que as motiva quando acham que os homens não estão prestando atenção. Pense no número infinito de campanhas e peças publicitárias nas revistas femininas dedicadas a temas como "faça-o babar". Se anúncios de carros ou produtos de barba dirigidos aos homens sugerisse que o produto, se comprado, faria as mulheres babarem, eles seriam não só condenados como poderiam não atrair os homens. O Google é de grande ajuda nesse sentido. Digitar as palavras "faça-o babar" [*make him drool*] gera dezenas de artigos, anúncios e discussões on-line. As palavras "faça-a babar" [*make her drool*], em contraste, geram alguns poucos artigos que vão de como deixar de babar durante o sono a explicações sobre por que alguns gatos babam.

Tudo isso sugere que nossa sociedade chegou a um estágio de aparente negação em escala industrial. Decidimos esquecer ou editar completamente o que era reconhecido como válido anteontem. E parece termos decidido que as complexidades individuais que realmente existem não somente entre homens e mulheres, mas no interior de homens e mulheres, podem simplesmente ser deixadas de lado em função da suposição de que foram superadas.

Ou talvez todo esse fingimento tenha sido construído sobre uma mina terrestre impossivelmente grande. Afinal, um homem que tenta descobrir o que uma mulher quer pode ser perdoado por estar completamente confuso. Hoje, um jovem iniciando suas tentativas de entender o sexo oposto tem de enfrentar um mundo que lhe diz que ele deve ter aulas sobre consentimento na escola e na universidade, nas quais aprenderá regras excepcionalmente precisas sobre o que constitui ou não comportamento inadequado. E, todavia, ele pode pesquisar a respeito na internet ou numa livraria local — se conseguir encontrar uma — e descobrir que, recentemente, os livros mais vendidos para mulheres (incluindo mulheres da faixa etária de sua mãe) focam em fantasias femininas de estupro. Fantasias que não se pode discutir ou tentar entender, mas que são tão públicas que os livros em questão foram transformados em filmes exibidos nos cinemas e com receita bruta de cerca de meio bilhão de dólares até agora. São grupos de homens que vão ao cinema ver Christian Grey amarrar a namorada para fazer sexo e depois ser redimido por ela? Ou a demografia é mais feminina?

Há uma música de Nicki Minaj que, talvez inadvertidamente, resume as profundas confusões do sistema atual. A música se chama "Anaconda" e foi lançada em 2014. Qualquer um que não tenha visto o vídeo deve se juntar aos milhares de pessoas que o assistiram on-line. Dizer que o vídeo de Minaj é sexual é como dizer que suas letras são banais. A música começa com "Minha anaconda não, minha anaconda não/ Minha anaconda não quer nada se você não tem rabo, querida". Qualquer um em dúvida sobre o que ela quer dizer com "rabo" descobrirá, nos três primeiros minutos do vídeo, que consistem quase que inteiramente em Nicki Minaj de biquíni, em um cenário de selva, sacudindo o bumbum para a câmera. Às vezes, um grupo de mulheres em trajes semelhantes se une a ela e também sacodem o bumbum para o espectador. E sacodem e sacodem. Se alguém ainda não tiver entendido, entra o coro:

> Meu Deus do céu, olha a bunda dela
> Meu Deus do céu, olha a bunda dela
> Meu Deus do céu, olha a bunda dela
> (Olha a bunda dela)
> Olha, olha, olha
> Olha a bunda dela

A LOUCURA DAS MASSAS

Além de sacudir o bumbum ao lado das amigas que também sacodem o bumbum e às vezes brincam com os bumbuns umas das outras, as únicas outras coisas que acontecem nos três minutos de abertura do vídeo são Nicki Minaj comendo sugestivamente uma banana, espirrando chantili no decote, esfregando os dedos nos seios e, em seguida, lambendo o creme dos dedos em uma sequência que, obviamente, é impossível de interpretar.

Mas essa não é a parte mais significativa do vídeo "Anaconda". Tudo isso constitui uma imagética completamente normal e banal no mundo dos vídeos de música pop, nos quais as estrelas tendem a se vestir e dançar como strippers. A parte importante está no minuto e meio finais do vídeo, que começam com Minaj de quatro em um quarto escuro e sensual. Ela rasteja na direção de um homem sentado em uma cadeira. A música da cena começa com "Essa é para minhas vadias de bunda gorda na porra do clube / Eu perguntei se minhas vadias de bunda gorda estavam no clube". Usando somente um top e leggings rasgadas, ela se move em torno do homem, girando enquanto o faz. Ela coloca uma perna sobre o ombro dele. Então se inclina, colocando a famosa bunda contra o rosto dele e rebolando. Ela adota posições de pole dance, deslizando para cima e para baixo na frente dele. O tempo todo, ele fica sentado, imóvel, como um cliente bem-comportado apreciando um show em um clube de lap dance. Finalmente, quando a bunda dela é sacudida bem no rosto dele pela enésima vez, ele se mostra sexualmente frustrado. Depois de limpar a boca com a mão, ele hesita e toca gentilmente as nádegas dela. Nesse ponto, tudo para. Os vocais cantam "Ei!", Minaj dá um tapa na mão dele e vai embora, jogando o cabelo para trás. Depois que ela sai, ele se inclina para a frente na cadeira e coloca o rosto entre as mãos, aparentemente mortificado com seu comportamento indesculpável.

A confusão que Nicki Minaj interpreta aqui é representativa de várias outras coisas em nossa cultura. Ela contém um desafio insolúvel e uma demanda impossível. A demanda é que a mulher possa dançar na frente, enrodilhar-se em torno e sacudir a bunda no rosto de qualquer homem que deseje. Ela pode fazê-lo babar. Mas, se o homem encostar uma única mão na mulher, ela pode mudar completamente o jogo. Pode ir de stripper a madre superiora em um segundo. Pode ir de "olhe para minha bunda, rebolando na sua frente" para "como você ousa achar que pode tocar a bunda que eu estive esfregando na

MULHERES

sua cara esse tempo todo?". E é ele quem deve aprender que está errado. Que demanda está sendo feita aqui? Uma demanda impossível, que não pode ser atendida, mas foi inserida nas convenções morais contemporâneas? É a de que a mulher deve ter permissão para ser tão sexy e sexual quanto quiser, mas isso não significa que pode ser sexualizada. Sexy, mas não sexualizada.

É uma demanda impossível. É uma demanda não somente pouco razoável, mas também enlouquecedora, feita aos homens. Mas ninguém quer explorá-la. Porque explorá-la seria descobrir um mundo inteiro de irremediável e insolúvel complexidade.

O MESMO OU MELHOR?

A crença de que é possível ser sexy sem ser sexualizada é somente um dos arranjos contraditórios a que chegamos. Mas há muitos outros no ar. Por exemplo, há aquele que insiste que as mulheres são, de todas as maneiras significativas, exatamente iguais aos homens, com os mesmos traços e competências, e capazes de desafiá-los em qualquer domínio. Mas, simultânea e magicamente, elas são melhores que os homens. Ou melhores de maneiras específicas. Tudo isso parece perfeitamente capaz de ser conciliado na mesma mente, com ideias contraditórias e tudo. Assim, a atual maneira aceita de ver as mulheres é: o mesmo que os homens, mas diferentes quando isso é útil ou lisonjeiro.

Um exemplo desse paradoxo é frequentemente exibido por Christine Lagarde, que foi líder do Fundo Monetário Internacional (FMI) durante a maior parte da última década. Em 2018, no décimo aniversário do *crash* financeiro, Lagarde escreveu no website do FMI sobre as lições aprendidas com a crise de 2008 e sobre o que foi consertado — ou não — desde então. Ela usou a oportunidade para falar sobre a necessidade de mais mulheres nos conselhos dos bancos e das agências que supervisionam as instituições financeiras. E repetiu um de seus mantras favoritos na década anterior. "Como eu disse muitas vezes", escreveu ela, "se fosse Lehman Sisters em vez de Lehman Brothers, o mundo seria muito diferente hoje."[12] Isso não foi simplesmente uma reiteração do problema de pensamento de grupo que contribuiu tanto para os eventos de 2008. Lagarde defendia um argumento mais amplo. Não somente o de que mulheres são necessárias nas instituições financeiras. Quase ninguém duvida disso. Mas o de que, se as mulheres fossem mais proeminentes na força de trabalho — ou, melhor ainda, se a liderassem —, os resultados seriam diferentes. E não estava sozinha nessa alegação. Versões dela percorreram toda a década que se seguiu à crise financeira. E estavam centradas não somente nas finanças, mas em todas as áreas da vida pública.

Logo após o *crash*, a apresentadora Fern Britton participou do principal programa de discussão política da BBC, o *Question Time*, e, comentando a crise, recebeu aplausos da plateia ao dizer: "Parece que há muitos homens nesse negócio do dinheiro e eles fizeram um trabalho muito ruim. Tradicionalmente, as mulheres envolvidas na boa e velha economia doméstica se mostraram muito boas em dividir o dinheiro entre comida e contas de luz, água e telefone. Nós não pilhamos, roubamos ou apostamos tudo em um único cavalo para ver se haverá dinheiro na semana seguinte."[13] A ministra da Igualdade do governo britânico de coalização entre 2010 e 2015, a liberal-democrata Lynne Featherstone, foi um expoente da mesma teoria. Durante a conferência de seu partido em 2011, ela culpou os homens pelas "terríveis decisões" da economia mundial e disse que, como um todo, eram a principal razão para "a bagunça em que está o mundo".

Eis aqui o primeiro enigma das atuais suposições sobre a posição das mulheres como oposta à dos homens em nossa sociedade. As mulheres são exatamente iguais aos homens: igualmente capazes, hábeis e adequadas para a mesma variedade de tarefas. E também são melhores. Exatamente como isso se dá não está bem definido, porque não foi bem pensado. Mesmo assim, decidimos arraigar tal ideia mal definida o mais profundamente possível em nossas sociedades.

WOMEN MEAN BUSINESS

Faz um dia bonito na cidade de Londres e, em um hotel elegante ao sul do rio, mais de quatrocentas mulheres muito espertas estão reunidas. Espertas, é preciso esclarecer, em todos os sentidos do termo [*smart*, que significa tanto esperta quanto elegante]. As presentes não somente são líderes empresariais, no topo de todas as profissões que exercem, como, sempre que a porta se abre, parece que estamos em um desfile de moda. Saltos altos, echarpes esvoaçantes, os trajes do poder da elite internacional de negócios: ninguém — absolutamente ninguém — desaponta seu lado. E, desde o início, fica claro que certamente há um lado.

A conferência "Women Mean Business" [tanto "as mulheres estão falando sério" como "mulheres significam negócios"] foi organizada pelo *Daily Telegraph*. Seus principais apoiadores são o NatWest e a BT. O dia é iniciado com um discurso da ministra para as Mulheres e Igualdade, ao qual se segue um painel intitulado "Como o trabalho precisa começar a trabalhar pelas mulheres". Muitas das mais bem-sucedidas e conhecidas mulheres do mundo empresarial estão presentes, juntamente com várias das mais famosas apresentadoras do país. Há uma "conversa em frente à lareira" entre a "líder empresarial" do NatWest e a primeira sargento de armas na Câmara dos Comuns. Então mais painéis: "Quais são os reais obstáculos ao sucesso das mulheres?", "Superando a diferença de gênero" e "As mulheres estão em desvantagem em um mundo dominado por investidores do sexo masculino?". Os painéis que tratam da metade masculina da espécie têm títulos como "#MenToo: o papel crucial dos homens como aliados das mulheres".

Deve-se dizer que, como tudo isso foi organizado para mulheres e como todos na sala, com exceção de uma ou duas pessoas, são mulheres, o foco nelas é inevitável. Também é inevitável que grande parte da discussão seja centrada em questões relacionadas às mulheres no local de trabalho, incluindo cuidados infantis. Mas também há um distinto ar de aliança. Uma aliança entre pessoas das quais se tirou vantagem. Para receber assentimento ou aplausos calorosos da plateia, basta enfatizar o quanto precisamos de "mulheres confiantes". A maneira mais garantida de fazer com que a sala concorde loquazmente é contar uma história envolvendo o mau comportamento de um "macho alfa". Exemplos de comportamento de "macho alfa" incluem histórias de homens dominando as coisas por falarem demais. Parece haver claro consenso de que, embora haja grande necessidade de "mulheres confiantes", também há necessidade de "homens menos confiantes". Como se, desse modo, com o tempo os sexos pudessem se encontrar no meio do caminho.

Há outra maneira de garantir que a plateia ficará a seu lado. Basta que a mulher no palco expresse preocupação, nervosismo ou uma sensação de "síndrome de impostor". Uma jovem impressionante, inteligente e muito bonita envolvida em uma *startup* começa sua contribuição dizendo todas essas coisas. Ela está nervosa e sente que não deveria estar lá, na companhia de todas aquelas mulheres maravilhosas que realizaram tantas coisas. Elas aplaudem entusiasticamente e congratulam sua coragem por dizer isso. As mulheres precisam ser confiantes. Mas parece que uma boa estratégia para fazer com que outras mulheres fiquem do seu lado é se apresentar como não sendo assim tão confiante. Quase como se temessem ser destruídas, particularmente por outras mulheres. Na seção de perguntas e respostas, uma das perguntas foi sobre se mais alguém já sentira que as outras mulheres eram o maior desafio no local de trabalho. Essa participante permaneceu anônima.

Como um dos poucos homens convidados a falar, vejo-me em um painel intitulado "O foco de promover as mulheres é restringir os homens?". Nossa moderadora é uma jornalista do *Daily Telegraph*. Os outros participantes do painel são um membro do Parlamento britânico chamado Craig Tracey, que lidera um grupo parlamentar de apoio às mulheres, a "diretora de recursos humanos" do *Daily Telegraph* e a "diretora britânica de estratégias para clientes do sexo feminino" do J. P. Morgan. O consenso na sala é o mesmo que emergiu em quase todas as discussões políticas e que, claramente, precisa ser questionado.

A coisa mais surpreendente é que parece haver muita confusão em torno da questão do "poder". Toda discussão até agora foi centrada na suposição de que quase todos os relacionamentos no local de trabalho e em outros lugares são centrados no exercício do poder. Conscientemente ou não, essas mulheres adotaram a visão de mundo de Foucault, na qual o poder é o prisma mais significativo para entender os relacionamentos humanos. O surpreendente não é que quase todo mundo pareça ter adotado essa posição, ao menos da boca para fora, mas que essas mulheres estejam focadas em somente um tipo de poder. É o tipo de poder que — presumivelmente — ao longo da história foi mantido somente por homens, quase sempre velhos, quase sempre ricos e sempre brancos. É por isso que as brincadeiras e queixas sobre o comportamento do "macho alfa" fazem tanto sucesso. Há a suposição de que, se o

MULHERES

alfa e o másculo pudessem ser espremidos para fora deles, em algum grande e majestoso liquidificador de justiça social, o poder resultante poderia ser bebido por mulheres como as presentes e usado para nutrir e desenvolver aquelas que o merecem mais.

Essas são águas profundas. Mas sugiro, em minha contribuição, que nossas conversas estão sendo limitadas por mal-entendidos. Mesmo que admitíssemos — o que não devemos fazer — que o poder (em vez de, digamos, o amor) é a força mais importante a guiar os assuntos humanos, por que focar em somente um tipo de poder? Certamente há tipos de poder — como o estupro — que os homens às vezes podem exercer sobre as mulheres. E há um tipo de poder que alguns homens velhos, tipicamente brancos, podem ser capazes de exercer sobre pessoas menos bem-sucedidas, incluindo mulheres menos bem-sucedidas. Mas há outros tipos de poder no mundo. O poder histórico dos velhos brancos não é a única fonte. Afinal, não há poderes que só podem ser exercidos por mulheres? "Como o quê?", pergunta alguém. A essa altura, tendo chegado tão longe, a única coisa que faz sentido é seguir em frente.

Entre os outros tipos de poder exercidos quase exclusivamente por mulheres, o mais óbvio é o seguinte. As mulheres — não todas, mas muitas — possuem uma habilidade que os homens não possuem. Trata-se da habilidade de enlouquecer o sexo oposto. Perturbá-lo. Não somente para destruí-lo, mas para fazer com que destrua a si mesmo. É um tipo de poder que permite que uma jovem no fim da adolescência se relacione com um homem que tem tudo no mundo, no auge de suas realizações, e o atormente, o faça se comportar como um tolo e destruir completamente sua vida em troca de alguns momentos de nada.

Mais cedo, havíamos ouvido a jovem atraente que dirigia uma *startup* contar que, algumas vezes, em sua busca por capital, fora alvo de avanços inapropriados de potenciais financiadores. A sala, compreensivelmente, reagira com reprovação. Pois isso teria sido, de fato, um abuso de poder. Mas existe um conhecimento velado — e hipocrisias veladas — por baixo dessa reprovação. Todo mundo na sala — incluindo as reprovadoras — estava absolutamente certo de que a mulher em questão não exercera algum poder? De que teria sido capaz de conseguir o mesmo capital caso (embora igualmente esperta e sensata) se parecesse com Jabba, o Hutt? Ou um velho com manchas senis? Não é um desserviço às habilidades da mulher em questão (nem uma tentativa de eximir qualquer homem que tenha se comportado mal) dizer que mesmo a perspectiva de estar em futura proximidade com alguém com sua aparência pode não ter trabalhado inteiramente contra ela. Os estudos demonstram repetidamente que — com todo o restante sendo igual — as pessoas atraentes conseguem chegar mais longe em suas profissões que seus pares menos atraentes. Atratividade física, juventude e feminilidade são um conjunto assim tão insignificante de cartas? Um ou mais homens entre seus investidores não pode ter pensado, em algum momento, que as reuniões de investimento com ela tinham a possibilidade de ser ligeiramente mais agradáveis que as reuniões de investimento com um homem branco e idoso? E isso não é — por mais desagradável que seja admitir — um tipo de poder? Um poder que é negado ou empregado somente fora do reino do mencionável, mas que, mesmo assim, existe no mundo?

Esse argumento não foi recebido calorosamente. Definitivamente não era o que as frequentadoras queriam ouvir. Antes que eu conseguisse passar para meu argumento impopular seguinte, a diretora de recursos humanos do *Daily Telegraph* decidiu nos conduzir até ele. O comportamento inadequado no local de trabalho era um problema que precisava ser enfatizado. Muitas mulheres tinham histórias horríveis para contar. Muitas mulheres na sala indubitavelmente tinham suas próprias histórias. Mas foi sugerido que toda a questão das relações entre os sexos era na verdade muito simples. Especialmente após o movimento MeToo, tudo ficara claro. Os homens precisavam perceber que havia comportamentos adequados e comportamentos inadequados. E, embora admitindo que as categorias para ambos haviam mudado mais uma vez, muito recentemente, também se sugeriu que as convenções morais eram, em um sentido imemorial, igualmente óbvias.

Suspeito que qualquer um que já tenha trabalhado em escritório saiba que as coisas não são tão simples. "É permitido convidar uma colega para um café?", perguntei. Isso parecia ser um caso-limite. Se o convite fosse feito mais de uma vez, então se tratava de um problema óbvio. "Os homens precisam aprender que não significa não", sugeriu alguém. "Não faça nada que não faria na frente de sua mãe" foi sugerido como base para uma norma moral, ignorando o fato de que há muitos atos perfeitamente legais, aceitáveis e prazerosos que os adultos realizam em sua vida e não o fariam na frente da mãe. Porém, aparentemente, isso era picuinha. "Não é assim tão difícil", reiterou a diretora de recursos humanos.

Acontece que é. E toda mulher naquela sala — assim como a vasta maioria das mulheres fora dela — sabe disso. Elas sabem, por exemplo, que uma porcentagem considerável de homens e mulheres conhece o futuro parceiro no local de trabalho. Embora a internet tenha mudado muitas coisas sobre o namoro, a maioria dos estudos, mesmo em anos recentes, mostra que de 10% a 20% das pessoas ainda encontram seus parceiros no local de trabalho. Como pessoas bem-sucedidas, como as presentes naquela sala, costumam ter um equilíbrio trabalho/vida que favorece desproporcionalmente o trabalho, elas passarão muito mais tempo com seus colegas que em atividades sociais. Assim, será inteiramente sábio isolar esse significante fornecedor de potenciais parceiros? Ou limitá-lo às minúsculas interações permitidas pelos diretores de recursos humanos das organizações? Fazer isso seria exigir que todo homem tivesse a oportuni-dade de tentar conquistar uma única mulher em sua vida profissional. Que essa mulher fosse convidada para um café ou um drinque somente uma vez. E que essa única investida tivesse uma acurácia absoluta, de 100%, nessa única ocasião. Será razoável, ordeiro ou mesmo humano arranjar as relações entre os sexos dessa maneira? É claro que a maioria da sala ri dessa sugestão. Porque ela é risível. E é ridícula. E é no que consiste a lei no local de trabalho moderno.

Uma investigação da *Bloomberg* publicada em dezembro de 2018 ob-servou as atitudes entre figuras importantes do mundo das finanças, que é indubitavelmente dominado pelos homens, com maiorias masculinas em todos os setores, com exceção da equipe de apoio.[14] As atitudes dos homens nos níveis hierárquicos mais elevados se mostraram surpreendentes. Em entrevistas com mais de trinta executivos seniores do mundo das finanças, os homens admitiram já não estar dispostos a jantar com colegas do sexo feminino. Também se recusavam a se sentar ao lado delas em voos. Insis-tiam em quartos em hotéis diferentes e evitavam reuniões individuais com mulheres.[15]

Se essa realmente é a atitude dos homens no local de trabalho, isso não sugere que toda a área de etiqueta profissional é, de modo geral, honesta ou óbvia. Regras que se afirmam estabelecidas acabaram de ser criadas. Normas que deveriam ser universais só começaram a ser seguidas anteontem. E, sob elas, está a sensação revelada pelo relatório da *Bloomberg*, não de que as pessoas não confiam em si mesmas (embora não confiem), mas de que não confiam na honestidade de outras pessoas fazendo alegações, inclusive as feitas por mulheres que ficaram sozinhas com colegas do sexo masculino. Se a etiqueta do local de trabalho é tão fácil de determinar, surpreende que seja tão complexa.

De volta à conferência em Londres, uma das coisas mais marcantes foi o fato de toda a discussão ser o tipo de coisa que, até muito recentemente, estava confinada aos *campi* das faculdades de artes liberais. A conferência "Women Mean Business" foi encerrada, inevitavelmente, com uma discussão sobre "privilégio". Quem o possui, quem deveria possuí-lo e como podemos distribuí-lo de maneira mais justa?

Uma das peculiaridades dessa discussão, sempre que surge — e ela é muito comum hoje em dia —, é o fato de que o privilégio é uma coisa inacreditavelmente difícil de definir. Também é quase impossível de quantificar. Uma pessoa pode ser "privilegiada" por ter herdado dinheiro. Para outra, esse mesmo privilégio pode ser uma maldição, dando-lhe muito desde muito cedo, e eliminando o incentivo para que construa seu próprio caminho no mundo. Uma pessoa com riqueza herdada, mas com uma deficiência natural, é mais ou menos privilegiada que uma pessoa sem qualquer riqueza herdada, mas também sem deficiência física? Quem decide? Em quem podemos confiar para decidir? E como os vários estratos desse arranjo podem ser flexíveis o bastante para não somente incluir todo mundo, mas também levar em consideração as mudanças comparativas para melhor e para pior que ocorrem em toda vida humana?

Outro problema conectado ao privilégio é que, embora sejamos capazes de vê-lo nos outros, podemos ser incapazes ou não estarmos dispostos a reconhecê-lo em nós mesmos. Em qualquer definição que se utilize, as mulheres naquela sala pertencem ao topo, não somente entre todas as pessoas que já viveram, como também em seus países, cidades e bairros

MULHERES

hoje. Elas têm salários significativos e contatos consideráveis, e terão mais oportunidades em um mês que a maioria dos homens brancos terá durante a vida inteira. E, mesmo assim, o privilégio é uma questão repetidamente discutida, porque sempre se assume se tratar de algo que as outras pessoas também têm.

TREINAMENTO DE VIÉS INCONSCIENTE + INTERSECCIONALIDADE

Isso nos leva inelutavelmente — e bem na hora — ao destino desse impossível processo de perpétua estratificação e dedução: a importância da "intersec-cionalidade". A diretora de recursos humanos do *Daily Telegraph* nos leva a esse ponto antes que eu possa fazê-lo. É importante, enfatiza ela, consi-derar a camada interseccional em tudo isso. Pois precisamos lembrar que não são somente as mulheres que precisam ser empoderadas e receber um empurrão hierarquia acima. Há outros grupos marginalizados que também devem receber ajuda. Um membro da plateia lembra ao painel que algumas pessoas são refugiadas, e é importante que a voz delas não se perca em meio a tudo isso. É um argumento que pode ser repetido ampla e infinitamente. Algumas pessoas têm deficiências. Algumas estão deprimidas. Nem todo mundo é bonito. Algumas pessoas são gays. E assim por diante.

A mulher do J. P. Morgan nos diz que essa é precisamente uma das razões pelas quais sua empresa instituiu um compulsório "treinamento de viés inconsciente". Há concordância geral de que ele deveria ser instituído de maneira mais ampla. Nossos vieses são tão intensos que, às vezes, nem ao menos estamos conscientes deles e dos preconceitos que podem jazer dormentes nos recessos mais profundos de nossa mente. Esses preconceitos arraigados podem nos levar a preferir homens a mulheres (ou, presumivel-mente, o contrário) ou pessoas com uma cor de pele às outras. Algumas pessoas podem decidir não contratar alguém em função de sua religião ou sexualidade. Assim, o "treinamento de viés inconsciente" está disponível no J. P. Morgan e em um número cada vez maior de bancos, instituições financeiras e empresas privadas e públicas a fim de reprogramar nossas ati-tudes e permitir que aqueles que o fazem tenham seus preconceitos naturais alterados, excluídos e corrigidos.

A LOUCURA DAS MASSAS

Uma das grandes peculiaridades dessa discussão é a certeza de que os leitores do *Daily Telegraph* a odiariam. Na Grã-Bretanha, o *Telegraph* é visto como jornal da direita conservadora. Pode-se dizer, de modo geral, que seus leitores são menos favoráveis à mudança que à permanência, ao passo que o treinamento de viés inconsciente impedirá que qualquer coisa permaneça como está. Esse é seu objetivo. Ele pretende mudar tudo. E passou a ocupar posição central não somente nos jornais conservadores e nas principais empresas de Wall Street e da City de Londres, mas também no governo. Em 2016, o Office of Personnel Management [Departamento de Gerenciamento de Pessoal] do governo norte-americano anunciou que planejava fazer com que todos os seus funcionários passassem pelo treinamento de viés inconsciente. Trata-se de uma força de trabalho de 2,8 milhões de pessoas.[16] O governo britânico se comprometeu com um processo similar de treinamento de viés e "diversidade" para todos.

Os esquemas são ligeiramente diferentes, mas todos estão centrados em versões do que a Universidade de Harvard vem desenvolvendo como teste de associação implícita (IAT em inglês). Desde que foi disponibilizado na internet, em 1998, mais de 30 milhões de pessoas fizeram o teste no website de Harvard para descobrir se têm ou não viés inconsciente.[17] O que o IAT tenta descobrir é em quem os indivíduos pensam como parte do "endogrupo" e quem podem ver como parte do "exogrupo". Citado milhares de vezes em artigos acadêmicos, ele indubitavelmente se tornou a mais influente medida de "viés inconsciente".

Também gerou uma verdadeira indústria. Em 2015, a Royal Society of Arts de Londres anunciou que estava treinando pessoas em painéis de seleção e indicação para tratar de seus vieses inconscientes. A organização publicou um vídeo explicando como isso era feito. Ela defendia quatro ações principais: desacelerar deliberadamente o processo de tomada de decisão; reconsiderar as razões para a decisão; questionar estereótipos culturais; e monitorar os colegas em busca de viés inconsciente. Tudo isso pressupõe certos conjuntos de resultados. Por exemplo, uma vez que alguém tenha questionado um estereótipo cultural, tem permissão para continuar acreditando nele? Provavelmente não. Se as pessoas monitorarem umas às outras em busca de viés inconsciente e encontrarem algum, isso constituirá fracasso

MULHERES

ou sucesso? Um sinal de inimaginável virtude, um sinal de que as pessoas não estão prestando atenção aos sinais ou um sinal de que todo mundo está trapaceando? Quando as pessoas falam sobre "questionar" coisas a partir da aplicação de treinamento de viés inconsciente, não parecem querer dizer "questionar" as pessoas. Elas querem dizer "modificá-las".

Qualquer um que já tenha entrevistado grande número de pessoas para qualquer papel sabe que parte significativa do processo é a "primeira impressão". A razão de existir tantas frases como "você jamais terá uma segunda chance de causar uma boa primeira impressão" é o fato de que se reconhece amplamente que são verdadeiras. Não se trata somente da aparência, da maneira como as pessoas se vestem ou de quão firme é seu aperto de mão. Trata-se de um conjunto de sinais e impressões. E a resposta a eles realmente envolve preconceitos e decisões rápidas. E nem todos são ruins.

Por exemplo, a maioria de nós tem um preconceito natural contra pessoas com olhos excessivamente inquietos, que se movem demais de um lado para o outro. Essa pressuposição é um "viés" ou pode ser justificada por um instinto evolutivo que pode ser imprudente ignorar? De maneira mais pertinente, o que o dono de um pequeno negócio deve sentir durante a entrevista com uma mulher de quase 40 anos que ele suspeita poder engravidar em breve? Obviamente, as leis trabalhistas impedem que ele se demore na questão. Mas poderíamos dizer que ele tem um viés instintivo contra tal candidata. E a lei pode desejar mudar isso. Porém, o viés do dono de um pequeno negócio contra a contratação de uma mulher que pode trabalhar por um curto período antes de entrar em licença-maternidade custando à empresa o auxílio-maternidade de um cargo para o qual ela pode não retornar não é totalmente irracional.

Testar em si mesmo os preconceitos existentes pode desencavar alguma profunda desconfiança de pessoas de certo *background*, de mulheres poderosas, e de muitas outras coisas. E pode fazer com que você passe a desconfiar de seus próprios instintos. Assim como os instintos podem conduzir os indivíduos na direção errada, eles muito frequentemente podem ser a única coisa os conduzindo na direção certa.

Além disso, você pode se sentir de maneira diferente de um dia para o outro, e as pessoas que fizeram o IAT descobriram exatamente isso. De fato, as críticas a toda ideia de viés implícito são tais que mesmo algumas das pessoas que trabalharam no teste de Harvard, que se tornou referência, expressaram preocupação com a maneira como seu trabalho está sendo utilizado. Desde sua adoção pelo mundo corporativo, pelo governo, pela academia e por um número cada vez maior de outras instituições, duas das três pessoas que criaram o IAT em Harvard admitiram publicamente que o teste não é capaz de fazer com suficiente acuidade aquilo para o que foi criado. Uma delas, Brian Nosek, da Universidade da Virgínia, disse publicamente que a extensão em que o teste pode mensurar qualquer coisa significativa foi exagerada. Houve uma "interpretação incorreta" de seu trabalho. Em relação às tentativas de provar viés em indivíduos, ele disse: "Há alguma consistência, mas não alta consistência. Nossa mente não é assim tão estável."[18] E há crescentes evidências de que nada disso funciona na prática. Por exemplo, aumentar o número de mulheres nos painéis de seleção não eleva as chances de uma mulher conseguir o emprego.[19]

Assim, eis toda uma área que foi insuficientemente estudada, mas já adotada pelo governo e pelas empresas. Seus efeitos serão benignos, com os únicos custos sendo a cara contratação de especialistas para guiar as pessoas nessa disciplina não especializada? Ou as tentativas de tentar reprogramar o cérebro de cada funcionário do governo e de todo o mundo empresarial terão repercussões que ninguém ousou imaginar? Ninguém sabe.

Contudo, se o treinamento de viés implícito parece uma teoria pela metade transformada em plano integral de negócios, o dogma sob o qual ele repousa está aquém mesmo disso. Durante a conferência "Women Mean Business", foi a diretora de recursos humanos do *Daily Telegraph* quem insistiu na importância da abordagem interseccional nos negócios e na sociedade como um todo. Isso ocorreu em resposta às mulheres da plateia se perguntando onde deveriam colocar as minorias étnicas, os refugiados e os solicitantes de asilo na lista de grupos que merecem um pouco do que quer que possa ser espremido daqueles que detêm o poder.

Provavelmente deveria ter sido esclarecido, desde o início, que, apesar de se apresentar — assim como o "treinamento de viés" — como ciência integralmente constituída, a interseccionalidade está longe disso. Suas originadoras, como as autoras e acadêmicas feministas "bell hooks" (ou seja,

MULHERES

Gloria Jean Watkins) e Peggy McIntosh, simplesmente afirmaram que as democracias ocidentais incluem uma variedade de grupos (mulheres, minorias étnicas, sexuais e outras) estruturalmente oprimidos em uma "matriz de opressão". A partir daí, os interseccionalistas passaram a clamar por um projeto político, não por uma disciplina acadêmica. Se eles se unirem contra o inimigo comum, as pessoas no topo da pirâmide, que supostamente detêm o poder, algo bom acontecerá. Dizer que a interseccionalidade não foi analisada a fundo é um eufemismo. Além de seus outros problemas, não foi testada de nenhuma maneira significativa em nenhum lugar, por nenhum período importante. Tem uma base muito tênue na filosofia e nenhuma obra maior dedicada a ela. A que alguém poderia responder que há muitas coisas que não foram testadas e que não possuem como base uma estrutura de pensamento integralmente definida. Porém, em tais casos, seria considerado arrogante, para não dizer insensato, tentar estender esse conceito a toda a sociedade, incluindo todas as instituições educacionais e empresas lucrativas.

Embora muitas pessoas em posições importantes e bem remuneradas agora defendam essa teoria, onde se pode afirmar que a "interseccionalidade" funcionou? E como seria possível? Dê uma olhada no conjunto de questões insolúveis que surgiram somente no salão da conferência "Women Mean Business". Todas as mulheres presentes se beneficiaram de avanços na carreira. Muitas adoraram isso. Quais delas estariam dispostas a oferecer seu lugar para alguém com cor de pele, orientação sexual ou posição social diferente, e quando e como deveriam fazer isso? Quando e como as pessoas devem ser capazes de discernir se aquele que deve ser priorizado — aquele em nome de quem elas devem dar um passo atrás a fim de que esse alguém chegue à frente — não teve, na verdade, uma vida muito mais fácil que as delas?

Em anos recentes, à medida que a interseccionalidade começou a se disseminar, os locais de trabalho que tentaram implementá-la produziram enigmas cada vez mais estranhos. A ordem de suas descobertas às vezes varia, mas as descobertas não. Em empresas de todas as grandes cidades, está sendo feito um esforço para promover mulheres e pessoas de cor. Contudo, conforme um número cada vez maior de empresas e departamentos governamentais precisa responder por diferenças de salário entre

A LOUCURA DAS MASSAS

os sexos e pessoas de *backgrounds* raciais diferentes, surgem fascinantes novos problemas. No Reino Unido, todas as organizações com mais de 250 funcionários devem publicar a diferença média de salário entre homens e mulheres. Em 2018, parlamentares sugeriram que todas as empresas com mais de cinquenta funcionários fornecessem a mesma informação.[20] Isso significou, entre outras coisas, que uma burocracia inteira teve de ser criada para lidar com um novo conjunto de problemas.

Manterei secreta a identidade da pessoa, mas o exemplo a seguir é revelador. Uma pessoa que conheço, na Grã-Bretanha, recentemente conseguiu um emprego em uma grande corporação. Foi contratada por um excelente salário. Pouco tempo depois, seus superiores a abordaram com um pedido constrangedor. Será que estaria disposta a aceitar um salário maior que o previamente oferecido? A instituição estava se aproximando do fim do ano contábil e tentava satisfazer um número infinito de gráficos e análises de cotas raciais e de gênero. Para seu desânimo, descobrira que a "diferença" de salário entre as pessoas da etnia majoritária e as pessoas das minorias raciais ainda era muito grande. Será que o indivíduo se importaria se seu salário fosse aumentado significativamente para satisfazer os diferenciais daquele ano? Sendo perfeitamente lúcido e sensato, o funcionário em questão graciosamente concordou em receber um salário mais alto para ajudar seu empregador a superar essa complicada situação.

Esse pode ser um exemplo especialmente cômico de para onde a obsessão com cotas pode conduzir. Porém, empresa após empresa, há exemplos mais prosaicos de algo similar. Por exemplo, em algum momento, toda corporação que se esforça para promover pessoas de cor, mulheres ou minorias sexuais chega a alguma versão da seguinte descoberta: as pessoas que promoveram têm grande probabilidade de ser comparativamente privilegiadas. Em muitos casos, embora não todos, trata-se de pessoas que foram bem servidas pelo sistema. Podem ser mulheres de famílias abastadas, que estudaram em escolas particulares e frequentaram as melhores universidades. Será que precisavam de um empurrão? Provavelmente. Mas à custa de quem?

Do mesmo modo, descobriu-se que, nas primeiras ondas de funcionários pertencentes a minorias sexuais e étnicas que se beneficiaram da "discriminação positiva" a fim de "diversificar" o ambiente do escritório, os homens e as mulhe-

MULHERES

res em questão não pertenciam aos grupos mais prejudicados da sociedade. Um fenômeno similar ocorreu nos partidos políticos. Ao tentar aumentar o número de parlamentares pertencentes a minorias étnicas, o Partido Conservador britânico conseguiu recrutar alguns indivíduos muito talentosos. Havia ao menos um parlamentar negro que estudara em Eton e outro cujo tio era vice-presidente da Nigéria. O Partido Trabalhista escolheu, entre seus candidatos ao Parlamento, uma mulher cuja tia era primeira-ministra de Bangladesh.

O que ocorre na política também ocorre em empresas públicas e privadas. A diversificação acelerada pode promover pessoas que, de qualquer forma, já estavam mais perto desse destino. E, muito frequentemente, são as pessoas mais privilegiadas de qualquer grupo, incluindo o seu. Em empresas europeias e norte-americanas que adotaram essa abordagem de contratação, emerge uma história comum, embora só comentada aos sussurros. Pois as pessoas em tais empresas estão gradualmente percebendo que há custos em relação a tudo isso. Ou seja, embora as empresas tenham conseguido aumentar a mobilidade ascendente feminina e das minorias étnicas, seu nível de mobilidade de classe jamais foi tão baixo. Tudo que conseguiram foi construir uma nova hierarquia.

E hierarquias não são estáticas. Elas nem sempre o foram no passado, e é improvável que o sejam no futuro. De sua parte, os proponentes da interseccionalidade, do treinamento de viés e outros fizeram progressos extraordinariamente rápidos. E o fluxo dessas ideias diretamente para o mundo corporativo é uma demonstração de que um nova hierarquia foi criada. Ela tem — como todas as hierarquias — uma classe opressora e uma classe oprimida. Tem aqueles que buscam ser virtuosos e aqueles ("diretores de recursos humanos") que estão em posição de esclarecer os que não são. Por enquanto, essa nova classe clerical está tendo muito sucesso em explicar como acha que o mundo funciona.

Mas o imenso problema não é somente que essas teorias estão sendo inseridas nas instituições sem reflexão suficiente ou registro de sucesso. O imenso problema é que esses novos sistemas continuam a ser construídos sobre identidades de grupo que nem sequer chegamos perto de entender e sobre fundações que estão muito longe de ser consensuais, como as relações entre os sexos e questões que, outrora, teríamos chamados de "feministas".

A LOUCURA DAS MASSAS

A ONDA FEMINISTA ATUAL

Em parte, essa confusão emerge do tremendo sucesso da primeira e da segunda ondas feministas, e do fato de que ondas subsequentes apresentaram severos sintomas de "síndrome de São Jorge aposentado". Definir exatamente quando quais ondas de feminismo ocorreram é complicado pelo fato de que ocorreram em momentos diferentes em lugares diferentes. Só que é amplamente aceito que a primeira onda de feminismo foi a que começou no século XVIII e continuou, em algumas estimativas, até o direito ao voto e outros direitos na década de 1960. Era precisa em suas ambições e profunda em suas alegações. De Mary Wollstonecraft à campanha pelo sufrágio feminino, as alegações da primeira onda feminista foram definidas pela demanda de direitos legais iguais. Não direitos diferentes, mas iguais. O direito ao voto, obviamente. Mas também o direito de pedir o divórcio, ter a guarda dos filhos e herdar propriedades. A luta por esses direitos foi longa, mas bem-sucedida.

A onda feminista que começou na década de 1960 tratou das prioridades que permaneciam sem solução por sob esses direitos básicos. Questões como o direito das mulheres de adotar a carreira desejada e ser apoiadas nesse objetivo. Nos Estados Unidos, Betty Friedan e suas aliadas defenderam o direito das mulheres não somente à educação, mas também à licença-maternidade e ao apoio aos cuidados infantis para mulheres empregadas. Essas feministas exigiram direitos reprodutivos relacionados à contracepção e ao aborto, e segurança para as mulheres dentro e fora do casamento. Seu objetivo era obter as mesmas chances que os homens em suas carreiras e vida.

Tendo obtido sucesso em duas ou três ondas (dependendo de onde e como se conta), no mesmo número de séculos, na década de 1980 o movimento feminista se dividiu e passou a se dedicar a questões muito específicas como as atitudes que as feministas deveriam adotar em relação à pornografia. As pessoas frequentemente descritas como feministas de terceira onda, assim como as da quarta onda, que ocorreu na década de 2010, tinham um estilo retórico marcante. Com as principais batalhas pela igualdade vencidas, seria de se esperar que elas tentassem solucionar as questões remanescentes e que, dado que as coisas nunca foram melhores, o tom de sua retórica correspondesse a essa realidade.

MULHERES

Mas nenhuma dessas coisas aconteceu. Se alguma coisa já ganhou velocidade e partiu em disparada logo após ter parado na estação foi o feminismo em décadas recentes. Da década de 1970 em diante, um novo tom penetrou os campos feministas, com vários temas distintos. O primeiro foi a derrota ser iminente logo após o ponto de vitória.

Em 1991, Susan Faludi publicou *Backlash: The Undeclared War Against American Women* [Reação: a guerra não declarada contra as mulheres americanas]. Um ano depois, Marilyn French (autora do best-seller de 1977 *The Women's Room* [O quarto das mulheres]) repetiu o truque com *The War Against Women* [A guerra contra as mulheres]. Esses livros fizeram extremo sucesso graças à noção de que, embora os direitos tenham sido adquiridos, havia uma campanha para revertê-los. A igualdade não fora atingida, argumentaram Faludi e French, mas a possibilidade de que poderia ser levara os homens a uma resposta inevitável, na qual mesmo os direitos obtidos seriam removidos. É marcante revisitar essas obras depois de um quarto de século, pois se tornaram ao mesmo tempo absolutamente normais em seu tom e claramente insanas em suas alegações.

Em seu best-seller internacional, Faludi identifica a "guerra não declarada contra as mulheres" em quase todo elemento da vida nas sociedades ocidentais. Ela a vê na mídia e nos filmes. Na televisão e nas roupas. Na academia e na política. Na economia e na psicologia popular. Tudo se resume, insiste ela, "à crescente pressão para encerrar, ou mesmo reverter" a busca pela "igualdade". Essa reação tem muitas contradições aparentes. É tanto organizada quanto "um movimento não organizado". De fato, a "falta de orquestração" a torna "mais difícil de ver e, talvez, mais efetiva". Durante a década de 1980, que viu cortes nos gastos públicos em países como o Reino Unido (instigados, é claro, por uma primeira-ministra), "a reação se moveu pelas câmaras secretas da cultura, viajando através de passagens de lisonja e medo".[21] Através desse e de meios similares, a guerra contra as mulheres ao mesmo tempo encara todo mundo nos olhos e é tão sutil que exigiu que Faludi a tornasse visível.

French, por sua vez, declara no início de seu livro que há "evidências" de que, durante 3,5 milhões de anos, a espécie humana viveu em uma situação na qual homens e mulheres eram iguais. De fato, mais que iguais, pois, naqueles dias, as mulheres aparentemente tinham um status mais elevado que os homens. Então, nos últimos 10 mil anos, nossa espécie supostamente viveu em "harmonia igualitária e bem-estar material", com os sexos se dando bastante bem. Mas, a partir do quarto milênio a.C, os homens começaram a construir "o patriarcado", um sistema que French define como "supremacia masculina apoiada pela força". Para as mulheres, as coisas "desceram ladeira abaixo desde então". Ela nos informa que as mulheres "provavelmente" foram as primeiras escravas e, dali por diante, "cada vez mais desempoderadas, degradadas e subjugadas". Nos últimos quatro séculos, isso saiu completamente do controle, com os homens ("principalmente no Ocidente") tentando "aumentar seu controle sobre a natureza e aqueles associados à natureza: as pessoas de cor e as mulheres".[22]

Tendo estabelecido sua definição de feminismo como "qualquer tentativa de melhorar o destino de qualquer grupo de mulheres por meio da solidariedade e perspectiva feminina", French alega que os homens "como casta [...] continuam a buscar maneiras de derrotar o feminismo". Eles buscam remover suas vitórias (com o exemplo de French sendo o "aborto legal"). Também buscam impor "limites" às profissionais e criar movimentos com o objetivo de devolver as mulheres ao "status integralmente subordinado". Isso e mais se traduz em uma "guerra global contra as mulheres".[23]

Ignorando várias evidências em contrário e sem demonstrar nenhum pudor em essencializar ou generalizar a metade masculina da espécie, French declara que "o único campo de solidariedade masculina é a oposição às mulheres".[24] Ela vê as demandas feministas como igualmente diretas. O desafio ao "patriarcado" pelas feministas é simplesmente uma demanda para "sermos tratadas como seres humanos com direitos", incluindo a demanda de que "os homens não se sintam livres para nos espancar, estuprar, mutilar e matar".[25] Que tipo de monstro se oporia a isso? E quem são os membros do patriarcado que se sentem livres para espancar, estuprar, mutilar e matar mulheres?

No argumento de French, de todas as direções, o problema são os homens. Todas as vezes que as mulheres fazem um avanço, os homens "reúnem forças para derrotar esse desafio". A violência masculina contra as mulheres não é acidente ou subproduto de algum outro fator (quem dirá de muitos

MULHERES

fatores potenciais). "Toda violência masculina contra as mulheres é parte de uma campanha orquestrada" que inclui "espancamento, aprisionamento, mutilação, tortura, inanição, estupro e assassinato".[26]

Já é ruim o bastante que os homens sejam levados a tais atos como parte de uma campanha mais ampla para derrotar as mulheres. Mas ainda pior, de acordo com French, é o fato de que também mobilizam outras estratégias para garantir que "as mulheres sejam prejudicadas em todas as áreas da vida". Aparentemente, conseguem isso iniciando guerras sistemáticas contra as mulheres em todo campo imaginável, incluindo educação, trabalho, assistência médica, leis, sexo, ciência e mesmo uma "guerra contra as mulheres como mães".[27]

O insulto final, como descrito por French, é que não somente há guerras contra as mulheres, com as quais elas precisam se preocupar, como também há a guerra-menstruação. A guerra literal, real, não metafórica também é um problema, e também é antimulheres.[28] De sua linguagem a suas ações, a guerra é um ato masculino e, como tal, projetado para se opor às mulheres. Pois as mulheres — como fica claro perto do fim do livro — são a personificação da paz. Enquanto os homens fazem guerras, as mulheres iniciam um conjunto de movimentos como a Women's Pentagon Action [Ação das mulheres no Pentágono], em 1980, na qual mulheres cercaram o Pentágono, declarando que "militarismo é sexismo", e o campo em Greenham Common, na Grã-Bretanha. Eis as boas notícias, apresentadas no fim do livro: "As mulheres estão reagindo em todas as frentes."[29]

Muitas das alegações feitas no livro de French são tendenciosas e não históricas. Depois que estabelece seu paradigma, ela é capaz de encaixar quase qualquer coisa nele. Mas o mais notável é a dicotomia na qual ela insiste. Tudo que é bom é feminino. Tudo que é mau é masculino.

French, Faludi e outras tiveram enorme sucesso em disseminar essa ideia. Elas também estabeleceram o padrão de que o sucesso dos argumentos feministas depende de alegações distorcidas e exageradas. Gradualmente, passaram a ser norma as alegações mais extremas, não somente sobre homens, mas também sobre mulheres. Elas se insinuaram em todos os aspectos das alegações feitas pelas novas ondas de feministas. Por exemplo, em seu extremamente bem-sucedido livro *O mito da beleza* (1990), Naomi Wolf

A LOUCURA DAS MASSAS

alegou que, embora seja verdade que os benefícios das conquistas e das análises feministas significam que as mulheres estão em melhor situação que antes, de outras maneiras elas estão morrendo, e bastante literalmente. Em *O mito da beleza*, ela notoriamente tentou alegar que, somente nos Estados Unidos, cerca de 150 mil mulheres morrem por ano em razão de transtornos alimentares relacionados à anorexia. Como vários acadêmicos, incluindo Christina Hoff Sommers, demonstraram subsequentemente, Wolf exagerou os números reais centenas de vezes.[30] O exagero e o catastrofismo se tornaram a moeda regular na qual as feministas são encorajadas a negociar.

A outra coisa que se imiscuiu nesse estágio do feminismo foi uma forma de misandria, o ódio pelos homens. Ela esteve presente em vários indivíduos de ondas anteriores do feminismo, mas jamais foi tão dominante e triunfante. Em algum ponto da década de 2010, concluiu-se que a terceira onda do feminismo progredira para a quarta em função do advento das mídias sociais. O feminismo da quarta onda é, em grande medida, feminismo da terceira onda com *apps*. O que todas essas ondas inadvertidamente demonstraram são os efeitos enlouquecedores que as mídias sociais podem ter não somente sobre um debate, como também sobre um movimento.

Considere o cenário em fevereiro de 2018, quando autodeclaradas "feministas" estavam novamente no Twitter divulgando seus novos slogans favoritos. "Homens são lixo" foi o último arranjo de palavras que inventaram para persuadir mais pessoas a passarem para seu lado. Feministas da quarta onda tentavam fazer com que "todos os homens são lixo" ou simplesmente "homens são lixo" virasse tendência nas mídias sociais. Uma das participantes era a escritora britânica e feminista da quarta onda Laurie Penny, autora de vários livros de compilação de *posts*, incluindo o charmosamente intitulado *Bitch Doctrine* [algo como "Doutrina megera"], de 2017. Em fevereiro de 2018, Penny podia ser encontrada no Twitter dizendo "'Homens são lixo' é uma frase que adoro porque implica desperdício".[31] Ela explicou que a beleza da frase estava relacionada ao fato de que "a masculinidade tóxica desperdiça muito potencial humano [...] espero que estejamos às vésperas de um gigantesco programa de reciclagem". A isso se seguia a *hashtag* "MeToo" e um emoji de mãos no ar.

Como ocorre com tanta frequência, alguém estava disposto a perguntar se Penny enfrentara problemas paternos que proporcionaram a criação de frases como aquela. Como ocorre tão frequentemente, Penny mudou de posição em um instante. "Na verdade, meu pai era maravilhoso, e uma grande inspiração. Ele morreu há alguns anos. Todos sentimos falta dele." O leitor insistiu: "Ele era tóxico?" A essa altura, foi repreendido por Penny por ser "áspero": "Não é apropriado fazer comentários assim sobre o pai falecido de alguém." Significando que o argumento chegara a: "Todos os homens são lixo, com exceção de meu pai, que você não tem permissão de citar." Uma hora depois, com a narrativa vitimista tendo se desenvolvido ainda mais, Penny retornou ao Twitter para dizer: "Estou enfrentando uma barragem de abusos, ameaças, antissemitismo, fantasias sobre minha morte, coisas repugnantes ditas sobre minha família. A situação rapidamente ficou assustadora. Tudo por ter dito que gosto da frase 'homens são lixo' porque ela implica mudança." Não fora isso que dissera. Ela contara como ficava deliciada em usar uma frase que descrevia metade da espécie humana como "lixo". E, depois de se comportar como perseguidora, se abrigara atrás da alegação de estar sendo perseguida. Como se, tendo desprezado metade da raça humana, fosse errado receber qualquer tipo de reação negativa.

Na verdade, se Penny tivesse esperado um pouco, uma colega feminista teria surgido para explicar que ela não precisava justificar as palavras que usara, pois estavam entre a crescente lista de palavras mágicas que não significam o que parecem significar.

A GUERRA CONTRA OS HOMENS

A biografia de Salma El-Wardany, escritora do *Huffington Post*, a descreve como "escritora metade egípcia, metade muçulmana irlandesa que viaja pelo mundo comendo bolo e desmantelando o patriarcado". Como parte desse desmantelamento, El-Wardany também gosta da frase "todos os homens são lixo". Mas ela explicou essas palavras sob o título "O que as mulheres querem dizer quando dizem 'homens são lixo'". De acordo com essa feminista do *Huffington Post*, "elas podem ser traduzidas diretamente em 'a masculinidade está em transição e não está se movendo suficientemente rápido'".

El-Wardany alegou que a frase "homens são lixo" é ouvida em todos os lugares de seu mundo, "como um zumbido suave vibrando em todo o globo. Um hino [...] um chamado às armas e um grito de batalha". Ela disse que, se você entrar "em qualquer sala, evento social, jantar, reunião criativa, ouvirá a frase em ao menos um canto da sala e, naturalmente, se aproximará daquele grupo, porque saberá imediatamente que encontrou sua tribo. Trata-se basicamente de uma senha para entrar no clube 'furiosas com os homens'". Ocorre que as palavras são uma forma condensada de "raiva, frustração, mágoa e dor". E, na visão de El-Wardany, essa mágoa e essa dor vêm do fato de que, embora as mulheres sejam constantemente questionadas sobre o tipo de menina ou mulher que querem ser, jamais se pergunta aos homens que tipo de homens ele serão. Enquanto as mulheres enfrentam demandas constantes, "a masculinidade é entregue pelo pai ao filho, com pouco ou nenhum desvio do papel típico de provedor/protetor".

Concluindo, quando as mulheres dizem "homens são lixo", o que na verdade estão dizendo é: "suas ideias de masculinidade já não têm propósito e sua falta de evolução está nos ferindo." Elas estão dizendo que os homens são os alunos mais lentos da turma e precisam, nas palavras de El-Wardany, "andar muito mais rápido".[32]

Ocorre que "todos os homens são lixo" e "homens são lixo" são exemplos leves da retórica feminista em sua quarta onda. Uma das *hashtags* populares do Twitter usadas anteriormente pelas feministas dizia "matem todos os homens". Felizmente, o jornalista e comentador Ezra Klein estava disponível no *Vox* para decodificá-la. Embora admitisse que não gostara de ver a *hashtag* "matem todos os homens" nem o momento em que ela vazara do mundo virtual para o mundo real, as palavras não significavam o que pareciam significar. Como explicou Klein, quando pessoas que ele conhecia e "mesmo amava" começaram a usar o termo em conversas casuais, ele recuara e ficara na defensiva. Mas então percebera que *"não era isso que elas estavam dizendo"* (itálico no original). Ele percebeu que elas não queriam matá-lo, nem a qualquer homem. Era melhor que isso. "Elas não me odiavam e não odiavam os homens." A descoberta de Klein foi que "matem todos os homens" era meramente outra maneira de dizer "gostaríamos que o mundo não fosse tão ruim para as mulheres". É uma

MULHERES

maneira horrível de dizer isso, mas Klein prosseguiu: "Era uma expressão de frustração com o sexismo disseminado."[33]

Dizer "matem todos os homens" teria sido uma maneira excessivamente fervorosa de pedir sufrágio feminino em uma época na qual as mulheres não podiam votar. Feministas da primeira onda fazendo campanha pela igualdade com o slogan "matem todos os homens" teriam escolhido uma maneira insana de tentar conquistar apoio. Porém, um século depois, parece que se tornou normal e aceitável, para mulheres nascidas com todos os direitos pelos quais suas antecessoras lutaram, reagir com uma linguagem mais violenta do que aquela empregada quando as apostas eram infinitamente mais altas.

Essa campanha tampouco se limitou a hashtags no Twitter. Na última década, vimos entrar na discussão pública cotidiana uma variedade de slogans como "privilégios masculinos". Como a maioria dos slogans, ele é fácil de enunciar, mas difícil de definir. Por exemplo, é possível dizer que a preponderância de homens na posição de CEO é um exemplo de "privilégio masculino". Mas ninguém sabe o que a preponderância de suicídios masculinos (de acordo com os samaritanos, os homens britânicos têm três vezes mais probabilidade de cometer suicídio que as mulheres), mortes em ocupações perigosas, falta de moradia e muito mais podem significar. É um sinal do oposto de privilégio masculino? Eles se equilibram? Se não, quais são os sistemas, as métricas ou os períodos para que se equilibrem? Ninguém parece saber.

Outras formas da nova misandria apresentam aspecto mais ameno. Por exemplo, há o termo *mansplaining* para condenar qualquer ocasião na qual um homem fale com uma mulher de maneira condescendente ou arrogante. Certamente, todos conseguem pensar em situações nas quais homens empregaram esse tom de voz. Mas a maioria também consegue se lembrar de ocasiões nas quais uma mulher falou com um homem dessa maneira. Ou nas quais um homem falou de maneira condescendente com outro homem. Por que só uma dessas ocasiões necessita de um termo próprio? Por que não há uma palavra para — ou uso mais amplo de — *womansplaining*? Ou qualquer ideia na qual um homem possa "*mansplain*" outro homem? Em que circunstâncias se pode dizer que um homem fala desdenhosamente com uma mulher porque ela é mulher, e não porque ela fala desdenhosamente com ele? No presente, não há mecanismo para sanar nenhuma dessas dúvidas, meramente um projétil que pode ser lançado, em qualquer estágio, por uma mulher.

Então há o conceito de "patriarcado", a ideia de que (amplamente em países capitalistas ocidentais) vivemos em uma sociedade que favorece os homens e tem o objetivo de suprimir as mulheres e suas habilidades. Esse conceito se tornou tão arraigado que agora é aceito como se a ideia de que as sociedades ocidentais modernas estão centradas em torno — e existem somente para o conforto — dos homens nem sequer merecesse discussão. Em 2018, comemorando o centenário do direito ao voto das mulheres britânicas com mais de 30 anos, um artigo da popular revista feminina *Grazia* afirmou: "Vivemos em uma sociedade patriarcal." As evidências fornecidas eram "a objetificação das mulheres" e os "padrões inverossímeis de beleza", como se os homens jamais fossem objetificados ou cobrados em relação a sua aparência (uma alegação que os homens que foram sub-repticiamente fotografados em trens por estranhos e viram suas fotos enviadas à página "Hot dudes reading" [Homens atraentes lendo] ou ao Instagram podem questionar). "O patriarcado está oculto de nossos olhos", dizia a *Grazia*, embora outros sintomas visíveis fossem "a falta de respeito simbolizada pelas diferenças de salário e oportunidades profissionais arrebatadas".[34] As revistas masculinas parecem perfeitamente felizes em adotar as mesmas suposições. Refletindo sobre os eventos de 2018, a revista masculina *GQ* afirmou em seu editorial que, naquele ano, "pela primeira vez na história, todos fomos chamados a responder pelos pecados do patriarcado".[35]

O pior no novo léxico de slogans antimasculinos é o da "masculinidade tóxica". Como cada um dos outros memes, a "masculinidade tóxica" começou nas franjas mais distantes da academia e das mídias sociais. Mas, em 2019, chegou ao centro de organizações e instituições públicas sérias. Em janeiro, a Associação Americana de Psicologia publicou seu primeiro guia sobre como lidar especificamente com meninos e homens. A AAP alegou que quarenta anos de pesquisas haviam demonstrado que a "masculinidade tradicional, marcada por estoicismo, competitividade, dominância e agressão, está minando o bem-estar dos homens". Para lidar com esses aspectos "tradicionais" da masculinidade, ela produzira seu novo guia, a fim de ajudar seus membros a "reconhecerem esse problema em meninos e homens". Em seguida, definiu a masculinidade tradicional como "constelação particular de padrões que influenciaram amplos segmentos da população, incluindo antifeminilidade, realizações, renegação da aparência de fraqueza e aventura, risco e violência".[36] Essa foi somente uma das incursões que o conceito de "masculinidade tóxica" fez no mainstream.

E, novamente, isso ocorreu sem nenhuma sugestão de que tal problema pode ser espelhado no lado feminino. Por exemplo, existe alguma forma de "feminilidade tóxica"? Se sim, o que ela é e como pode ser permanentemente removida das mulheres? Tampouco houve qualquer discussão, antes de o conceito de "masculinidade tóxica" ser adotado, sobre como ele pode funcionar em seus próprios termos. Por exemplo, se a competitividade é um traço especialmente masculino — como a AAP parece estar sugerindo —, quando ela é tóxica ou danosa e quando é útil? Um atleta do sexo masculino pode usar seus instintos competitivos na pista de corrida? Se sim, como podemos assegurar que, fora das pistas, ele será tão dócil quanto possível? Um homem enfrentando com estoicismo um câncer inoperável pode ser criticado por isso e retirado dessa posição danosa e passar para uma situação na qual demonstre menos estoicismo? Se "aventura" e "risco" são traços masculinos, quando e onde os homens devem ser encorajados a desistir deles? Um explorador deve ser encorajado a ser menos aventuroso? Um bombeiro deve ser treinado para assumir menos riscos? Os soldados devem ser encorajados a se conectar menos com a "violência" e adotar uma aparência de fraqueza? Se sim, quando? Qual seria o mecanismo pelo qual os soldados seriam reprogramados para usar traços e habilidades muito úteis em certas ocasiões perigosas nas quais a sociedade precisa deles, mas se livrar desses traços e habilidades no restante do tempo?

É claro que, se há traços tóxicos no interior da masculinidade, a probabilidade é que sejam tão profundos (ou seja, existam em todas as culturas, independentemente das diferenças situacionais) que se tornaram inerradicáveis. Ou pode haver aspectos específicos de certos comportamentos masculinos que, em certos momentos e lugares, são indesejáveis. Se esse é o caso, então quase certamente há maneiras específicas de lidar com o problema. Mas, em ambos os casos, inventar conceitos como "privilégio masculino", "patriarcado", "*mansplaining*" ou "masculinidade tóxica" não ajuda a solucionar o problema, fornecendo muito pouco ou demais para o diagnóstico. A explicação mais óbvia de qualquer análise externa é que o objetivo desse movimento é menos melhorar os homens que castrá-los, negar todas as suas virtudes e transformá-los em objetos de piedade, cheios de dúvidas e de desprezo por si mesmos. Parece, em resumo, um tipo de vingança.

Por que seria assim? Por que a guerra e a retórica se tornariam tão inflamadas se os padrões de igualdade melhoraram tanto? É porque as apostas são baixas? Porque as pessoas estão entediadas e querem assumir uma postura heroica em meio à relativa segurança e ao conforto de suas vidas? Ou é simplesmente porque as mídias sociais — o desafio de falar para si mesmo ou, possivelmente, para todo o planeta — está tornando as discussões honestas impossíveis?

Qualquer que seja a causa, o impacto na reputação do feminismo é claro. A misandria é prejudicial. Em 2016, a Fawcett Society entrevistou 8 mil pessoas para descobrir quantas se identificavam como "feministas". A pesquisa descobriu que somente 9% das britânicas usavam a palavra "feminista" para se descrever. Somente 4% dos homens faziam o mesmo. A vasta maioria dos entrevistados apoiava a igualdade de gêneros. De fato, um número maior de homens que de mulheres apoiava a igualdade entre os sexos (86% *versus* 74%). Mas a vasta maioria também resistia ao rótulo "feminista". A Fawcett Society conseguiu dar um tom positivo ao que, para uma organização feminista, deve ser sido uma descoberta decepcionante. A Grã-Bretanha era uma nação de "feministas ocultos", disse a porta-voz do grupo. Explicando por que a vasta maioria não queria se identificar com o rótulo feminista, ela disse: "A simples verdade é que, se quer uma sociedade mais igualitária para homens e mulheres, você é feminista."[37] Todavia, quando perguntados quais palavras surgiam em suas mentes quando ouviam a palavra "feminista", a mais popular para mais de um quarto dos entrevistados foi *bitchy* [megera, maldosa, mal-intencionada].[38]

A história é similar nos Estados Unidos. Perguntados, em 2013, se homens e mulheres deveriam ser "iguais em termos sociais, políticos e econômicos", a vasta maioria dos norte-americanos (82%) disse que sim.

Porém, quando perguntados se se identificavam como "feministas", houve um declínio perceptível. Somente 23% das mulheres e 16% dos homens se identificaram como "feministas". A clara maioria (63%) disse não ser feminista nem antifeminista.[39]

Qualquer que seja a causa, não está totalmente claro como os homens devem reagir a isso. A probabilidade de reprogramar os instintos naturais de todos os homens e todas as mulheres é remota. Durante três anos, entre 2014 e 2017, acadêmicos no Reino Unido realizaram um estudo sobre imagens de homens que as mulheres achavam atraentes. Os resultados, publicados em estudos feministas das mídias, revelaram uma tendência inquietante. O *Newsweek* resumiu as chocantes descobertas na manchete "Homens com músculos e dinheiro são mais atraentes para mulheres heterossexuais e homens gays, mostrando que os papéis de gênero não estão progredindo".[40] Veja você. Só haverá "progresso" quando as mulheres acharem atraentes homens que não acham atraentes. Quão inatingível é esse objetivo?

HARDWARE TENTANDO SER SOFTWARE

Quando se trata das diferenças entre homens e mulheres — e como colocar alguma ordem nas relações entre eles —, há muita coisa que ainda não sabemos. Contudo, há muita coisa que sabemos. Ou sabíamos. E, como demonstram os instantâneos da cultura popular exibidos aqui, não se tratava de um conhecimento restrito, mas de um tão amplo quanto qualquer conhecimento pode ser. Porém, algo aconteceu. Em algum momento, algum mecanismo de codificação foi imposto à questão das relações entre os sexos. Algo causou esse maciço surto de raiva e negação, justamente quando assunto parecia ter chegado a um desfecho e um acordo.

Sem dúvida, o mecanismo de codificação empregado na questão dos sexos está entre os aspectos mais enlouquecedores da situação. Ele envolveu um conjunto de saltos mentais inacreditáveis que precisavam ser aceitos e não podiam sequer ser tentados sem causar inacreditável dor pessoal e social. Tudo se reduz ao seguinte. Desde a década de 1990, os manifestantes gays tentam convencer o mundo de que a homossexualidade é uma questão de hardware — o que, como dissemos, pode ou não ser. O ímpeto para

A LOUCURA DAS MASSAS

fazerem isso era óbvio. O hardware era bom porque protegia seu status. Mas, enquanto essa luta pelos direitos gays se desdobrava, aconteceu algo inacreditável. Graças à obra de várias pessoas — incluindo pessoas que se acreditou, erroneamente, estar defendendo o feminismo —, o rumo das mulheres passou a seguir na direção oposta.

Até mais ou menos a última década, sexo (ou gênero) e cromossomos eram reconhecidos entre as mais fundamentais questões de hardware de nossa espécie. Nascer homem ou mulher era uma das principais e não modificáveis questões de hardware de nossa vida. Tendo aceitado esse hardware, encontrávamos maneiras — tanto homens como mulheres — de aprender como operar os aspectos relevantes de nossa vida. Então absolutamente tudo, não somente no interior dos sexos, mas entre eles, foi codificado quando passou a ser aceito o argumento de que a mais fundamental questão de hardware era, na verdade, uma questão de software. A alegação foi feita, duas décadas depois se tornou entremeada à cultura e, subitamente, todo mundo devia acreditar que o sexo não era biologicamente fixo, mas meramente uma questão de "performances sociais reiteradas".

A alegação colocou uma bomba sob a causa feminista, com consequências totalmente previsíveis em relação a outro problema que abordaremos com os "trans". Ela deixou o feminismo quase sem defesas contra homens argumentando que podiam se tornar mulheres. A tentativa de transformar hardware em software causou — e continua a causar — mais dor que qualquer outra questão, tanto para homens como para mulheres. Está na fundação da loucura atual, pois pede que acreditemos que as mulheres são diferentes dos seres que costumavam ser. Sugere que tudo que mulheres e homens diziam — e sabiam — até ontem era uma miragem e que o conhecimento herdado sobre nossas diferenças (e como convivermos) é inválido. Toda a raiva — incluindo a descontrolada e destrutiva misandria, o duplipensar e a autoilusão — deriva deste fato: não só nos pedem, como esperam de nós, que alteremos radicalmente nossas vidas e sociedades com base em alegações que nossos instintos dizem que não podem ser verdadeiras.

INTERLÚDIO

O impacto da tecnologia

Se as fundações da nova metafísica são precárias e as suposições que estamos sendo chamados a seguir parecem sutilmente erradas, a adição à mistura da revolução das comunicações causa as condições para a loucura das massas. Se já estamos correndo na direção errada, a tecnologia nos ajuda a correr até lá exponencialmente mais rápido. É esse ingrediente que causa a sensação de esteira rolando mais rapidamente do que nossos pés conseguem acompanhar.

Em 1933, James Thurber publicou "The Day the Dam Broke" [O dia em que a represa se rompeu], falando de suas memórias de 12 de março de 1913, quando toda a sua cidade em Ohio saiu correndo. Thurber lembrou como começou o rumor de que a represa se rompera. Por volta do meio-dia, "subitamente, todo mundo começou a correr. Pode ser que alguém se lembrasse, naquele momento, de um compromisso com a esposa para o qual estava muito atrasado". Logo outra pessoa começou a correr, "talvez um jornaleiro muito animado. Outro homem, um cavalheiro corpulento, iniciou um trote":

> Em dez minutos, todo mundo na rua principal, da estação ferroviária até o tribunal, estava correndo. Os murmúrios gradualmente se cristalizaram na temida palavra "represa". "A represa se rompeu!" O medo foi acrescentado às palavras por uma senhora idosa no bonde, por um policial de trânsito ou por um garotinho: ninguém sabia quem, e isso já não importava. Duas mil pessoas abruptamente entraram em

fuga. "Vão para o leste!" foi o grito que surgiu, o leste longe do rio, o leste seguro. "Vão para o leste! Vão para o leste! Vão para o leste!"

Conforme a cidade inteira corria para o leste, ninguém parou para pensar que a represa estava tão longe da cidade que nem um fio de água correria pela rua principal. Ninguém tampouco notou a ausência de água. Os habitantes mais rápidos, que já haviam colocado quilômetros de distância entre si mesmos e a cidade, finalmente voltaram para casa, assim como todo mundo. Diz Thurber:

> No dia seguinte, a cidade seguiu com a vida, como se nada tivesse acontecido, mas não houve brincadeiras a respeito. Passaram-se dois anos ou mais antes que alguém ousasse falar com leveza sobre o rompimento da represa. E mesmo hoje, vinte anos depois, há algumas pessoas [...] que ainda se fecham como uma concha se alguém mencionar a tarde da grande corrida.[1]

Hoje nossas sociedades parecem estar sempre correndo e sempre em risco de passar muita vergonha, em razão não somente de nosso comportamento, mas também da maneira como tratamos os outros. Todos os dias, há um novo tema para o ódio e o julgamento moral. Pode ser um grupo de estudantes usando os chapéus errados, no lugar errado, na hora errada.[2] Ou pode ser outra coisa. Como demonstraram as obras de Jon Ronson e outros sobre humilhação pública [*public shaming*],[3] a internet permitiu que novas formas de ativismo e bullying, disfarçadas de ativismo social, se tornassem o tom de nossa época. O ímpeto de encontrar pessoas que possam ser acusadas de "crime de pensamento" funciona porque recompensa o perseguidor.[4] As empresas de mídia social o encorajam porque ele faz parte de seu modelo de negócios. Mas raramente ou nunca as pessoas em debandada tentam descobrir por que estão correndo naquela direção.

O DESAPARECIMENTO DA LINGUAGEM PRIVADA

Há uma frase, atribuída ora ao cientista da computação dinamarquês Morten Kyng, ora ao futurista americano Roy Amara, que afirma que uma coisa que

INTERLÚDIO

podemos dizer com certeza sobre o advento das novas tecnologias é que as pessoas superestimam seu impacto a curto prazo e subestimam seu impacto a longo prazo. Há pouca dúvida hoje, após a exaltação inicial, de que subestimamos maciçamente o que a internet e as mídias sociais fariam a nossas sociedades.

Entre as muitas coisas que não previmos, mas agora reconhecemos, está o fato de que a internet, particularmente as mídias sociais, erradicou o espaço que costumava existir entre a linguagem pública e a linguagem particular. As mídias sociais se revelaram uma maneira superlativa de incorporar novos dogmas e esmagar as opiniões contrárias justamente quando mais precisávamos ouvi-las.

Passamos os cinco primeiros anos deste século tentando entender uma revolução das comunicações tão grande que ainda pode transformar a invenção da prensa móvel em uma nota de rodapé da história. Tivemos de aprender a viver em um mundo no qual, a qualquer momento, podemos estar falando com outra pessoa ou com milhões em todo o globo. A noção de espaço privado e público foi erodida. O que dizemos em um lugar pode ser postado em outro, não somente para o mundo todo, mas também o tempo todo. Assim, temos de encontrar maneiras de falar e agir on-line, como se estivéssemos falando e agindo na frente de todos, sabendo que, se tropeçarmos, nosso erro estará acessível em qualquer lugar e para sempre.

Um dos problemas dessa situação é que se tornou praticamente impossível defender princípios em público. Pois, a menos que o princípio funcione identicamente bem para todos, o tempo todo, haverá algumas pessoas que se beneficiarão e outras que comparativamente serão prejudicadas. Outrora aqueles em desvantagem estariam a uma distância ignorável; hoje, podem estar bem na sua frente. Falar em público agora é ter de encontrar uma maneira de abordar, ou ao menos manter em mente, cada variedade possível de pessoa e cada tipo imaginável de reivindicação, incluindo cada reivindicação imaginável de direitos. A qualquer momento, podem nos perguntar por que esquecemos, minamos, ofendemos ou negamos a existência de uma pessoa em particular e outras como ela. É compreensível que as gerações crescendo nessas sociedades superconectadas se preocupem com o que dizem e esperem que as outras pessoas se preocupem também. E é compreensível que, perante as críticas potenciais do mundo inteiro, uma quantidade quase ilimitada de autorreflexão — incluindo a análise de seus próprios "privilégios" e direitos — pareça uma das poucas tarefas que podem ser tentadas ou realizadas com sucesso.

Questões difíceis e contenciosas exigem muita reflexão. E a reflexão frequentemente exige testes (incluindo erros inevitáveis). Mas pensar em voz alta sobre as questões mais controversas se tornou um risco tão grande que, em uma análise simples de risco-benefício, praticamente não há razão para corrê-lo. Se um homem disser que é mulher e gostaria de ser chamado de mulher, você pode pesar suas opções. De um lado, pode passar no teste e seguir com sua vida. De outro, pode ser rotulado de "fóbico" e ter sua reputação e sua carreira destruídas. Como decidir?

Embora uma variedade de pensadores tenha tumultuado ligeiramente o clima, os ventos ferozes do presente não vêm dos departamentos acadêmicos de filosofia ou ciências sociais. Eles emanam das mídias sociais. É lá que as suposições são empregadas. É lá que as tentativas de pesar os fatos podem ser reembaladas como transgressões morais ou mesmo atos de violência. Demandas por justiça social e interseccionalidade se adaptam bastante bem a esse ambiente, pois, não importa quão pesquisada tenha sido a demanda ou a causa, as pessoas podem alegar estar tentando abordá-las. As mídias sociais são um sistema de ideias que alega estar abordando tudo, inclusive cada queixa. E faz isso enquanto encoraja as pessoas a focarem quase ilimitadamente em si mesmas, algo que os usuários das mídias sociais nem sempre precisam ser encorajados a fazer. Ainda melhor, se você se sentir, a qualquer momento, menos que 100% satisfeito com sua vida e suas circunstâncias, eis aqui um sistema totalístico para explicar tudo, com todo um repositório de elucidações sobre o que no mundo o impediu de avançar.

O VALE DO SILÍCIO NÃO É MORALMENTE NEUTRO

Como sabe qualquer um que já tenha passado por lá, a atmosfera do Vale do Silício está vários graus à esquerda de uma faculdade de artes liberais. Assume-se — corretamente — que o ativismo de justiça social é o padrão de todos os funcionários das principais empresas, e a maioria delas, incluindo o Google, testa os candidatos para eliminar qualquer um que possua as

INTERLÚDIO

inclinações ideológicas erradas. Os que passaram por esses testes contam que há múltiplas questões sobre diversidade — sexual, racial e cultural — e que responder "corretamente" é um pré-requisito para conseguir o emprego.

É possível que haja alguma consciência pesada aqui, pois as empresas tecnológicas raramente são capazes de praticar o que se mostram tão dispostas a pregar. A força de trabalho do Google, por exemplo, contém somente 4% de hispânicos e 2% de afro-americanos. Constituindo 56% da força, os brancos não estão super-representados em relação à população em geral. Mas os asiáticos compõem 35% da equipe e vêm reduzindo constantemente o número de funcionários brancos, a despeito de só responderem por 5% da população norte-americana.[5]

Talvez seja a dissonância cognitiva que isso cria que suscite o desejo de corrigir o curso do mundo, uma vez que não pode corrigir o seu. As principais empresas tecnológicas empregam milhares de pessoas com salários de seis dígitos cujo trabalho é tentar formular e policiar conteúdos de maneiras familiares a qualquer estudante de filosofia. Durante uma conferência recente sobre moderação de conteúdo, figuras importantes de ambas as companhias sugeriram que o Google atualmente emprega 10 mil e o Facebook 30 mil moderadores.[6] E esses números têm mais probabilidade de crescer que de permanecer estáticos. É claro que essa não é a tarefa que Twitter, Google, Facebook e outras empresas esperavam realizar quando foram fundadas. Mas, quando se viram tendo de realizá-la, não surpreende que as pressuposições do Vale do Silício tenham começado a ser impostas ao restante do mundo on-line (com exceção de países como a China, onde o Vale do Silício percebeu que sua vontade não conta). Em cada uma das questões polêmicas da vez, não são enfatizados os costumes locais ou os valores mais fundamentais das sociedades, mas sim as visões específicas existentes nos quilômetros quadrados mais obcecados com justiça social do mundo.

Em cada uma das enlouquecedoras questões de nossa época — sexo, sexualidade, raça e trans —, o Vale do Silício sabe o que é certo e encoraja os outros a acompanhar o ritmo. É por isso que o Twitter é capaz de banir mulheres de sua plataforma por escrever "homens não são mulheres" ou perguntar "qual é a diferença entre um homem e uma mulher trans?".[7] Se as pessoas estão "erradas" sobre as questões trans da vez, o Vale do Silício pode assegurar que não terão voz em suas plataformas. O Twitter afirmou que os tuítes mencionados, por exemplo, constituem "conduta odiosa". Entrementes, contas que atacam as "TERFS" (*trans-exclusionary radical feminists* ou "feministas radicais que excluem as mulheres trans") permanecem ativas. A ativista feminista Meghan Murphy foi obrigada a apagar os dois tuítes mencionados, mas Tyler Coates (um dos editores da revista *Esquire*) não teve nenhum problema com seu tuíte, retuitado milhares de vezes, que dizia simplesmente "Fodam-se as TERFs!".[8] No fim de 2018, a "política de conduta odiosa" do Twitter foi modificada, permitindo que a plataforma banisse permanentemente pessoas que usassem um "nome morto" [*dead name*] ou "gênero errado" [*misgender*] em relação a pessoas trans.[9] Assim, no momento em que uma pessoa diz que é trans e anuncia sua mudança de nome, qualquer um que chamá-la pelo nome anterior ou se referir a ela usando o gênero anterior terá sua conta suspensa. O Twitter decidiu o que constitui conduta odiosa e que as pessoas trans precisam ser protegidas das feministas mais do que as feministas precisam ser protegidas dos ativistas trans.

As empresas tecnológicas tiveram repetidamente de criar jargões para defender decisões que são políticas sempre em uma direção particular. O website de patrocínio Patreon tem uma "equipe de confiança e segurança" que monitora e policia a adequação ou não dos "criadores" que usam a plataforma como fonte de financiamento coletivo. De acordo com o CEO do Patreon, Jack Conte:

> As políticas de conteúdo e a decisão de remover a página de um criador não têm absolutamente nada a ver com política e ideologia e tudo a ver com um conceito chamado "comportamento manifesto e observável". O propósito de usar o "comportamento manifesto e observável" é remover valores e crenças pessoais da revisão de conteúdo. Trata-se de um método de revisão inteiramente baseado em fatos observáveis. O que foi visto por uma câmera. O que foi registrado por um mecanismo de áudio. Não importa quais são suas intenções, motivações, quem você é, sua identidade, sua ideologia. A equipe de confiança e segurança só monitora o "comportamento manifesto e observável".[10]

INTERLÚDIO

Trata-se de uma "pesada responsabilidade", de acordo com Conte, porque o Patreon está consciente de estar removendo a fonte de renda de um indivíduo quando o proíbe de usar a plataforma. Mas é uma responsabilidade que a empresa tem exercido repetidamente e em cada caso conhecido de pessoas que apresentam um "comportamento manifesto e observável" errado por estarem do lado errado do Vale do Silício ou de um dos novos dogmas da época. As empresas de tecnologia constantemente são flagradas exibindo tais dogmas, com frequência das maneiras mais bizarras que se possa imaginar.

MACHINE LEARNING FAIRNESS

Em anos recentes, o Vale do Silício não somente adotou as suposições ideológicas dos interseccionalistas e dos guerreiros da justiça social. Também os incorporou em um nível tão profundo que eles passaram a adicionar uma camada de loucura a qualquer sociedade que os adote.

A fim de corrigir o viés e o preconceito, não basta simplesmente seguir os procedimentos descritos no capítulo 2. O treinamento de viés inconsciente pode nos fazer desconfiar de nossos próprios instintos e até nos mostrar como reprogramar nosso comportamento, nossas atitudes e nossas visões de mundo. Ele pode nos fazer prestar atenção a nossos próprios privilégios, compará-los aos privilégios e às desvantagens dos outros e então escolher onde podemos nos posicionar legitimamente em toda e qualquer hierarquia existente. Prestar atenção à interseccionalidade pode tornar as pessoas mais conscientes de quando precisam ficar em silêncio e quando têm permissão para falar. Mas essas medidas são somente corretivas. Elas não podem nos levar a um lugar de maior justiça. Elas só podem nos corrigir em nosso próprio caminho, que é repleto de erros.

E é por isso que as empresas tecnológicas estão colocando tanta fé na *machine learning fairness* [justiça de aprendizado de máquina] ou MLF. Pois a MLF não se limita a retirar todo o processo de julgamento das mãos dos preconceituosos e falhos seres humanos. Ela faz isso entregando o julgamento a computadores que, segundo nos garantem, não podem aprender com nossos próprios vieses. Ela faz isso construindo nos computadores um conjunto de atitudes e julgamentos que provavelmente jamais foi adotado por

A LOUCURA DAS MASSAS

qualquer ser humano. Trata-se de uma forma de justiça da qual nenhum ser humano seria capaz. E, todavia, foi somente quando os usuários começaram a notar algo estranho em alguns dos resultados dos mecanismos de busca que as empresas tecnológicas sentiram necessidade de explicar o que é MLF. Compreensivelmente, tentaram fazer isso da maneira menos ameaçadora possível, como se não fosse nada de mais. Mas é. E muito.

O Google intermitentemente postou, removeu e então refinou um vídeo tentando explicar a MLF da maneira mais simples possível. Em sua melhor tentativa até agora de explicar o que está fazendo, uma voz feminina jovem e amigável diz "Vamos fazer uma brincadeira". Então convida os espectadores a fechar os olhos e imaginar um sapato. Um tênis, um elegante sapato masculino e um sapato de salto alto aparecem na tela. Embora possamos não saber por que, a voz diz que todos nós tendemos mais a um sapato que aos outros. Se você está tentando ensinar um computador a pensar sobre um sapato, isso é um problema. E o problema específico é que você pode introduzir no computador seu próprio viés em relação a sapatos. Assim, se seu sapato perfeito tem salto alto, você ensinará o computador a pensar em saltos altos quando pensar em sapatos. Uma complexa rede de linhas alerta o espectador sobre quão complicadas as coisas podem ficar.

O aprendizado de máquina é algo que nos ajuda a "ir de um lugar a outro" on-line. É o que permite que um mecanismo de busca nos recomende coisas, nos aconselhe sobre como chegar a algum lugar e mesmo faça traduções. Para tanto, os seres humanos costumavam codificar manualmente as soluções para os problemas que as pessoas queriam resolver. Porém, o aprendizado de máquina permite que os computadores resolvam problemas "encontrando padrões nos dados":

> É tão fácil pensar que não há viés humano nisso. Mas só porque algo é baseado em dados não significa que seja automaticamente neutro. Mesmo com boas intenções, é impossível nos separar de nosso viés humano. Assim, nosso viés humano se torna parte da tecnologia que criamos.

Pense nos sapatos novamente. Um experimento recente pediu que as pessoas desenhassem um sapato para benefício do computador. Como a maioria das

INTERLÚDIO

pessoas desenhou alguma variação de um tênis, o computador — aprendendo constantemente — nem sequer reconheceu o sapato de salto alto como sapato. Esse problema é conhecido como "viés de interação".

Mas o "viés de interação" não é o único tipo de viés com o qual o Google está preocupado. Também há o "viés latente". Para ilustrá-lo, pense no que aconteceria se você estivesse treinando um computador para saber qual é a aparência de um físico e, a fim de fazer isso, mostrasse a ele imagens de físicos do passado, começando com Isaac Newton. No fim, haveria a imagem de Marie Curie. Demonstrou-se que, nesse exemplo, o algoritmo do computador possuirá um viés latente quando buscar por físicos, que, nesse caso, "tende na direção dos homens".

O terceiro e último (por enquanto) viés é o "viés de seleção". O exemplo aqui é treinar um modelo computadorizado para reconhecer rostos. A narradora nos pergunta: "Quando você seleciona imagens da internet ou de sua própria biblioteca, você tem certeza de estar selecionando imagens que representam todo mundo?" As fotos que o Google apresenta são de pessoas de turbante e sem turbante, de todas as cores de pele e diferentes idades. Como muitos dos mais avançados produtos tecnológicos usam aprendizado de máquina, a narradora assegura: "Trabalhamos para impedir que a tecnologia perpetue o viés humano negativo." Entre as coisas nas quais o Google vem trabalhando, inclui-se impedir que "informações ofensivas ou claramente enganosas" surjam no topo dos resultados das buscas e fornecer uma ferramenta de feedback para que as pessoas denunciem sugestões de autocompletar "odiosas ou inadequadas".

"Trata-se de uma questão complexa" e não há "solução mágica". "Mas tudo começa com estarmos conscientes disso, de modo a podermos todos fazer parte do diálogo. Porque a tecnologia deve funcionar para todos."[11] Ela deve, de fato. Mas isso tudo também está fornecendo aos computadores um conjunto muito previsível de vieses do Vale do Silício.

Por exemplo, se você usar o exemplo do Google ("físicos") e fizer uma busca de imagens, não há muito que possa ser feito em relação à falta de físicas. A máquina parece ter solucionado esse problema enfatizando outros tipos de diversidade. Assim, embora a primeira imagem seja a de um físico branco escrevendo com giz no quadro-negro da Universidade do Sarre, a

A LOUCURA DAS MASSAS

segunda é a de um candidato a PhD negro de Johannesburgo. Na quarta foto, chegamos a Einstein e, na quinta, a Stephen Hawking.

É claro que há algo de bom nisso. Pouquíssimas pessoas gostariam que uma jovem pensasse que não pode ser física somente porque, historicamente, houve predominância de homens nesse campo. Da mesma maneira que pouquíssimas pessoas gostariam que um jovem de uma raça qualquer achasse que um campo em particular está fechado para ele porque sua cor de pele nunca foi dominante nesse campo. Contudo, em qualquer número de buscas, o que se revela não é uma visão "justa" das coisas, mas uma visão que distorce severamente a história e a apresenta com um viés do presente.

Considere os resultados de uma busca simples como "arte europeia". Há uma imensa variedade de imagens que poderiam surgir em qualquer busca com essas palavras no Google. E seria de se esperar que as primeiras imagens fossem a *Mona Lisa*, *Os girassóis* de Van Gogh ou algo similar. Na verdade, a primeira imagem que surge é de Diego Velázquez. Isso pode não ser surpreendente, embora a pintura específica possa ser, pois a primeira imagem a surgir em "arte europeia" não foi *As meninas* ou o retrato do papa Inocêncio X. O retrato de Velázquez que surge como primeira pintura oferecida a alguém procurando por "arte europeia" é o de seu assistente Juan de Pareja, que era negro.

É um tremendo retrato, mas talvez uma escolha surpreendente para primeiro resultado. As cinco imagens seguintes são do tipo que se esperaria encontrar, incluindo a *Mona Lisa*. Então temos uma *Madona com criança* (a primeira até agora) e uma madona negra. Em seguida há o retrato de uma mulher negra, de algo chamado "Pessoas de cor na história da arte europeia". A linha em que ela está termina com o retrato de três homens negros. A linha seguinte começa com dois retratos de pessoas negras. E então vem uma pintura de Vincent van Gogh (a primeira até agora). E assim as coisas prosseguem. Cada linha apresenta a história da arte europeia consistindo amplamente em retratos de pessoas negras. É claro que isso é interessante e certamente "representativo" do que algumas pessoas hoje podem gostar de ver. Mas não é sequer remotamente representativo do passado. A história da arte europeia não é composta de um quinto, dois quintos ou metade de representação negra. Os retratos feitos por ou de pessoas negras eram muito

INTERLÚDIO

incomuns até décadas recentes, quando as populações da Europa começaram a mudar. E há algo não somente estranho, mas também sinistro nessa representação do passado. Pode-se ver como, na mente de uma máquina ensinada a ser "justa", isso poderia constituir uma representação adequada de diferentes grupos. Contudo, simplesmente não é uma representação verdadeira da história, da Europa ou da arte.

Tampouco é um exemplo pontual no Google. A requisição para encontrar imagens relacionadas a "pessoas na arte ocidental" oferece o retrato de um homem negro (da página "Pessoas negras na arte ocidental na Europa") como primeiro resultado. Daí em diante, a seleção dominante é de pinturas de nativos americanos.

Se você disser ao Google que gostaria de ver imagens de "homens negros", os resultados serão todos fotografias de homens negros. De fato, são necessárias mais de doze filas antes que algum não negro surja nas imagens. Em contrapartida, a busca por "homens brancos" oferece em primeiro lugar uma imagem de David Beckham — que é branco — e, em segundo, um modelo negro. Daí em diante, cada linha de cinco imagens tem um ou dois homens negros. Muitas das imagens de homens brancos são de criminosos condenados com frases como "Cuidado com o homem branco médio" e "Homens brancos são maus".

Conforme descemos por esse buraco de coelho, os resultados das buscas se tornam cada vez mais absurdos. Ou, ao menos, são absurdos se você espera obter o que queria da busca, embora seja possível descobrir muito rapidamente em que direção ocorre essa desinformação.

Se procurar no Google Imagens por "casal gay", você receberá fileiras e fileiras de fotos de casais gays felizes. São belas pessoas gays. Procure "casal heterossexual", em contraste, e ao menos uma ou duas imagens em cada linha de cinco serão de um casal lésbico ou de um casal gay. Em duas filas de imagens de "casal heterossexual" há mais fotografias de casais gays que de casais heterossexuais, muito embora a busca tenha sido por "casal heterossexual".

O plural gera resultados ainda mais estranhos. A primeira foto na busca "casais heterossexuais" é de um casal heterossexual negro, a segunda de um casal de lésbicas com uma criança, a quarta de um casal gay negro e a quinta de um casal de lésbicas. E essa é somente a primeira linha. Na terceira linha de "casais heterossexuais", os resultados são exclusivamente gays. "Casais aprendem com relacionamentos gays" é a legenda da foto de um casal gay interracial (um branco, um negro). Então temos "Casais heterossexuais podem aprender com casais gays". Então um casal gay com um bebê adotado. Depois a fotografia de um fofo casal gay na revista de estilo de vida luxuoso *Winq*. Por que, somente três linhas depois da primeira imagem de uma busca por "casais heterossexuais", todo mundo é gay?

As coisas ficam previsivelmente mais estranhas. Para "casal branco heterossexual", a segunda fotografia é o close de uma mão em cujos nós dos dedos está escrito "HATE" [ódio]. A terceira é de um casal negro. Buscar pelo plural ("casais brancos heterossexuais") gera imagens tão bizarras que claramente há algo estranho acontecendo. A segunda imagem é de um casal interracial. A quarta é de um casal gay (um negro, um branco) segurando duas crianças negras. Na segunda e na terceira linhas, as fotos são principalmente de casais gays com legendas como "casais interraciais", "casais gays fofinhos" e "por que casais gays tendem a ser mais felizes que casais héteros".

Tente essas buscas em outras línguas e em países nos quais essas línguas predominam e você obterá um conjunto diferente de resultados. Por exemplo, buscar "homens brancos" em turco no Google da Turquia resulta em muitas imagens de pessoas brancas ou homens cujo sobrenome é "White". O Google em francês parece sofrer do mesmo fenômeno que em inglês. Mas, em geral, quanto mais você se afastar das línguas europeias, mais obterá aquilo que quer ver. É nas línguas europeias que surgem esses estranhos resultados. E é em inglês que os resultados são mais crítica, clara e escancaradamente diferentes daquilo que você pesquisou. De fato, a esquisitice dos resultados de algumas buscas em inglês é tão extrema que fica claro que não se trata apenas de uma máquina tentando inserir alguma diversidade. Não se trata simplesmente de MLF.

Ao passo que uma busca por "casal branco" resulta em casais interraciais e casais gays interraciais nas primeiras cinco imagens, e então um casal branco que teve bebês negros usando embriões negros, a busca por "casal asiático" resulta naquilo que se pesquisou. "Casal asiático" simplesmente gera fotografias de casais asiáticos. É somente na quarta fila que surge a fotografia de uma mulher asiática ao lado de um homem negro. Há outra

INTERLÚDIO

imagem similar, mas, com exceção dessas duas, quase todas as outras são inteiramente de casais asiáticos. Em nenhum momento há um esforço para inserir casais gays. Não há nenhum.

Isso é muito misterioso. Se somente a MLF estivesse sendo aplicada, a busca por casais brancos heterossexuais poderia gerar alguns casais gays. Mas não terminaria priorizando imagens de casais que não são nem héteros, nem brancos. Parece haver um esforço deliberado — em ocasiões específicas — para destacar imagens de casais que não são nenhuma das coisas que se buscou.

O que parece estar ocorrendo é que algo está sendo colocado sobre a MLF; trata-se de MLF mais ação humana. E essa ação humana parece ter decidido "ferrar" as pessoas com as quais os programadores ou sua empresa estão zangados. Isso explicaria por que as buscas por casais negros ou casais gays resultam no que você buscou, ao passo que as buscas por casais brancos ou casais heterossexuais são dominadas por seus opostos. Explicaria por que as pessoas interessadas em fotos de casais asiáticos não precisam ser irritadas nem reeducadas, ao passo que as pessoas que buscam por "casais brancos" precisam. Do mesmo modo, pessoas heterossexuais de ascendência asiática não precisam ser expostas à diversidade de casais interraciais ou ouvir que esses casais são não meramente normais, mas mais normais que os outros, nem ser expostas a fotos de gays. Se uma pessoa buscar "casal asiático", verá vários casais asiáticos heterossexuais e felizes, jovens e velhos. Em nenhum momento o Google tentará reprogramar sua visão sobre o que é um casal ou como é um relacionamento normal.

Em algum lugar do código, houve a muito deliberada tentativa de contrariar, desconcertar, desorientar ou irritar as pessoas que buscam por certos termos. Parece que o Google quer oferecer o serviço do qual se orgulha para alguns, mas não para os que possam estar buscando casais heteronormativos ou caucasianos; essas pessoas obviamente já têm um problema e precisam ser frustradas em suas tentativas de acessar o tipo de material que estão buscando. Elas precisam receber um gigantesco e tecnológico foda-se. Tudo no interesse da justiça, obviamente. É a mesma coisa que o *New York Times* está fazendo com suas intermináveis matérias sobre executivos gays e bailarinos gays. Mas isso está sendo feito no Vale do Silício em tom e velocidade que tornam suas ações muito menos negáveis.

Busque por "família negra" e você verá famílias negras sorridentes do começo ao fim, sem ao menos uma família interracial à vista. Digite "família branca", em contrapartida, e três das cinco imagens da primeira linha serão de famílias negras ou interraciais. Logo em seguida, será uma família negra após a outra.

Parece que, a fim de livrar os computadores do tipo de viés de que os seres humanos sofrem, eles foram programados para criar um não viés. Todavia, isso gera uma versão deturpada da história e uma nova camada de viés, deliberadamente injetada no sistema por pessoas determinadas a atacar outras pessoas, que veem como tendo vieses particulares. Na intenção de excluir os vieses humanos, os seres humanos encheram o sistema de vieses.

O problema com isso não é somente que as pessoas não obterão aquilo que querem das ferramentas de busca. As pessoas estão acostumadas a nosso cenário midiático. Ao ler o *New York Times* ou o *Guardian*, você conhece as inclinações particulares que o jornal pode ou não ter, e pode escolher ser ou não seu leitor. Do mesmo modo, se estiver lendo *The Daily Telegraph*, *The Economist* ou *New York Post*, você conhece a direção que o jornal, seus editores, jornalistas e mesmo proprietários podem seguir. Mesmo que essas atitudes e visões não sejam iguais às suas, o leitor familiarizado pode selecionar o que é útil para ele enquanto lê, porque conhece a posição da publicação.

Porém, até agora, assumia-se que os mecanismos de busca eram um espaço "neutro". Esperávamos que gerassem alguns resultados esquisitos, mas não linhas editoriais inteiras — quem dirá linhas editoriais claramente inclinadas em certas direções. É como se um jornal de referência se revelasse bastante confiável em termos de notícias estrangeiras, extraordinariamente tendencioso na cobertura doméstica e deixasse claro, nas páginas de esporte, que qualquer um que goste de esportes deve ser repreendido e punido por seus erros.

Certamente, é possível que, conforme as pessoas se tornem mais hábeis com as mídias sociais, elas passem a usar os motores de busca adequados a suas necessidades específicas, da mesma maneira que tendem a consultar os veículos de notícias que se encaixam, em linhas gerais, a suas necessidades e a sua visão de mundo. Ou é possível que as empresas tecnológicas tenham algum grau de sucesso e a versão das coisas que tentam impor se torne ampla

INTERLÚDIO

ou totalmente aceita. Seria muito ruim se uma ou duas gerações futuras pensassem que seu país sempre foi como é agora? E que pessoas negras e brancas tinham uma distribuição bastante equânime na Europa do século XVII? Seria muito ruim se os heterossexuais se sentissem mais confortáveis em relação aos gays, incluindo imagens de pessoas gays demonstrando afeto? Ou se jovens héteros pensassem que 50% ou mais das pessoas são gays? É possível ver com que facilidade essas correções de viés podem ser introduzidas. Se houvesse uma chance genuína de diminuir o racismo, o sexismo ou o sentimento antigay, quem não desejaria aproveitá-la com cada ferramenta e mecanismo a sua disposição?

O grande problema com essa atitude é que ela sacrifica a verdade na busca por um objetivo político. De fato, ela decide que a verdade é parte do problema, uma barreira a ser superada. Assim, quando se descobre que a diversidade e a representação eram inadequadas no passado, isso pode ser solucionado muito facilmente através da modificação do passado. Alguns usuários do mecanismo de busca mais popular do mundo certamente já notaram esse processo. Alguns podem ter notado parte dele. Mas a maioria das pessoas, em seu cotidiano, use Google, Twitter ou qualquer outro produto das grandes empresas tecnológicas, pode simplesmente ter a sensação de que algo estranho está acontecendo, de que elas estão recebendo coisas que não pediram, alinhadas com um projeto para o qual não se inscreveram, em busca de um objetivo com o qual podem não concordar.

3

Raça

Quando Martin Luther King Jr. falou à multidão nos degraus do Lincoln Memorial em Washington, DC, em 28 de agosto de 1963, ele não somente apelou às bases de justiça dos valores e princípios fundacionais dos Estados Unidos, como também apresentou a mais eloquente defesa já feita sobre a maneira correta de tratar outros seres humanos. Ele falou séculos depois de os negros norte-americanos serem primeiramente escravos e então cidadãos de segunda classe, em uma época na qual leis racistas ainda estavam presentes na legislação dos estados norte-americanos. As leis de segregação racial, incluindo as leis antimiscigenação, ainda estavam em vigor, punindo casais que se apaixonavam a despeito de seus *backgrounds* raciais diferentes.

O grande insight moral do dr. King foi que, no futuro com o qual ele sonhava, seus filhos um dia "viveriam em uma nação na qual não serão julgados pela cor de sua pele, mas por seu caráter". Embora muitas pessoas tenham tentado viver à altura dessa esperança e muitas tenham conseguido, em anos recentes desenvolveu-se uma insidiosa corrente que escolheu rejeitar o sonho do dr. King e insiste que o caráter não é nada quando comparado à cor da pele. Decidiu-se que a cor da pele é tudo.

Em anos recentes, o mundo se tornou consciente de um dos esgotos remanescentes nos quais esse perigoso jogo é jogado. Desde a eleição presidencial norte-americana de 2016, houve intensa atenção da mídia aos remanescentes de supremacismo e nacionalismo branco que permanecem nos Estados Unidos e em parte da Europa. Mas a atitude geral em relação a essas pessoas é consensual. Há pouco apoio para os jogos que elas estão jogando com os materiais mais sombrios da história. Quase toda resposta midiática e política condena inequivocamente o racismo exibido por pessoas que prosseguem no etnonacionalismo.

Entretanto, o grande desvio do sonho do dr. King não veio delas. Ele veio de pessoas que quase certamente acreditam estar seguindo pelo mesmo caminho que ele esboçou nos degraus do Lincoln Memorial em 1963. Em nome do antirracismo, essas pessoas transformam a raça, uma de muitas questões importantes, em algo mais importante que qualquer outra coisa. Quando a questão da raça parecia finalmente superada, elas decidiram transformá-la mais uma vez na questão mais importante de todas.

ACADEMIA

Como outros estudos de interesses especiais, as décadas desde a de 1960 viram o crescimento dos "estudos negros" nas universidades nos Estados Unidos. Como outros estudos de identidade de grupo, eles inicialmente surgiram como maneira de desestigmatizar o grupo em questão e educar as pessoas sobre um aspecto crucial de sua história. Como os "estudos *queer*" e os "estudos das mulheres", os "estudos negros" pretendiam enfatizar uma versão específica da história, da política, da cultura e da literatura. Assim, os cursos de literatura negra falavam de escritores negros que podiam não ser estudados em outros cursos literários. Figuras políticas negras podiam receber destaque em um curso de história negra e ser ignoradas em uma revisão mais ampla de uma era ou lugar. O fato de que essas áreas de estudo surgiram depois que autores e políticos já haviam entrado em todos os outros currículos foi uma peculiaridade. Isso significou que, em um momento no qual as diferenças raciais estavam diminuindo, elas subitamente foram isoladas em seções de interesses especiais: a "literatura negra", assim como a "literatura gay" e a "literatura das mulheres", agora tem uma seção própria nas livrarias e bibliotecas.

Como no caso do feminismo, quando os estudos negros chegaram a algo como um ponto de vitória e a igualdade racial parecia maior que nunca, uma nova e fervorosa retórica e um novo e fervoroso conjunto de ideias entraram na disciplina. Assim como um ramo popular do feminismo abandonou a celebração das mulheres e começou a vilificar os homens, uma parte dos estudos negros começou a atacar as pessoas não negras. Uma disciplina surgida para desestigmatizar começou a reestigmatizar. O equivalente racial do feminismo de quarta onda ocorreu a partir do crescimento dos "estudos da brancura", uma disciplina agora ensinada em todas as universidades norte-americanas da Ivy League e em universidades da Inglaterra à Austrália. Essa descendente da teoria crítica da raça viu a Universidade do Wisconsin, em Madison, fornecer um curso intitulado "O problema da brancura", ao passo que na Universidade de Melbourne, na Austrália, os acadêmicos fizeram pressão para que os "estudos da brancura" se tornassem parte compulsória do ensino em campos totalmente desconectados. Qualquer um que tenha sido forçado a ingerir sua interseccionalidade reconhece o argumento instantaneamente.

A *Research Encyclopedia* da Universidade de Oxford descreve os estudos da brancura como:

> Um campo de estudo em crescimento cujo objetivo é revelar as estruturas invisíveis que produzem supremacia e privilégio brancos. Os estudos críticos da brancura pressupõem certa condição de racismo, conectada à supremacia branca.

Eles certamente "pressupõem" isso, mas a autora dessa entrada — a professora da Universidade de Syracuse Barbara Applebaum —, como outros em seu campo, agora ganha a vida com essa pressuposição. Em seu livro de 2011 *Being White, Being Good: White Complicity, White Moral Responsibility and Social Justice Pedagogy* [Ser branco, ser bom: cumplicidade branca, responsabilidade moral branca e pedagogia da justiça social], Applebaum explica como mesmo pessoas brancas reconhecidamente antirracistas ainda podem ser racistas. É que frequentemente são racistas de maneiras que ainda não perceberam. Entre muitas outras coisas, Applebaum pede que os estudantes brancos aprendam a ouvir outras pessoas, admitam sua "cumplicidade" com o racismo e, a partir daí, aprendam a "construir alianças". Pois essa não parece ser meramente uma área de estudo acadêmico. Na visão de Applebaum — como demonstrado na *Oxford Encyclopedia* —,

A LOUCURA DAS MASSAS

trata-se de uma campanha declarada, com todas as marcas distintivas não da educação, mas da reeducação. É como um "teste de viés implícito" sendo aplicado por alguém que já decidiu que você é culpado.

Applebaum fala de "enfatizar a importância da vigilância entre as pessoas brancas", de ensinar a elas "o significado do privilégio branco" e como ele "está conectado à cumplicidade com o racismo". É claro, tudo isso não existe em um vácuo. Existe em uma situação na qual o racismo é "desenfreado" e tem "efeitos violentos [...] como demonstrado na mídia por numerosos atos de violência racial", acrescenta ela, de maneira ligeiramente anticlimática. A *Oxford Encyclopedia* é clara sobre o objetivo desses estudos. Ao passo que os estudos negros celebram os escritores negros e a história negra, e os estudos gays colocam em evidência figuras históricas gays, os "estudos da brancura" estão longe de ser laudatórios — se é que são estudos. Os "estudos da brancura", declara Applebaum orgulhosamente, estão "comprometidos com o fim do racismo a partir da problematização da brancura". Isso deve ser feito "como corretivo". Assim, enquanto todos os outros campos de estudo de raça possuem um espírito de celebração, o objetivo desse campo é "problematizar" milhões e milhões de pessoas.

Citando a observação de 1903 de W. E. B. Du Bois de que a "linha de cor" é a característica definidora da sociedade estadunidense, ela escreve que "a menos que as pessoas brancas aprendam a reconhecer, em vez de negar, como os brancos são cúmplices do racismo, e até que desenvolvam uma consciência que questione criticamente as estruturas da verdade e as concepções de 'bom' por meio das quais entendem seu mundo social, o insight de Du Bois continuará a ser verdadeiro".

É claro que é possível dizer que aquilo que continuará ainda mais verdadeiro é que definir todo um grupo de pessoas, suas atitudes, dificuldades e associações morais com base unicamente em suas características raciais é, em si, uma demonstração bastante clara de racismo. Para que a "brancura" seja "problematizada", as pessoas brancas devem ser apresentadas como problema. E não somente em um nível acadêmico, abstrato, mas no negócio prático e cotidiano de julgar outras pessoas. Como ocorre com tanta frequência, essa progressão de uma ideia da academia para o restante da sociedade encontrou suas demonstrações mais proeminentes no mundo das celebridades, que, como toda outra área da vida, passou de não se importar com a raça a se mostrar obcecado por ela.

"PROBLEMATIZANDO" ARMIE HAMMER

Considere o caso do ator Armie Hammer. Sua proeminência aumentou em 2017, com o filme romântico gay *Me chame pelo seu nome*. Infelizmente, para sua reputação, Hammer não é gay. Mas é homem, e branco, de modo que, quando o filme começou a receber aclamação da crítica e foi indicado para prêmios, ele não tinha nenhuma defesa. O *Buzzfeed* escolheu publicar um artigo de 6 mil palavras intitulado "Dez longos anos tentando transformar Armie Hammer em sucesso". Raça e política racial podiam agora ser transformadas em armas para envenenar absolutamente tudo. Como a colunista cultural sênior do *Buzzfeed* disse no subtítulo do artigo, "Quantas segundas chances um ator branco e bonito recebe?". De acordo com Anne Helen Petersen, o astro tinha "a altura, o cabelo e a boa aparência que levariam diretores a compará-lo a Gary Cooper. Ele também se comportava da maneira como aqueles que cresceram com dinheiro frequentemente se comportam: com confiança e carisma ou, se formos menos generosos, como um babaquinha". A escritora zombou dos vários projetos de que Hammer participou e foram abandonados ou não foram bem recebidos. Depois que ele foi selecionado para interpretar um jovem Bruce Wayne em uma adaptação de *Liga da Justiça: Mortal*, da DC Comics, o projeto foi abandonado: "subitamente, [seu] caminho para o estrelato chegou ao fim". Em um tom de indisfarçada satisfação, Petersen listou "faroestes ruins", "fracassos de bilheteria", "filmes de prestígio" que haviam se mostrado "monótonos", uma das maiores "bombas de todos os tempos" e um favorito ao Oscar que se tornara um mero "bipe no radar da temporada de prêmios". A despeito de tudo isso, ela reclamou que a equipe publicitária de Hammer jamais "desistira de tentar transformá-lo em sucesso".

O ponto desse interminável artigo — escrito por uma mulher branca — parecia ser atacar Hammer não somente por ter fracassado, mas por ser branco; especificamente, pelo "privilégio" que Petersen pareceu ter em cada estágio de sua carreira. A explicação de Hammer ainda estar no circuito apesar de não agradar à colunista do *Buzzfeed* é o fato de que "Hollywood jamais desistiria de um homem tão bonito, tão alto, tão branco, com um queixo tão quadrado". Novamente: "Ninguém recebe tantas segundas chances em Hollywood quanto homens brancos heterossexuais." E novamente: "No fim das contas, o problema não é que Armie Hammer tenha obtido todas essas chances de fazer sucesso. É o sistema que assegurou essas chances a ele — juntamente com aquelas dadas a tantos outros homens brancos — e não oferece chances, concessões ou fé àqueles que precisam e mais se beneficiariam delas."[1]

Hammer respondeu no Twitter: "Sua cronologia está correta, mas sua perspectiva é muito amarga. Talvez eu seja somente um cara que ama seu trabalho e se recusa a fazer qualquer outra coisa [...]?" E então saiu do Twitter. Outros vieram em sua defesa. Um usuário do Twitter enfatizou que Hammer passara os dois últimos anos promovendo "roteiros e cineastas negros e gays. Ele é um dos mocinhos". Mas um crítico de cinema e TV da revista *Forbes* atacou aqueles que defendiam Hammer: "Pergunte a si mesmo se você defende atores/atrizes de cor com a mesma intensidade. Se não defender, faça o favor de calar a boca." Outros lembraram a todos que Luca Guadagnino, o diretor de *Me chame pelo seu nome* (que ao menos é gay), fora criticado por não selecionar atores gays para papéis gays no filme.[2] Durante uma entrevista, Guadagnino tentara explicar que queria selecionar pessoas com a química certa, e não com a sexualidade certa. Em sua defesa, ele enfatizou que era "fascinado pela teoria de gênero" e que estudara a teórica norte-americana Judith Butler "durante muito tempo".[3] Isso pareceu livrá-lo da encrenca. Mas a "problematização" de um ator branco se provou um imbróglio muito típico de nossa era.

Embora algumas pessoas possam pensar que um ator como Hammer consegue lidar com isso — que, mesmo não estando no topo da profissão, ele se saiu melhor que muitos atores e foi bem recompensado —, ainda há o problema de que "problematizar a brancura" significa "problematizar as pessoas brancas". Em vez de remover a tensão, parece claro que, quando jogos raciais como esse se tornam comuns, eles intensificam uma situação na qual tudo passa a ser considerado não meramente em termos raciais, mas nos termos mais agressivamente racistas possíveis.

RAÇA

Mesmo o antirracismo se torna racista. Um dos princípios primários do antirracismo em décadas recentes foi a ideia de "cegueira racial", com a qual Martin Luther King Jr. sonhou em 1963. A ideia de que a cor da pele deveria se tornar um aspecto tão desimportante da identidade de uma pessoa que seria possível ignorá-la completamente, além de ser uma bela ideia, talvez seja a única solução disponível para impedir que a raça permeie cada aspecto da interação humana no futuro. Todavia, mesmo esse conceito se viu sob ataque em anos recentes. Eduardo Bonilla-Silva, por exemplo, presidente da Associação Americana de Psicologia e professor da Universidade Duke, disse que a própria noção de sociedade "racialmente cega" faz parte do problema. Em sua guerra contra o conceito de "cegueira racial", Bonilla-Silva declarou que ele é, em si, um ato de racismo. Em seu livro de 2003 *Racism without Racists* [Racismo sem racistas], reimpresso quatro vezes até agora, Bonilla-Silva até mesmo cunhou o termo "racismo de cegueira racial". Outros acadêmicos expandiram esse argumento.

Em 2018, na Grã-Bretanha, centenas de professores universitários em início de carreira tiveram de frequentar workshops para se conscientizar de seus "privilégios brancos" e reconhecer que sua "brancura" podia torná-los racistas sem saber. Em universidades de todo o país, eles foram convidados a concordar que pessoas brancas gozam de vantagens que não conquistaram por causa da cor de sua pele e que funcionários, estudantes e colegas negros são rotineiramente discriminados. Durante uma dessas sessões na Universidade de Bristol, organizada pelo Grupo Consultivo para Funcionários Negros, Asiáticos e Pertencentes a Minorias, um palestrante prometeu que sua instituição convidaria os professores a "examinar e reconhecer o papel destrutivo da brancura".[4] Essas ideias tiveram início nos Estados Unidos, que tem uma história muito diferente de relações raciais. No entanto, uma das coisas fascinantes sobre o racismo dos antirracistas é que ele presume que as relações raciais são as mesmas por toda parte e que instituições que provavelmente são as menos racistas da história estão, na verdade, à beira do genocídio racista.

Como Greg Lukianoff e Jonathan Haidt demonstraram em seu livro de 2018, *The Coddling of the American Mind* [Mimando a mente americana], o catastrofismo se tornou uma das atitudes distintivas de nossa era. Assim como se disse às mulheres que vivemos em uma cultura tão repleta de violência sexual que pode ser descrita como "cultura do estupro", as pessoas se comportam como se vivessem em uma sociedade à beira do hitlerismo. Uma peculiaridade, em ambos os casos, é que as alegações mais extremadas são feitas nos lugares em que tal catástrofe é menos provável. Assim, ao passo que há países no mundo que podem ser descritos como tendo algo parecido com uma "cultura do estupro" (na qual ele não é criminalizado e pode mesmo ser sancionado pelas leis), as democracias ocidentais não podem ser racionalmente acusadas de estar entre eles. Do mesmo modo, embora haja lugares no mundo em que o racismo é abundante e existam sociedades que poderiam, em algum momento, se aproximar de algum tipo de pesadelo racial, certamente um dos lugares com menos probabilidade de iniciar uma limpeza étnica no estilo da Alemanha da década de 1930 é uma faculdade de artes liberais em um país liberal como os Estados Unidos. Estranhamente, é precisamente em tais lugares que as alegações mais extremadas são feitas e os comportamentos mais extremados são encontrados.

"DESCOLONIZANDO" EVERGREEN

Durante décadas, a Faculdade Estadual Evergreen, em Olympia, Washington, manteve uma tradição conhecida como "dia da ausência". Retirada de uma peça homônima de 1965 escrita por Douglas Turner Ward, a ideia era que, uma vez por ano, todos os estudantes e professores negros (mais tarde, todas as pessoas de cor) se ausentassem do *campus*, parcialmente para se reunir e discutir questões relevantes, parcialmente para enfatizar sua contribuição para a comunidade como um todo. Essa tradição continuou até 2017, quando se anunciou que, naquele ano, o "dia da ausência" seria invertido. Os organizadores gostariam que todas as pessoas brancas ficassem ausentes do *campus* por um dia.

Um membro da equipe da faculdade — o professor de biologia Bret Weinstein — objetou. Tendo ensinado na faculdade, juntamente com a esposa, durante quatorze anos, ele não via problema no arranjo anterior. Como observou em uma mensagem enviada para a lista de e-mails da universidade:

Há uma grande diferença entre um grupo ou coalizão que decide se ausentar voluntariamente de um espaço partilhado a fim de enfatizar seu papel vital e subvalorizado (o tema da peça *Day of Absence* de Douglas Turner Ward, assim como da recente ausência durante o Dia das Mulheres) e um grupo que é encorajado por outro grupo a se ausentar. O primeiro é um intenso chamado à consciência que, claro, é prejudicial à lógica da opressão. O segundo é uma demonstração de força e um ato de opressão em si e por si mesmo.

Weinstein disse que ele, de qualquer modo, não seria forçado a se ausentar do *campus* naquele dia. "O direito de falar — ou ser — de alguém jamais deve ser baseado em sua cor de pele." Era o que ele achava.

Sendo progressista, esquerdista e apoiador de Bernie Sanders, Bret Weinstein não é uma pessoa óbvia à qual se fazer acusações de racismo. Mas elas foram feitas mesmo assim. Quando seu e-mail se tornou público, um grupo de estudantes se organizou em frente a sua sala. Ele tentou engajá-los em uma discussão civilizada, esclarecer o mal-entendido e argumentar. Os resultados foram filmados pelos celulares de vários estudantes. Weinstein tentou mostrar que havia diferença "entre debate e dialética": "o debate significa que você está tentando vencer. A dialética significa que está usando discordância para revelar a verdade. Não estou interessado em debate. Estou interessado somente em dialética, que significa que eu ouvirei vocês e vocês me ouvirão." A sugestão não foi bem aceita pelos estudantes reunidos. "Não damos a mínima para o que você tem a dizer", gritou uma jovem enquanto Weinstein mantinha a cabeça entre as mãos. "Não estamos falando em termos de privilégio branco." Outros zombaram e gritaram, e a coisa ficou feia. "Isso não é uma discussão", gritou um estudante. "Você perdeu."

Weinstein perseverou: "Estou falando em termos que servem à verdade." Seu comentário foi imediatamente saudado com fungadelas de escárnio e risadas: "Você disse uma merda racista", gritou um estudante. "Foda-se pro que você tem a dizer." De qualquer modo, com aquela gritaria, ninguém conseguiria ouvir. "Vocês querem ouvir ou não?", perguntou alguém aos estudantes. Somente para receber um ressonante "não". Uma estudante gritou: "Pare de dizer às pessoas de cor que elas são inúteis. Você é que é inútil. Vá embora. Foda-se, seu merda."[5]

A situação deslanchou. A polícia foi chamada e então insultada pelos estudantes, que começaram a correr em grupos pelo *campus*. Um grupo se reuniu em frente ao escritório de George Bridges, o presidente da faculdade, com cânticos de "poder negro" e "é hora, é hora de professores racistas irem embora". Em um vídeo, um estudante negro de cabelo cor-de-rosa instrui os colegas a assegurar que Bridges e outros funcionários não saíssem do escritório da presidência. Mais tarde, esse mesmo estudante explicou que "a liberdade de expressão não é mais importante que as vidas de negros, trans, mulheres e estudantes do *campus*". Finalmente, os estudantes ocuparam o escritório do presidente e se recusaram a permitir que Bridges saísse. Em certo momento, ele anunciou que precisava ir ao banheiro, mas não recebeu permissão. "Preciso urinar", implorou ele. Um estudante respondeu, simplesmente: "Segure." Por fim, concordaram que ele poderia ir ao banheiro, mas somente se dois estudantes o acompanhassem.[6] Para pessoas aparentemente preocupadas com o fascismo, esses estudantes se provaram surpreendentemente bons em se organizar e se comportar como tropas de choque.

Outras filmagens de celular, feitas mais tarde, mostram o presidente (que, como produto das ciências sociais, passara toda a carreira defendendo a justiça social) suplicando aos estudantes em outro local do *campus*. Enquanto ele tentava argumentar, eles responderam coisas como: "Foda-se, George, não queremos ouvir nada do que você tem a dizer. Cale a boca." Uma mulher tentou explicar ao presidente que "essas pessoas estão furiosas. O que importa é o que estão dizendo, não como estão dizendo". Há gritos de "privilégio branco" e, enquanto assentia pensativamente, o presidente da faculdade foi insultado por estudante após estudante. Uma estudante negra o acusou de tentar simplificar as coisas: "Não somos simplórios. Somos adultos. E eu digo que vocês estão falando com seus antepassados. Estávamos aqui antes de vocês. Construímos essas cidades. Tivemos uma civilização antes que vocês saíssem de suas cavernas."

"Como você ousa desumanizar...", disse alguém. Outro alguém interrompeu para mencionar a opressão dos "travestis", porque existe "perseguição dos travestis". "É!", gritaram alguns, mas havia menos aplausos para os travestis que para qualquer coisa relacionada à raça. Finalmente, a reunião terminou quando vários estudantes se aproximaram de Bridges e começaram a gritar, com um deles, muito corpulento, agitando os braços de maneira ameaçadora. Logo em seguida, o presidente humildemente usou as mãos para tentar enfatizar seu argumento. "Abaixe as mãos, George", instruiu um estudante. "Não aponte, George. Isso não é apropriado", avisou outro. Um estudante se aproximou e mostrou como ele deveria ficar, com as mãos ao lado do corpo, quando falasse com eles. "Abaixe as mãos. Você sabe que tem de abaixar as mãos", gritaram alguns. Quando ele fez exatamente o que foi instruído a fazer, houve risos audíveis.[7] Não se trata de um som de alívio porque passou o perigo do dedo apontado, mas da exultação de pessoas que conseguiram que um homem muito mais velho e muito mais experiente se humilhasse perante elas.

Durante outra reunião com os estudantes, foi feita a exigência de que o presidente não gesticulasse. "Abaixe as mãos", exigiu uma jovem. "Esse problema é meu, George", disse outra aluna negra. "Continue a gesticular ou o que bem entender. Vou descolonizar esse espaço. Vou andar por aí." Todo mundo aplaudiu e comemorou. "Minhas mãos estão abaixadas", jurou Bridges, e tentou continuar o diálogo com as mãos cruzadas às costas, enquanto a jovem caminhava de um lado para o outro, "descolonizando" o espaço.[8]

Conforme aumentava o clima de rebelião no *campus*, os alunos de Evergreen convenceram a si mesmos e uns aos outros de que enfrentavam um professor e uma instituição abertamente racistas. Rapidamente, gangues portando bastões de beisebol e outras armas começaram a patrulhar o *campus*, atacando e intimidando pessoas e, aparentemente, planejando ferir o professor Weinstein e sua família, que viviam em frente à faculdade. A ameaça de violência se tornou tão grande que o *campus* ficou fechado durante dias. A polícia foi proibida de impor a lei e se trancou na delegacia, embora os policiais tivessem telefonado para Weinstein e lhe dito que ficasse longe do *campus* e mandasse esposa e filhos para outro local, para sua própria segurança. No dia seguinte à cena em frente a sua sala, a polícia disse a Weinstein que manifestantes estavam fazendo uma busca de carro em carro, pedindo para ver documentos de identificação, porque queriam encontrá-lo. Seus próprios alunos — e outros suspeitos de terem opiniões

A LOUCURA DAS MASSAS

divergentes — foram perseguidos e incomodados pelas gangues. Um estudante manteve seu telefone filmando enquanto era atacado por um grupo. Após o incidente, uma jovem envolvida no ataque alegou que eles o haviam confrontado porque ele estava "escrevendo palavras de ódio".[9]

Dizer que Evergreen ficou racialmente obcecada nesse período é um grande eufemismo. Durante uma reunião subsequente do conselho administrativo, um estudante branco relatou: "Disseram-me várias vezes que não posso falar porque sou branco. Essa faculdade parece focar tanto em raça que está se tornando racista de uma maneira diferente."[10] Mas outros estudantes assumiram posturas distintas. Uma jovem branca (e de cabelo cor-de-rosa) entrevistada disse: "Não me importo mais com Bret. Por mim, ele pode continuar a ser um merda racista. Com sorte, a longo prazo, conseguiremos nos livrar de gente como ele."[11]

Weinstein nunca mais lecionou em Evergreen. Somente um de seus colegas acadêmicos em Evergreen se manifestou publicamente por seu direito de assumir a posição que assumiu. Após alguns meses, ele e a esposa fizeram um acordo com a faculdade e deixaram os cargos.

Uma dissertação inteira poderia ser escrita sobre o que aconteceu em Evergreen, o que os estudantes e outros realmente acharam que estava acontecendo, o catastrofismo, as alegações sem nenhuma semelhança com os fatos prováveis, a autoatribuição de direitos [entitlement] disfarçada de criação de campo de jogo nivelado, a transformação de palavras em violência, e de violência em palavras.

Mas os eventos de Evergreen não são assim tão incomuns nos campi norte-americanos. Eles são somente uma extensão de um movimento que chegara à atenção pública dois anos antes, na Universidade de Yale. Transformar incidentes racistas em catástrofes se tornou tão comum que não surpreende que os alunos de Evergreen tenham achado que podiam passar para o estágio seguinte. Todas as vezes que fizeram isso, descobriram que os adultos tinham saído da sala ou (se não tinham) estavam dispostos a receber instruções.

Em 2015 — dois anos antes dos eventos em Evergreen —, uma professora de Yale, Erika Christakis, questionou em um e-mail se era apropriado que os administradores aconselhassem os estudantes sobre o que vestir nas festas de Halloween. A isso se seguiu uma nova rodada da guerra de Halloween nos *campi*, na qual o medo de fantasias insensíveis e possivelmente culpadas de apropriação cultural se tornou o aspecto central dessa celebração anual. Como resultado do e-mail de Erika, dezenas de estudantes cercaram seu marido Nicholas (também professor) no pátio da Faculdade Silliman, onde ele era diretor. Durante várias horas, eles o insultaram e o acusaram, bem como com sua esposa Erika, de racismo. Novamente, os estudantes ligaram a câmera dos celulares.

No início do incidente, uma estudante negra disse a Nicholas Christakis que "Este já não é um espaço seguro para mim", porque as palavras dele e o e-mail de sua esposa eram "um ato de violência". Durante todo o tempo, Christakis foi brando, apaziguador e solícito. Visivelmente tentou conversar com os estudantes e mostrar que havia pontos de vista além dos seus. Não funcionou. Uma estudante negra começou a chorar e a gemer durante o diálogo. Tudo que Christakis tentou dizer foi em vão. Quando ele tentou explicar que tinha uma visão de humanidade comum, algumas pessoas riram como seus contemporâneos fariam mais tarde em Evergreen. Outras aguardaram o momento certo para atacar. Christakis tentou explicar sua visão de que, mesmo que duas pessoas não partilhem exatamente as mesmas experiências de vida, cor de pele ou gênero, elas ainda podem se entender. Não funcionou. Em certo momento, ele sorriu e foi repreendido por sorrir.

"Fico enjoada só de olhar para você", gritou uma jovem de Yale. Um estudante negro muito alto se aproximou e instruiu: "Olhe para mim. Olhe. Para. Mim. Entenda uma coisa, eu e você não somos a mesma pessoa. Somos humanos, ótimo, que bom que entendemos isso. Mas suas experiências jamais se conectarão às minhas." Os estudantes em torno começaram a estalar os dedos (a alternativa "não agressiva" ao aplauso). "Não é preciso empatia para que você entenda que está errado", explicou o estudante. "Mesmo que jamais possa sentir o que eu sinto. Mesmo que ninguém jamais tenha sido racista com você, porque ninguém pode ser racista com você, isso não significa que você pode agir como se não estivesse sendo racista." Christakis ouviu do mesmo estudante que a situação "não requer que você sorria". Quando ele polidamente disse que concordava com uma colocação, um estudante gritou que sua concordância não era necessária ou desejada. "Isso não é um debate. Não é um debate", gritou outra. "Quero que você perca o emprego. Entendeu? Em primeiro lugar, olhe para mim." A estudante disse o quanto o achava "nojento" e que o deixaria ali com "suas crenças doentes ou o que quer que sejam".[12]

Finalmente, Christakis explicou aos estudantes que outras pessoas também tinham direitos, não somente elas. Nesse momento, enquanto se ouviam murmúrios de "Ele não merece ser ouvido", outra jovem negra — cuja vociferação se tornou viral — começou a acusar o professor de tornar "o espaço inseguro". Ele tentou responder. Ela ergueu a mão e gritou "Fique em silêncio!", e continuou: "Na posição de diretor, seu trabalho é criar um lugar confortável, um lar para os estudantes que vivem em Silliman. Você não fez isso. Pois enviar aquele e-mail vai contra sua posição como diretor. Você entende isso?" Christakis tentou dizer: "Não, não concordo." Então, a plenos pulmões, enfurecida, a aluna gritou: "Então por que aceitou o cargo? Quem contratou você?" Ele tentou novamente: "Porque tenho uma posição diferente da sua." Isso não a aplacou. Ela continuou gritando: "Você devia pedir demissão. Se é isso que você pensa sobre ser diretor, devia pedir demissão. Não se trata de criar um espaço intelectual. Não é isso. Você entende? Trata-se de criar um lar aqui. Você não está fazendo isso." Antes de se afastar, ela gritou mais uma vez: "Não sei como consegue dormir à noite. Você é nojento."[13]

Vale lembrar que tudo isso foi sobre fantasias de Halloween e se as autoridades universitárias deveriam ou não infantilizar seus alunos ao lhes dizer o que vestir. Após assistir a esse espetáculo em Yale, a maioria das pessoas que não frequentaram a universidade poderia se perguntar como aqueles estudantes enfrentarão a vida, se acham tão difícil enfrentar o Halloween.

Ao contrário do caso Weinstein, alguns colegas apoiaram Erika e Nicholas Christakis. Mesmo assim, no fim do ano Christakis deixou o cargo de diretor da faculdade e sua esposa pediu demissão.

O fato de que os alunos de Yale foram capazes de censurar e xingar seus professores em público e fazer com que agissem exatamente da maneira que queriam e, por fim, deixassem seus empregos foi significativo. Talvez tenha aumentado a ousadia dos estudantes em Evergreen e outros lugares. Mas o mais surpreendente na filmagem desses eventos é que fica ultrajan-

RAÇA

temente claro que se trata de jogos de poder. Por mais sinceros que alguns estudantes pudessem ser, é evidente sua surpresa com o fato de os adultos serem tão fáceis de manipular. Isso e certo alívio com a descoberta de que a universidade (em vez de ser um período de estudos rigorosos) consiste em um processo de alegações extremadas e exigências insensatas.

Em um artigo publicado depois que as coisas se acalmaram, Christakis tentou explicar o que a universidade deveria ser e que era seu dever "cortar pela raiz um conjunto de ideias totalmente antiliberais": "discordância não é opressão. Argumento não é ataque. Palavras — mesmo palavras provocativas ou repugnantes — não são violência. A resposta às palavras das quais não gostamos são mais palavras".[14]

O sentimento não pegou. Um ano depois da intervenção escrita de Christakis, foi realizado na Universidade Rutgers um painel de discussão sobre política identitária que incluía o professor Mark Lilla e o empreendedor e comentarista libertário negro Kmele Foster. Em suas observações, Foster fez uma defesa passional da proteção à liberdade de expressão, explicando aos estudantes reunidos que, na década de 1960, grupos minoritários a haviam empregado para lutar pelos direitos civis e que "foi essencial, para eles, ser capazes de contar com esses direitos a fim de defender suas ideias". Foster comentou que Martin Luther King Jr. escrevera sua carta de uma prisão em Birmingham porque fora preso justamente por violar os códigos de expressão. Nesse momento, parte da plateia em Rutgers se virou para o palestrante negro e começou a cantar "vidas negras importam". Um membro negro da plateia que começara a gritar com Foster foi respondido com uma pergunta simples: "Os fatos importam?" Seu interlocutor gritou de volta: "Não me venha com fatos. Não preciso de fatos." E continuou: "O colonialismo é o problema [...] o fato de que um grupo de pessoas controla outro grupo de pessoas." Durante tudo isso, outro membro da plateia segurava um cartaz que dizia: "A supremacia branca é o problema."[15] Finalmente, o palestrante negro foi capaz de concluir sua apresentação.

O que essas e muitas outras reações similares revelam faz parte de uma corrente muito mais profunda de pensamento. Trata-se da ideia — que vem circulando entre políticos e radicais negros há anos — de que, como tudo é estabelecido pela estrutura hegemônica branca, tudo relacionado a essa estrutura está permeada de racismo implícito ou explícito e, consequentemente, precisa ser destruído. Se alguma parte do sistema permanecer, não se poderá chegar à justiça social. Foi por isso que, em 2018, a revista da comunidade negra *The Root* publicou uma matéria de Michael Harriot que criticava as pessoas brancas que se queixavam da falta de "diversidade de ideias". "Precisamos reconhecer", disse o autor, "que as pessoas brancas têm talento para o papel de vítima." Ele explicou que "o caucasianismo está em sua imediata rejeição de qualquer objeto que possa constituir uma ameaça à contínua primazia da brancura". E então chegou a seu insight central, o de que "'diversidade de ideias' é somente um eufemismo para 'supremacia branca'".[16]

E a história continua. No mesmo ano em que Kmele Foster ouviu "Não preciso de fatos", a escritora Heather Mac Donald fez uma palestra na Faculdade Claremont McKenna. A palestra em si foi feita em uma sala fechada e retransmitida por vídeo por causa do comportamento ameaçador dos estudantes. Antes do evento, uma carta foi enviada às autoridades do *campus*, com a assinatura: "Nós, os poucos estudantes negros das faculdades Pomona e Claremont." Os signatários alegavam que, se autorizada a falar, a convidada conservadora não estaria "debatendo meras diferenças de opinião, mas o direito de existir das pessoas negras". Eles a descreveram como "fascista, supremacista branca, belicista, transfóbica, *queerfóbica*, classista e completamente ignorante dos sistemas interligados de dominação que produzem as condições letais sob as quais as pessoas oprimidas são forçadas a viver". É desnecessário dizer que nada disso é verdade. Os estudantes claramente ouviram alguma versão do que Mac Donald escrevera em seu livro *The War on Cops: How the New Attack on Law and Order Makes Everyone Less Safe* [A guerra contra os policiais: como os novos ataques à lei e à ordem deixam todo mundo menos seguro], mas claramente não o haviam lido. Mesmo assim, insistiam que permitir a palestra seria "aprovar a violência contra pessoas negras" e uma atitude "antinegros". Mas o mais revelador foi a conclusão de sua peroração. Eles escreveram:

> Historicamente, a supremacia branca venerou a ideia de objetividade
> e usou a dicotomia "subjetividade *versus* objetividade" como meio

RAÇA

de silenciar as pessoas oprimidas. A ideia de que existe uma única verdade — a "Verdade" — é um constructo do Ocidente europeu que está profundamente enraizado no Iluminismo, um movimento que descreveu as pessoas negras e marrons como sub-humanas e impérvias à dor. Esse constructo é um mito e a supremacia branca, o imperialismo, a colonização, o capitalismo e os Estados Unidos são seus descendentes. A ideia de que a verdade é uma entidade que devemos buscar em questões que colocam em perigo nossa habilidade de existir em espaços abertos é uma tentativa de silenciar as pessoas oprimidas.[17]

A "Verdade" é um constructo do Ocidente europeu. É difícil pensar em uma frase ao mesmo tempo tão intensamente errônea e tão perigosa em suas implicações. Se a "Verdade" (entre aspas) é uma coisa branca, a que todos os outros devem aspirar?

De fato, a coisa preocupante sobre tais casos não é que jovens regurgitem tais posições. A coisa inquietante é que elas foram ensinadas a eles.

É claro que uma das peculiaridades da política de *campus*, incluindo o ativismo de *campus*, é que ele é fácil e tentador de ignorar. Qualquer um com certa idade pode olhar para trás e dizer que os estudantes estavam sempre se revoltando, ignorando o fato de que, até a década de 1960, a universidade não era vista como lugar para se iniciar uma carreira de ativismo ou fomentar uma revolução local — quem dirá mundial. Mas a rapidez com que as mais bizarras alegações feitas nos *campi* invadiram o mundo real agora está clara. Quando as pessoas em seguras faculdades norte-americanas de artes liberais começaram a acreditar ou fingir acreditar que o racismo era onipresente em lugares nos quais estava demonstravelmente ausente, no mundo mais amplo a obsessão com a raça — e a habilidade de dizer coisas racistas na busca por um suposto antirracismo — se tornou profundamente normalizada. Assim, como disse Andrew Sullivan, ao observarmos a loucura dos *campi* e o restante da sociedade, é impossível evitar a conclusão de que "todos vivemos em um *campus* agora".[18]

151

A LOUCURA DAS MASSAS

LOUCURAS

Como tantas outras coisas, parte disso começou de maneira perfeitamente razoável, como desejo de reparar inegáveis erros passados. Contudo, mesmo esses atos de reparação frequentemente parecem menos uma cura e mais uma reinfecção. Por exemplo, a maioria das pessoas provavelmente não vê a *National Geographic* como revista particularmente racista. Porém, para qualquer um que não tenha notado seu racismo passado, em 2018 a publicação se sentiu compelida a publicar um pedido formal de desculpas. Em uma edição inteira devotada à questão da raça, o editorial tinha o título "Durante décadas, nossa cobertura foi racista. Para superarmos o passado, precisamos reconhecê-lo". O pedido de desculpas da revista — publicada desde 1888 — incluía uma ampla variedade de questões. A editora-chefe Susan Goldberg disse que solicitara uma revisão das edições passadas e que "algumas coisas encontradas em nossos arquivos são de perder a fala". A revista descobriu que suas edições passadas eram culpadas de muitas coisas. Até a década de 1970, ela "praticamente ignorou as pessoas de cor que viviam nos Estados Unidos". Em outros locais do mundo, retratou "nativos" como "exóticos, famosa e frequentemente nus, caçadores felizes, nobres selvagens, todo tipo de clichê". Em resumo, fez "pouco para levar seus leitores para além dos estereótipos entranhados na cultura branca norte-americana". Um artigo de 1916 sobre aborígenes na Austrália foi considerado especialmente racista.[19] Como demonstração de quão longe a revista chegara, a editora indicou aos leitores que era não somente judia, mas também mulher.

Para além de chamar atenção para coisas das quais ninguém mais se lembrava, havia algo estranho em tudo isso. Quase todo estudante de história está familiarizado com a verdade evocada na abertura do romance de L. P. Hartley, *O mensageiro* [*The Go-Between*]: "O passado é um país estrangeiro; eles fazem as coisas de um jeito diferente por lá." É necessária certa ingenuidade para imaginar que um artigo publicado em 1916 poderia atender precisamente aos critérios sociais de 2018. Em 1916, as mulheres na Grã-Bretanha e nos Estados Unidos não tinham direito ao voto, era possível ser sentenciado a trabalhos forçados na prisão por ser gay, e toda uma geração de jovens estava sendo morta com gás venenoso, bombas, explosões e morteiros nos campos de Flandres e da França. As coisas eram diferentes.

Uma lição que pode ter sido aprendida é a de que, de qualquer modo, o pedido de desculpas da *National Geographic* não foi aceito. No *Guardian*, o historiador David Olusoga declarou que as desculpas "eram bem-intencionadas, mas demoraram demais a chegar".[20] Talvez não seja surpresa que esse nível de esquadrinhamento do passado esteja levando não a uma útil atitude crítica, mas ao medo neurótico em relação ao que as pessoas têm ou não permissão de fazer ou dizer no presente. Se as pessoas entenderam as coisas erroneamente no passado, como você pode ter certeza de que hoje está agindo de maneira apropriada?

Logo antes do pedido de desculpas da *National Geographic*, foi lançado o filme *Pantera negra*. Durante as filmagens, houvera muitos comentários sobre o elenco predominantemente negro e a possibilidade de o filme ser um momento de esperança para os negros norte-americanos e de outros lugares. Muito parecia estar em jogo em seu sucesso comercial e de críticas. Uma editora sênior chamada Emily Lakdawalla, de algo chamado The Planetary Society [A Sociedade Planetária], pediu que o Twitter a ajudasse com o que era claramente uma pergunta sincera. Qual seria o momento adequado para uma mulher branca como ela assistir a *Pantera negra*? Obviamente, o fim de semana do lançamento era inadequado, mas quando ela poderia ir? A mulher de 42 anos escreveu no Twitter: "Obviamente, não comprei ingressos para o fim de semana de lançamento de *Pantera Negra* porque não quero ser a pessoa branca sugando alegria negra no cinema. Qual é a data apropriada para comprar ingressos? O próximo fim de semana está ok?"[21] "Sugar alegria negra" é uma expressão bastante evocativa, sugerindo que as pessoas brancas são não somente monstros racistas, mas também vagamente vampirescas.

Novamente, parece insano pensar que a mera presença de alguém com certa cor de pele sugaria a alegria da experiência para outro grupo de pessoas. Mas, por mais ridicularizada que Lakdawalla tenha sido, as ideias que apresentou estão absolutamente por toda parte. Ela as inspirou e depois meramente as expirou. Na maioria dos anos, o Dia de Ação de Graças é simplesmente um momento para os norte-americanos se reunirem com a família e entes queridos. Mas, em 2018, até mesmo isso foi racializado. Eis como a revista *The Root* escolheu preparar seus leitores para o Dia de Ação de Graças. "Caros caucasianos", dizia a publicação a seus leitores on-line. "Se estiver celebrando a Ação de Graças com uma família negra, lembre-se de que, para nós, esse dia não tem nenhuma relação com a colonização e o genocídio de nativos norte-americanos. Para nós, trata-se de um ritual semirreligioso baseado em comida, família e torta de batata-doce."[22] Algumas semanas mais tarde, a *Vice* publicou um vídeo sobre um novo e excitante tipo de férias. Tratava-se de um grupo de mulheres que precisavam dar um tempo "das pessoas brancas". Ou, como disse a *Vice* no título do vídeo, "Como é tirar férias longe de pessoas brancas".[23] Sobre as férias em si e as ideias por trás delas, a publicação e as participantes tinham somente coisas boas a dizer. As participantes deixaram claro que era importante para mulheres de cor passar algum tempo longe de pessoas brancas, que não havia nada de errado com isso e que era preciso ser sinistramente racista para ter algum problema com essa ideia.

Na fronteira norte, nem diante da morte os canadenses são capazes de não demonstrar racismo sistêmico. Em abril de 2018, um terrível acidente de ônibus ocorreu em Saskatchewan, durante o qual dezesseis jovens morreram e treze ficaram feridos. A tragédia ficou ainda maior quando se descobriu que o ônibus envolvido na colisão estava cheio de jogadores do Humboldt Broncos. Em uma nação amante do hóquei, a morte de tantos jovens foi fonte de um luto nacional sem precedentes. Os canadenses deixaram seus bastões de hóquei em frente à porta de suas casas em sinal de respeito, e uma campanha para levantar fundos em memória dos jovens chegou a valores recordes. Contudo, mesmo essa tragédia não estava imune à nova racialização de absolutamente tudo. Logo após a tragédia, a escritora e autointitulada "ativista" de Quebec Nora Loreto foi às mídias sociais reclamar da atenção dada aos jogadores de hóquei mortos: "A masculinidade, a juventude e a brancura das vítimas [...] desempenham papel significativo."[24]

Em 2018, parecia que, olhando para a frente ou para trás, na tragédia ou na comédia, as mesmas lentes eram invariavelmente usadas: as lentes da raça. Foi o ano no qual a Disney lançou uma refilmagem do clássico *Dumbo*, a história de um jovem elefante. Revisando não o filme, mas o trailer de lançamento, a *Vice* escolheu se referir ao desenho original de 1940 como "facilmente uma das coisas mais assustadores que a Disney já fez", por causa dos vários personagens alcoólatras, "repulsivos" e "bastante racistas". Todavia, "a despeito de tudo isso, o filme conseguiu ser um sucesso, adorado e periodicamente temido por crianças de todas as gerações". Felizmente, tudo foi consertado na versão atualizada. Tendo visto o trailer do desenho animado, a *Vice* se sentiu capacitada a relatar a seus leitores adultos que a refilmagem de *Dumbo* parecia ser "fofa e comovente, aparentemente sem ser racista ou aterrorizante".[25] O que os fez pensar que seria? Em que tipo de mundo a refilmagem de um desenho animado infantil sobre um elefante voador precisa receber tal tipo de alerta? A resposta é um mundo no qual tudo gira em torno não da cegueira racial, mas da obsessão racial. E, se os teóricos da raça dos *campi* são a gênese obscura de algumas dessas ideias, em nenhum lugar elas surgem com mais visibilidade que na mais pública das mídias, na qual milhões de pessoas assimilam a ideia de que essa recém-revivida obsessão com a raça é absolutamente normal.

DIFAMANDO

Em fevereiro de 2018, a Netflix lançou sua adaptação do romance de Richard K. Morgan *Carbono alterado, Altered Carbon*. Para qualquer um que não seja fã de ficção científica, ela é quase totalmente indecifrável, embora tenha sido filmada de maneira impressionante e muito dispendiosa. Sem entrar em muitos detalhes, a trama central ocorre no ano 2384 e gira em torno de um personagem chamado Takeshi, que é assassinado e então renasce em outro corpo (ou "capa") — o tipo de coisa que sempre se pode fazer no futuro.

No momento em que a Netflix anunciou o elenco — mesmo antes de a série ser lançada —, a decisão central foi condenada. O papel do renascido Takeshi fora dado ao ator sueco Joel Kinnaman, que ficara famoso interpretando um oponente político do Frank Underwood de Kevin Spacey na adaptação da Netflix de *House of Cards* [Castelo de cartas]. No dia de lançamento de *Altered Carbon*, a revista *Time* esteve entre as publicações que decidiram ir direto ao ponto. Como dizia sua manchete, "*Altered Carbon* ocorre no futuro. Mas está longe de ser progressista".

Na verdade, argumentou o artigo, a série passava uma sensação "totalmente retrógrada" por causa de seu tratamento de "raça, gênero e classe".

O problema central era a escalação do sueco Kinnaman. De acordo com a *Time* (que pareceu esquecer que a coisa toda era ficção científica), era errado escalar um "homem branco" para ser o corpo renascido de um personagem que, na vida anterior, fora um "homem asiático". Embora admitisse que a adaptação seguia acuradamente o cenário do livro original, a crítica da *Time* achou que (empregando o léxico favorecido da justiça social), mesmo assim, "na tela isso é especialmente problemático". Em sua opinião:

> Os criadores teriam feito bem em chamar um ator asiático para interpretar Takeshi renascido, evitando a mesma controvérsia que, no ano passado, atingiu *A vigilante do amanhã*. Naquela adaptação, Scarlett Johansson interpretou a consciência de uma mulher asiática no interior de uma androide branca.

Qualquer coisa para evitar as grandes guerras da consciência androide de Scarlett Johansson de 2017. Claramente, se você situar um drama de ficção científica em 2384, deve esperar que as pessoas desse ano tenham os mesmos valores que a crítica de cinema da revista *Time* em 2018.[26]

O entretenimento do tipo oferecido pela Netflix é uma das mais populares e acessíveis mídias a que qualquer um já foi apresentado. Ele fornece uma oportunidade de expressão e livre troca de ideias com a qual as gerações anteriores só podiam sonhar. Mas até mesmo essa ferramenta se tornou um playground para os agora onipresentes clamores da recém-revivida obsessão com a raça. A despeito do fato de essas atitudes em relação à raça parecerem obcecadas de uma maneira que não ocorre há décadas.

ONTEM NÃO ERA ASSIM

Parte da loucura de tudo isso é que o destino desejado foi quase alcançado. Em décadas recentes, tornou-se completamente normal e aceitável que pessoas de qualquer raça interpretassem papéis principais no teatro e no cinema ocidentais. Essa briga já deveria ter acabado. Faz quase duas décadas que o ator Adrian Lester (que, por acaso, é negro) foi selecionado como Henry

V pela Royal Shakespeare Company. As plateias lotaram os teatros, como fariam com qualquer boa produção e grande performance. Desde então, atores negros se tornaram tão visíveis no palco, incluindo obras de época, que sua inclusão raramente é notada. O mesmo ocorre há décadas com a música mundial. Na década de 1970, a grande soprano norte-americana Kathleen Battle começou a estrelar obras de Strauss, Verdi e Haydn. Nenhum dos papéis fora escrito para uma cantora negra, mas não houve nenhum questionamento sério sobre sua adequação para o papel e nenhum comentário negativo sobre o elenco.

O mesmo aconteceu com Jessye Norman, uma das grandes sopranos de décadas recentes. Richard Wagner não especificou que Isolda tinha de ser negra. Mas, quando Jessye Norman cantou a música de *Tristão e Isolda* sob a batuta de Herbert von Karajan com a Filarmônica de Viena, ninguém pensou em ignorar a música e denunciar o elenco por ser racialmente inapropriado. Todos nos acostumamos a isso.

Mas isso foi ontem. Hoje, tornou-se totalmente aceitável sugerir que as características raciais de um ator ou outro artista são as mais importantes no momento da seleção do elenco. Mais importantes, de fato, que sua habilidade de interpretar o papel. As guerras raciais surgem em bases regulares no entretenimento, como em outros lugares.

Em 2018, apenas semanas depois de *Altered Carbon* passar pelo teste da pureza racial, a BBC anunciou seu cronograma para os Promenade Concerts daquele verão. Anunciou-se que um dos destaques seria a estrela da Broadway Sierra Boggess em uma produção de *Amor, sublime amor*. Porém, assim que o elenco foi anunciado, houve denúncias nas mídias sociais. Boggess, que é caucasiana, fora chamada a interpretar o papel de Maria, uma personagem porto-riquenha. O fato de que a coisa toda é ficção — e uma ficção cuja letra e melodia foram escritas por dois judeus — não foi levado em consideração. Alguém tuitou: "Você é uma mulher caucasiana e essa personagem é porto--riquenha. Você tem muitas oportunidades de trabalho. Pare de pegar papéis de atrizes de cor." Outro postou: "Eu amo Sierra Boggess, mas Maria é um dos poucos papéis principais para mulheres latinas nos musicais de teatro. Podemos, por favor, elencar uma das muitas mulheres latinas de talento que MATARIAM para interpretar esse papel?"

A LOUCURA DAS MASSAS

Ao chamar Boggess para o papel de Maria, os BBC Proms supostamente estavam se engajando em *whitewashing* [embranquecimento]. Infelizmente, Boggess levou as críticas a sério e anunciou no Facebook:

> Após muita reflexão, percebi que, se participasse desse concerto, novamente negaria às latinas a oportunidade de cantar, assim como a IMPORTÂNCIA de se verem representadas no palco.

Ela disse que isso seria um "grande erro":

> Desde o anúncio do concerto, tive muitas conversas sobre por que esse, mais que qualquer outro, é um momento crucial para não perpetuar o escalamento errôneo desse espetáculo.
>
> Peço desculpas por não perceber isso antes e, como artista, devo perguntar a mim mesma como ser útil ao mundo. Nesse caso, minha escolha está mais clara que nunca: desistir do papel e criar a oportunidade de corrigir um erro cometido durante anos com esse espetáculo em particular.
>
> Assim, eu me retirei do concerto e desejo continuar a ser uma das vozes da mudança em nossa comunidade e em nosso mundo![27]

O elenco foi modificado e o papel foi interpretado por Mikaela Bennett, que é de Ottawa, no Canadá, mas cujo perfil étnico foi considerado mais apropriado.

Assim, com somente um punhado de tuítes, uma decisão de elenco pôde ser anulada. Uma estrela talentosa foi levada à submissão. E, em nome do "progresso" e da "diversidade", a coisa mais retrógrada e não diversa possível conseguiu outra vitória.

Em uma era que testemunha a politização e polarização de absolutamente tudo, o reino da ficção e da arte — uma de nossas melhores maneiras de quebrar barreiras — também está se tornando um campo de batalha para a exclusividade racial e a exclusão racial.

Aqueles que tentam impulsionar tais agendas talvez algum dia acordem para o fato de que estão caminhando na direção de uma imensa colisão

RAÇA

lógica. Pois a mesma lógica que retirou Boggess de *Amor, sublime amor* pode facilmente ser usada para insistir que todos os futuros príncipes Hal ou Isoldas sejam brancos. A escolha do elenco pode ser racialmente cega ou obcecada pela raça, mas provavelmente não pode ser ambos.

A mesma tediosa fixação agora afeta todas as outras áreas da vida. Não há ocupação ou passatempo tão sereno que não possa ser tomado, a qualquer momento, por uma controvérsia racial. E, todas as vezes que ocorre, a controvérsia cria metástases, transformando um incidente ou uma alegação no progenitor de vários outros incidentes e alegações, que se iniciam e sobre os quais se perde o controle.

Veja a controvérsia cercando a campeã de tênis Serena Williams em setembro de 2018. Durante a final do US Open, ela foi punida por violar o código de conduta e então perdeu um ponto por quebrar a raquete. Williams perdeu a paciência espetacularmente com o juiz, de uma maneira que ocorre às vezes, mas é reprovada no polido esporte do tênis. Williams realmente foi para cima do juiz, chamando-o, entre outras coisas, de "ladrão". Ela recebeu uma multa de 17 mil dólares, o que, considerando-se que o prêmio para o primeiro lugar é de pouco menos de 4 milhões e, para o segundo, de quase 2 milhões, é pouca coisa para ela. Mas a questão não parou aí. Como Williams é mulher, a Associação Feminina de Tênis denunciou o juiz por ser "sexista". Como ela é negra, a questão se encaminhou diretamente para uma disputa racial.

A BBC, entre outros, alegou que as críticas a Williams por sua explosão na quadra obedecem ao antigo estereótipo racial da "negra furiosa".[28] Ninguém explicou como uma mulher negra pode ficar furiosa sem cair nesse estereótipo. *The Guardian* decidiu colocar ainda mais lenha racial na questão. De acordo com sua colaboradora Carys Afoko, as críticas a Serena Williams foram uma demonstração de "quão difícil é ser uma mulher negra no trabalho". Na opinião de Afoko, "mulheres negras não podem ter um dia ruim no escritório. Ou, para ser precisa, se temos um dia ruim, em geral não podemos correr o risco de expressar raiva ou tristeza a respeito. Assim, muitas de nós desenvolvem uma persona profissional que nos permite trabalhar em locais brancos". Isso pode identificar somente os desafios específicos de ser colaboradora do *Guardian*. De qualquer modo, Afoko deu um exemplo do que queria dizer e do que ela mesma tivera de aguentar.

"Há alguns anos, discordei da ideia de um colega e ele me chamou de lado e disse que eu estava sendo agressiva. Quando tentei explicar que a palavra agressiva é racialmente carregada, ele começou a chorar." Quem sabe por que seu colega começou a chorar? Talvez fosse mais uma demonstração de racismo de sua parte. Talvez fosse medo de que uma acusação de racismo acabasse com sua carreira. Ou talvez ele tivesse sido reduzido às lágrimas porque começava a sentir que não havia absolutamente nada que pudesse dizer sem que a colega terminasse interpretando como ato de racismo.

Afoko aprendeu algo muito diferente com o fato de ter feito sua colega chorar. "Isso reforçou uma lição que aprendi aos 20 anos: na maioria das vezes, não vale a pena tentar explicar racismo ou sexismo no trabalho. Só baixe a cabeça e faça seu trabalho da melhor maneira que puder." Então, a fim de ajudar os leitores do *Guardian* que ainda não haviam entendido, ela indicou uma ferramenta útil: "Se você não é uma mulher negra e está confuso, eis um vídeo de dois minutos sobre interseccionalidade."[29] O útil vídeo era intitulado "Crianças explicam interseccionalidade" e, leal à descrição, mostrava crianças de menos de 10 anos explicando quão clara é a interseccionalidade. Com mínima intervenção de adultos, ele explicava em linguagem fácil e ligeiramente cantarolada como a interseccionalidade era simplesmente "um conceito que nos permite perceber que as pessoas vivem vidas multidimensionais". A despeito da explicação de uma criança das Primeiras Nações, um menino branco de 5 ou 6 anos ainda se mostra confuso. Finalmente, ele "entende" e explica à gentil mulher negra que iniciara o vídeo que "as pessoas não são somente uma imagem. Basicamente, a imagem inteira precisa de sua personalidade inteira para formar você". Por ter entendido direito e superado sua confusão inicial, ele é congratulado: "Obrigada, isso é realmente bacana." E então recompensado com um "toca aqui".[30]

APROPRIAÇÃO CULTURAL

Uma maneira óbvia de impedir esse aprofundamento contínuo na raça e nas características raciais seria tentar esvanecer os limites, transformando os aspectos raciais que podem ser comunicados e partilhados em uma experiência aberta a todos. Aspectos da cultura de uma pessoa ou de um

RAÇA

povo que outros admiram poderiam ser partilhados, de modo que maior entendimento pudesse ser encontrado em quaisquer divisões existentes. Essa poderia ser uma ambição. Infelizmente, uma teoria se intrometeu antes que essa ambição pudesse se realizar integralmente. Ela também começou no *campus* e se espalhou pelo mundo real. Trata-se do conceito de "apropriação cultural".

Ela se originou nos estudos pós-coloniais, com a ideia de que as potências coloniais não haviam somente imposto suas próprias culturas às outras nações, mas também adotado aspectos dessas culturas estrangeiras em seus próprios países. Uma leitura benigna poderia ver isso como imitação, a mais sincera forma de elogio. Porém, quaisquer que sejam suas outras características, os professores de estudos pós-coloniais jamais foram conhecidos por ler as coisas de maneira benigna. Em vez disso, a leitura menos benigna possível entrou em jogo, a de que esse roubo cultural era o último insulto do colonialismo e que, após ter violado os recursos naturais de um país e sujeitado seu povo ao domínio estrangeiro, as potências coloniais molestaram e tomaram sua cultura.

Talvez fosse inevitável que, tendo se originado no *campus*, a maior oposição à "apropriação cultural" ocorresse em cidades universitárias. A primeira onda de acusações de apropriação cultural ocorreu em reação às fantasias inadequadas, como as que deixaram os estudantes de Yale tão aterrorizados durante o Halloween de 2015. O medo explícito era que houvesse incidentes envolvendo pessoas que não eram nativas americanas e estivessem vestindo, por exemplo, um cocar nativo. Isso — para adotar o vernáculo agora usado para se opor a tais práticas — não é ok.

Já há algum tempo, Portland, no Oregon, tem se distinguido como laboratório de testes para quase toda ideia enlouquecedora. Em anos recentes, a cidade se preocupou especialmente com expressões de apropriação cultural. Isso incluiu transformar o que um escritor local chamou de "paraíso alimentar" em algo mais parecido com uma zona de guerra alimentar.[31] Em 2016, uma mulher local abriu um bistrô chamado Saffron Colonial [Açafrão Colonial]. Multidões furiosas se reuniram em frente ao restaurante, acusando-a de racismo e de glorificar o colonialismo. Websites de avaliação, como o Yelp, ficaram cheios de comentários negativos, até que a dona cedeu e mudou o nome do restaurante. Mas casos ainda mais ofensivos podiam ser encontrados. O pior, aos olhos locais, era o de pessoas que não tinham o direito de cozinhar a comida que estavam cozinhando porque tinham o DNA errado.

Em 2017, houve o caso do casal que abriu um food truck para vender burritos. De acordo com as novas regras locais, o casal era culpado de apropriação cultural; mais especificamente, de "roubar" a cultura mexicana por vender burritos sem ser mexicano. Os donos do food truck acabaram recebendo ameaças de morte e tiveram de encerrar todas as contas em mídias sociais e, finalmente, o negócio. Dizer que vitórias como essa deixaram as pessoas mais ousadas é um eufemismo. Após a vitória do burrito, os ativistas do Oregon compilaram e distribuíram uma lista de "Alternativas a restaurantes apropriativos de donos brancos em Portland". Sugestões de restaurantes de "pessoas de cor" eram fornecidas.[32]

Como os eventos nas universidades, poderíamos esperar que a situação de Portland permanecesse em Portland. Mas, novamente, começa a se disseminar a sensação de que, nesta era interconectada, corremos o risco de vivermos todos em Portland. No verão de 2018, enquanto a maioria das pessoas estava de férias, houve um incidente da guerra alimentar de apropriação cultural na Grã-Bretanha, quando uma parlamentar negra chamada Dawn Butler denunciou um dos mais famosos chefs televisivos da Grã-Bretanha. Jamie Oliver recentemente lançara um prato chamado *punchy jerk rice* [arroz jamaicano apimentado]. Houve rápidas críticas de que a receita que Oliver publicara não continha vários ingredientes tradicionalmente usados na marinada de *jerk chicken* [frango jamaicano]. E, das críticas aos ingredientes ausentes na receita, a confusão passou imediatamente para a raça. Butler tuitou seu desgosto pelo chef. Ela se perguntou se Oliver sabia "o que é o *jerk* jamaicano. Não é somente algo que você coloca no rótulo para vender produtos". E continuou: "Seu *jerk rice* não é ok. Essa apropriação da Jamaica precisa parar."[33] Felizmente, a cadeia de restaurantes italianos de Jamie Oliver — que é italiano —, com filiais em dezenas de cidades britânicas, parece não ter surgido no radar de Dawn Butler.

Uma das características de explosões como essa é que, cheias de fúria moral, as alegações podem ser feitas tanto contra pessoas famosas quanto contra perfeitos desconhecidos. Em qualquer época normal, o baile de fim de ano de uma escola de Utah não causaria tanta consternação quanto a disputa entre uma parlamentar e um chef célebre. Mas, em 2018, uma garota de 18 anos chamada Keziah publicou fotos suas com o vestido que usaria no baile. O vestido vermelho tinha um distinto estilo chinês e a garota claramente esperava conseguir alguns "likes" por sua bela aparência. Em vez dos elogios que procurava, recebeu uma reação negativa, imediata e mundial. "O tema do baile era o racismo casual?", perguntou um usuário do Twitter. Outros acusaram a garota não chinesa de apropriação cultural por usar um vestido de inspiração chinesa.[34]

Em um mundo sensível, tudo isso seria um tremendo presente para artistas e sátiros. Mas sequer lançar um olhar crítico sobre o fenômeno parece criar outra chuva de acusações e outra escalada de alegações e sensibilidades. Em setembro de 2016, a romancista Lionel Shriver fez um discurso no Festival de Escritores de Brisbane sobre "ficção e identidade política". Shriver (autora, entre outros, de *Precisamos falar sobre o Kevin*) usou a oportunidade para abordar a questão da "apropriação cultural". Nas semanas anteriores à palestra, a expressão surgira repetidamente em vários contextos — se não mexicanos deveriam ou não ter o direito de usar sombreiro, e se pessoas que não eram da Tailândia deveriam ter permissão para cozinhar comida tailandesa.

Como se pode dizer que usar a imaginação e entrar na cabeça das pessoas é o trabalho de uma romancista, Shriver sentia que esses movimentos estavam se aproximando desconfortavelmente de seu território. Seu discurso em Brisbane foi uma defesa de sua arte e da legitimidade de autores escreverem sobre o que quiserem. Shriver explicou que, ao pensar sobre um personagem para um de seus romances, o fato de ele ser armênio pode ser um ponto de partida. Mas "meramente ser armênio não é ter um personagem, da maneira como entendo a palavra". E continuou: "Ser asiático não é uma identidade. Ser gay não é uma identidade. Ser surdo, cego ou estar preso a uma cadeira de rodas não é uma identidade, assim como não o é ser economicamente privado."

A resposta foi previsível. No *New Republic*, Lovia Gyarkye disse que "Lionel Shriver não deveria escrever sobre minorias. A falta de nuance em seu discurso de 8 de setembro no Festival de Escritores de Brisbane prova que ela não entende". E Gyarkye tinha, ainda, uma pergunta para Shriver. "Minha pergunta é a seguinte: se esses rótulos não são identidades, se ser gay ou deficiente não faz parte de quem você é, por que centenas de pessoas são agredidas, humilhadas e mortas todos os dias por causa deles? [...] O que Shriver parece não entender sobre a apropriação cultural é sua ligação inextricável com o poder."[35] Eis catastrofismo e Foucault aglutinados em uma única afirmação.

Mas a irritação de Gyarkye foi superada pela de Yassmin Abdel-Magied, que estivera na plateia em Brisbane. Seu relato em primeira mão foi publicado em *The Guardian*:

> O discurso vinha ocorrendo há uns vinte minutos quando eu me virei para minha mãe, que estava a meu lado na primeira fila. "Mamãe, não posso continuar aqui", disse eu, com os cantos da boca repuxados para baixo. "Não posso legitimar isso."

Segue-se um prolongado e fascinante relato sobre a sensação de se levantar e sair de uma sala.

Ocorre que o discurso de Shriver diferiu da linha de pensamento de Abdel-Magied. Tanto que mal foi um discurso. Foi antes um "pacote venenoso embrulhado em arrogância e entregue com condescendência". Abdel-Magied tentou explicar os perigos de as pessoas escreverem com a voz de alguém que não elas mesmas. Como exemplo, ela expressou seus próprios limites:

> Não posso falar pela comunidade LGBTQI, por aqueles que são neurodivergentes ou pelas pessoas com deficiência, mas essa também é a questão. Eu não falo por eles e deveria permitir que suas vozes e experiências fossem ouvidas e legitimadas.

Após escrever um pouco sobre colonialismo, Abdel-Magied concluiu que:

> O tipo de desrespeito pelos outros presente no discurso de Lionel Shriver é a mesma força que vê as pessoas votarem em Pauline

RAÇA

Hanson. É a razão pela qual nossas Primeiras Nações ainda lutam por reconhecimento e pela qual continuamos a engolir prisões para imigrantes. É o tipo de atitude que está na fundação do preconceito, do ódio, do genocídio.[36]

Para seu crédito, subsequentemente *The Guardian* publicou o texto integral do discurso de Shriver, a fim de que os leitores pudessem discernir por si mesmos se o discurso de Brisbane fora um ataque espirituoso a um modismo ou uma pedra fundacional do fascismo.

Shriver sobreviveu à reação em parte porque tem a reputação de dizer a verdade, doa a quem doer. Mesmo assim, houve óbvio incentivo para qualquer um desejando afirmar ser uma de suas vítimas. Se Abdel-Magied (que depois deixou a Austrália desacreditada) tivesse escolhido escrever uma crítica impessoal e meticulosa sobre a posição de Shriver, é pouco provável que atraísse atenção para si mesma e que seu texto fosse imediatamente republicado por um grande jornal. Se não tivesse sentido os cantos da boca repuxados para baixo e explicado à mãe que sua mera presença na sala "legitimava" o ódio, sua opinião não teria sido mais válida (ou pública) que a de qualquer outro. Esta é uma importante engrenagem na máquina enlouquecedora das massas: a pessoa que se professa mais prejudicada recebe a maior atenção. Qualquer um que não se sinta incomodado é ignorado. Em uma era de gritar por atenção nas mídias sociais, o mecanismo recompensa mais o ultraje que a boa disposição. Quanto a Shriver, nos anos desde o discurso de Brisbane, ela foi uma das poucas autoras a objetar publicamente contra o sistema de cotas sexuais ou raciais nas editoras, em vez do mérito literário, quando se trata de decidir quais livros e autores devem ser publicados.

O PROBLEMA CENTRAL

O problema central sob tudo isso é a confusão colossal causada não por um equívoco, mas pelo fato de que, como sociedades, estamos tentando rodar vários programas ao mesmo tempo. De um lado, há o programa que declara que o mundo é um lugar no qual uma vida bem vivida consiste em apreciar algo de todas as culturas e facilitar o acesso a elas. De outro, estamos

A LOUCURA DAS MASSAS

rodando um programa que declara que as fronteiras culturais só podem ser cruzadas sob certas condições. Esse segundo programa não só não foi finalizado como o trabalho de finalizá-lo parece estar aberto a qualquer um que queira assumir. Também há um programa que reconhece que raça e cultura não são a mesma coisa. E, todavia, outro programa — rodando ao mesmo tempo — diz que elas são a mesma coisa e que invadir a cultura de alguém é um ato de agressão racista ou "apropriação".

Sob tudo isso, há uma pergunta tão perigosamente explosiva que não surpreende que seja mantida profundamente submersa. É uma pergunta que não fazemos porque já decidimos que não aceitamos as respostas. É a pergunta sobre se raça é uma questão de hardware ou software. No passado, do qual a *National Geographic* e outras empresa sentiram um pouco de merecida vergonha, achava-se que a raça era a questão mais hardware de todas. A raça de uma pessoa a definia — frequentemente para exclusão e em detrimento de todo o restante. No século XX, surgiu uma percepção mais esclarecida, de que a raça podia ser importante, mas não era intransponível. De fato, as pessoas podiam ser parte de outra cultura ou povo, desde que quisessem ser e se imbuíssem de um espírito de gratidão e amor. Houve certas restrições no fim do século XX, como o reconhecimento de que esse caminho só podia se mover em uma direção. Um indiano podia se tornar distintamente britânico, mas um britânico branco não podia se tornar indiano. Os limites do que é ou não possível nessa questão mudaram sutilmente, mas de maneira contínua. Em décadas recentes, modificaram-se as atitudes sobre as adoções interraciais e se é ou não benéfico e apropriado que uma criança com determinado *background* racial seja criada por pais com um *background* diferente. Entretanto, o problema, para nós, é que todo esse território está mudando novamente. E os primeiros sinais indicam não somente que ele pode mudar em qualquer direção, mas também adotar as piores direções imagináveis.

SER NEGRO É POLÍTICA? A FALA, NÃO O FALANTE

Em 2016, quando Peter Thiel endossou Donald Trump durante a Convenção Nacional Republicana em Cleveland, ele imediatamente se tornou não gay aos olhos da mais proeminente revista gay dos Estados Unidos. Ter ido para a direita — e a direita de Donald Trump, ainda por cima — foi uma falha tão ofensiva que a *Advocate* excomungou Thiel da igreja gay. Dois anos depois, precisamente o mesmo padrão ocorreu entre os negros norte-americanos.

Após quase um ano de silêncio no Twitter, Kanye West retornou à mídia na primavera de 2018. Como é um de seus talentos, ele imediatamente virou notícia. Em abril, elogiou a comentadora e ativista negra conservadora Candace Owens. Isso ocorreu depois de uma palestra de Owens no *campus* da UCLA no qual ela censurara algumas pessoas do movimento "Black Lives Matter" [Vidas negras importam] que haviam protestado contra ela e os comparara aos estudantes negros sentados na primeira fila de sua palestra. Em um clipe que viralizou, Owens disse:

> O que está acontecendo na comunidade negra [...] há uma guerra civil ideológica em curso. Pessoas negras estão focadas em seu passado e gritando sobre a escravidão. E pessoas negras focadas em seu futuro. O que vocês estão vendo é mentalidade de vítima *versus* mentalidade de vitorioso.

Ela acusou os manifestantes de estar viciados em "opressão". Após assistir ao vídeo, Kanye West tuitou: "Adoro a maneira de Candace Owens pensar." E, por um momento, foi como se houvesse uma falha na Matrix. Ou, ao menos, uma falha no universo do Twitter. Ao longo dos anos, houve vários conservadores negros, incluindo um juiz da Suprema Corte e alguns dos mais proeminentes pensadores norte-americanos. Mas nunca uma celebridade como Kanye West sequer insinuara que poderia haver um partido, para além do Democrata, que merecesse a lealdade política dos negros norte-americanos. E ali estava a metade de um dos casais mais famosos do planeta — para o melhor e para o pior — disposta a caminhar por esse campo minado.

Vários fatores permitiram que Kanye West fizesse essa jornada. O primeiro foi o que se costumava chamar de "*F-you cash*" [tanto dinheiro que é possível mandar todo mundo se f...]. Mesmo que suas incursões na política o tornassem tóxico entre grandes segmentos da plateia — tanto negra como branca —, ele sempre podia lançar mão de seu dinheiro e do dinheiro de sua mulher. A outra coisa que o tornou capaz de fazer isso foi uma sensação disseminada que ele não se importa de reforçar: a de que é ligeiramente desequilibrado. O elogio a Candace Owens logo se transformou em elogio aberto a Donald Trump. E, em outubro de 2018, West estava na Casa Branca para uma reunião de cúpula seguida de um almoço, o que é estranho, mesmo por padrões relativos. West falou a maior parte do tempo, enquanto o presidente, do outro lado da mesa, assentia cuidadosamente. Ele usou a oportunidade para falar da comunidade negra, de reforma prisional, de como usar um boné MAGA [Make America Great Again, Torne os Estados Unidos grandes novamente] o fazia se sentir "como o Super-Homem", e sobre a existência de "universos alternativos". Ele reclamou que "as pessoas acham que, se você for negro, tem de ser democrata". E disse que adorava Trump ["I love this guy"].

No momento em que Kanye West iniciou essa jornada, tornou-se previsível que, em algum momento, haveria uma resposta. Foi Ta-Nehisi Coates quem deu o tiro de maior distância e com o maior impacto. Em um artigo publicado em *The Atlantic*, ele falou sobre sua infância e sua admiração por Michael Jackson. Comentou a transformação indiscutivelmente bizarra de Jackson de jovem negro com cabelo afro para o boneco de cera quase translúcido que se tornou mais tarde. E então decidiu comparar Kanye a Michael Jackson.

"O que Kanye West busca é o que Michael Jackson buscava", escreveu ele. "West chama sua luta de direito à 'liberdade de pensamento' e ele está, de fato, defendendo um tipo de liberdade: a liberdade branca, a liberdade sem consequências, a liberdade sem criticismo, a liberdade de ser orgulhoso e ignorante." Como dizia o título: "Não sou negro, sou Kanye: Kanye West quer liberdade — liberdade branca."[37] Kanye tropeçara na mesma armadilha que Thiel. Em algum momento, as queixas políticas das minorias se transformaram em ativismo político das minorias e depois passaram a ser somente política. Alegar a existência de blocos de votação ao longo das linhas dos grupos minoritários beneficia certos políticos buscando blocos de votação, e pode beneficiar intermediários profissionais que se apresentam como porta-vozes da comunidade a fim de obter suas próprias formas de promoção. Mas essa é uma conjuntura excepcionalmente perigosa, e foi a ela que a questão dos direitos chegou.

Ela sugere que você só é membro de um grupo minoritário reconhecido enquanto aceitar as queixas específicas, as reivindicações políticas e as resultantes plataformas eleitorais decididas por outras pessoas. Saia dessas linhas e você não será uma pessoa com as mesmas características de antes, mas que pensa de maneira diferente de alguma norma prescrita. Essas características serão retiradas de você. Assim, Thiel deixou de ser gay quando endossou Trump. E Kanye West deixou de ser negro quando fez a mesma coisa. Isso sugere que "negro" não é uma cor de pele ou uma raça — ou, ao menos, não é somente isso. Sugere que "negro" — assim como gay — é, na verdade, uma ideologia política. Essa suposição é tão profunda — e tão raramente mencionada — que costuma ser apenas assumida.

A London School of Economics [LSE, Escola de Economia e Ciência Política de Londres] é, em suas próprias palavras, uma das principais universidades de ciências sociais do mundo: "Com admissões internacionais e alcance global, a LSE sempre colocou o engajamento com o mundo mais amplo no cerne de sua missão." Em maio de 2012, foi publicado na página de crítica literária da LSE um artigo sobre o novo livro de Thomas Sowell. *Os intelectuais e a sociedade* fora lançado dois anos antes, mas, no mundo da academia, os tiroteios contra intelectuais com frequência ocorrem em um ritmo mais lento que no restante da sociedade.

O crítico, Aidan Byrne, era "professor sênior de inglês e estudos culturais e de mídia" da Universidade Wolverhampton. Nessa capacidade — como informava sua biografia —, "é especializado em masculinidade no entreguerras galês e em ficção política, e leciona em uma grande variedade de módulos". A autoridade perfeita para que a *Review of Books* da LSE julgasse Sowell.

Byrne ficou "pouco impressionado" com a natureza "altamente partidária" do livro. E, dois anos após a publicação, mirou e tentou atirar. Já na primeira linha, ele avisou que "*Os intelectuais e a sociedade* consiste em uma série de ataques ultrapassados e às vezes desonestos aos inimigos políticos de Sowell". Entre outras acusações incluídas na crítica, estava a de que uma linha no livro de Sowell ecoava as preocupações do Tea Party e constituía "um ataque mal disfarçado à integração racial".

Uma alegação ainda mais esquisita ocorreu quando Byrne avisou aos leitores que as referências de Sowell às questões raciais constituíam pouco mais que "'denúncias' desordenadas e perturbadoras". De maneira similar, seus argumentos sobre os legados do passado eram "uma intervenção codificada". Ganhando ímpeto, Byrne explicou que, para Sowell, "o legado cultural da escravidão significa que ela não deveria ser considerada um problema moral, nem melhorias deveriam ser tentadas". A essa acusação, Byrne acrescentou o devastador adendo que se revelaria um ato de inacreditável automutilação.[38]

Para seu crédito, o site da LSD colocou uma "emenda" no pé da página. Trata-se de uma imensa correção, embora simplesmente informe que uma linha do artigo original foi apagada. "O artigo original continha a linha 'fácil para um homem branco e rico dizer'", admite o site da LSE. "Ela foi removida e pedimos desculpas pelo erro."[39] E não era sem tempo. Pois, qualquer que seja sua renda, Thomas Sowell não é um homem branco. Ele é um homem negro. Um homem negro muito famoso, que o crítico da LSE achou ser branco por causa da natureza de sua política.

Trata-se de uma sugestão que se infiltrou, praticamente sem nenhuma dissensão, em um debate de outro modo liberal. E que chegou de um número bastante variado de direções. Considere, por exemplo, a reação ao estranho e vagamente patético caso de Rachel Dolezal. Ela se tornou mundialmente famosa em 2015 quando, como líder regional da NAACP [Associação Nacional para o Progresso das Pessoas de Cor], subitamente foi "denunciada" como branca. Durante uma entrevista televisiva memorável, perguntou-se a Dolezal se ela era negra. Ela fingiu não entender a pergunta. Quando confrontada com a evidência de seus pais biológicos, a entrevista saiu dos trilhos. Pois os pais de Dolezal eram não meramente caucasianos, mas caucasianos de origem alemã-tcheca, o que está muito distante da identidade estadunidense negra que Dolezal adotara. Finalmente, embora admitindo que seus pais eram seus pais, ela insistiu que era negra. Sua identificação com a comunidade negra norte-americana parece ter ocorrido em função da proximidade com seus irmãos adotivos negros.

Mesmo assim, como disse seu irmão adotivo, "ela cresceu como pessoa branca e privilegiada em Montana". Ela conseguira se passar por negra com pouco mais que a aplicação cuidadosa de um autobronzeador e um encrespamento meio estereotípico do cabelo. Isso — e o fato de que a maioria das pessoas claramente estava aterrorizada demais para perguntar "Mas você não é branca?" — a tornara capaz não somente de "se passar" por negra, mas também de liderar a filial local de uma organização para pessoas negras.

O caso Dolezal gerou uma série quase infinita de perguntas, e tanto o caso como as reações a ele apresentaram, de certa maneira, uma oportunidade de dissecar vários aspectos da cultura de hoje. Entre esses momentos, esteve a divisão que surgiu entre negros proeminentes, porta-vozes e ativistas.

Em *The View*, da ABC-TV, Whoopi Goldberg defendeu Dolezal: "Se quer ser negra, ela pode ser negra."[40] Parecia que, naquela ocasião, "enegrecer" não era um problema. Mais interessante foi a reação de Michael Eric Dyson, que defendeu Dolezal de maneira notável. Na MSNBC, ele declarou: "Ela está assumindo as ideias, as identidades, as lutas. Ela se identifica com eles. Aposto que muito mais negros apoiariam Rachel Dolezal do que, digamos, Clarence Thomas."[41] Tudo isso sugeria que "negro" não estava relacionado à cor da pele ou à raça, mas somente à política. Tanto que uma caucasiana usando autobronzeador, mas tendo as opiniões "certas", era mais negra que um juiz da Suprema Corte que se revelara conservador.

O FALANTE, NÃO A FALA

Eis outra causa da atual loucura das massas. Em algumas ocasiões, como nos casos de Rachel Dolezal, Candace Owens e Thomas Sowell, parece possível localizar uma atitude consistente. O falante e suas características inatas não importam. O que importa é a fala que profere e as ideias e os sentimentos a que dá voz. Então, sem aviso prévio nem nenhuma maneira óbvia de predição, surge uma escala de valores precisamente inversa. Subitamente, o conteúdo da fala se torna absolutamente sem interesse ou, no melhor dos casos, de interesse terciário. Nessas ocasiões, simultâneas às ocasiões nas quais é a fala, e não o falante, que importa, logo somente o falante importa, e a fala pode ir para o inferno.

Esse desenvolvimento quase certamente está conectado a um dos grandes presentes que a era das mídias sociais nos deu: a oportunidade de publicar interpretações insensíveis e insinceras sobre o que outras pessoas disseram. Quando tal atenção está focada em alguém famoso, a mídia pode aproveitar a oportunidade para dar muito mais atenção a um punhado de tais interpretações que a qualquer número de interpretações honestas ou lenientes. Os efeitos podem ser vistos em qualquer jornal. Uma manchete pode descrever alguém famoso sendo "fustigado" por algo que disse, somente para se descobrir, ao ler o artigo, que foi "fustigado" por um ou dois membros do público que o jornalista descobriu no Twitter. É por essa razão que os políticos parecem tão aterrorizados quando alguém tenta conduzi-los a terreno espinhoso. Não somente porque o preço de pensar em voz alta é tão alto ou do medo de que as regras do jogo tenham mudado desde a última vez em que olharam, mas porque mesmo uma resposta negativa (de qualquer um no mundo) pode ser transformada em tempestade. Esse medo agora engolfa a maioria das figuras públicas, pois mesmo quando pensam que estão se saindo bem — ou heroicamente —, elas podem descobrir que o som que ouvem não são aplausos, mas suas carreiras desmoronando.

Em janeiro de 2015, o ator Benedict Cumberbatch foi entrevistado no *Tavis Smiley Show* da PBS. Ele usou parte do tempo para contar que amigos seus, atores britânicos que vinham de *backgrounds* minoritários, pareciam achar mais fácil encontrar trabalho nos Estados Unidos que no Reino Unido. Ficou claro, nessa e em outras observações, que, ao responder às perguntas, ele estava do lado dos atores negros, e não, digamos, da Ku Klux Klan. Ninguém tinha nenhuma razão séria para acreditar que Cumberbatch era um racista secreto que involuntariamente se revelara para Tavis Smiley. Mesmo assim, o ator escorregou não na questão da intenção ou do motivo, mas — como costuma acontecer quando nenhuma outra evidência está disponível — em um crime de linguagem. Durante suas observações, Cumberbatch se referiu aos *coloured actors* [atores de cor]. Esse termo vinha sendo usado, sem conotações negativas, em seu país natal. Até muito pouco tempo antes, também era um termo bastante comum no Reino Unido. Porém, logo antes da entrevista, o protocolo mudara ligeiramente. A nova maneira de se referir a *coloured people* em janeiro de 2015 era *people of colour* [ambos traduzidos como "pessoas de cor"]. Linguisticamente, pode-se dizer que não havia diferença significativa.

Mesmo assim, o ultraje foi quase tão grande quanto se ele tivesse usado a palavra com "n" [*nigger*, um termo extremamente racista]. O ator foi forçado a um imediato e subserviente pedido de desculpas. Em uma declaração publicada rapidamente após o programa, ele anunciou: "Estou desolado por ter sido ofensivo ao usar essa terminologia ultrapassada. Peço sinceramente que me perdoem. Não há desculpa para eu ser um idiota e sei que agora o estrago já está feito."[42] As manchetes na mídia relataram que o ator estava "sob fogo" (*The Telegraph*) e fazia parte de uma "disputa racial" (*The Independent*). Durante o episódio, ninguém alegou seriamente que Cumberbatch era racista. E não havia nenhuma maneira séria de interpretar qualquer observação sua como racista. Mas seu nome agora podia ser ligado a uma "disputa racial". Se as pessoas tivessem dado ouvidos ao argumento que ele tentara apresentar, talvez alguma coisa boa pudesse ter resultado do episódio e seus amigos atores pudessem ter encontrado mais oportunidades profissionais no Reino Unido. Mas a rota mais fácil parecia ser encontrar algumas poucas alegações nas mídias sociais, feitas pela patrulha da linguagem, e transformá-las em "disputa" da vida real. É com esse tipo de coisa que todo mundo sob os olhos públicos, e depois todo mundo no público, começa a aprender lições. E a maioria das pessoas jamais contará com a boa vontade popular obtida de se interpretar Sherlock Holmes e outros personagens populares, o que lhes permitiria recuar da beira do precipício.

A dificuldade de falar sobre raça, ou mesmo mencioná-la, como fez Cumberbatch, indica um profundo problema procedimental que todo discurso público está tentando encontrar uma maneira de contornar. Até agora, qualquer político, escritor ou figura pública podia prosseguir bastante bem ao longo de uma linha preestabelecida. Essa linha dizia que você devia tentar falar, escrever e mesmo pensar de uma maneira que nenhuma pessoa racional pudesse interpretar errado. Se alguém interpretasse erroneamente suas palavras, sem base razoável, isso se refletiria negativamente sobre ela. Qualquer um que alegasse que Benedict Cumberbatch era claramente um racista virulento que acabara de se expor seria alvo de riso e desconsiderado sem mais delongas.

Mas, em anos recentes — paralelamente, e não por coincidência, à existência das mídias sociais —, essa regra mudou. Hoje, um político, escritor ou figura pública está na mesma posição que o público em geral. Já não podemos confiar que nossa plateia é honesta ou está em busca de objetivos similares. Alegações insinceras de membros do público podem ocorrer tão avidamente quanto as sinceras. Assim, a ambição coletiva das figuras públicas é assegurar que consigam escrever, falar e pensar de maneira que nenhum crítico desonesto possa interpretá-las errado. Não é preciso dizer que essa é uma ambição impossível e enlouquecedora. Isso não pode ser feito. Não pode nem ser tentado sem levar à loucura.

A coisa óbvia a se fazer é pesquisar as opções disponíveis. Uma delas é não dizer nada, ou ao menos nada de substancial, em público, e essa foi a opção adotada por muitos políticos — um caminho que abre as portas para pessoas dispostas a não dizer absolutamente nada. Outra opção é tentar descobrir qual é o jogo real. Para fazer isso, vale a pena comparar os casos: aqueles nos quais nada de significativo foi dito, mas se alegou grande ofensa, e aqueles nos quais coisas terríveis foram ditas e as alegações de ofensa foram ignoradas. Um bom exemplo deste último caso ocorreu em agosto de 2018, com Sarah Jeong.

SARAH JEONG

Foi quando o *New York Times* anunciou a indicação de uma jornalista de assuntos tecnológicos de 30 anos para o conselho editorial do jornal. Como todas as indicações dessa natureza, a promoção de Jeong, sendo tão jovem, atraiu considerável atenção. E atenção na era da internet obviamente inclui pesquisar tudo o que a pessoa já disse on-line. No caso de Jeong, a pesquisa revelou tuítes com um foco particular: o ataque continuado e bastante cru às pessoas brancas. Seus tuítes incluíam: "As pessoas brancas são geneticamente predispostas a se queimar mais rapidamente sob o sol e, portanto, só adequadas para viver no subterrâneo, como gobelins rastejando?"; "Eu o desafio a ir até a Wikipédia e jogar 'Coisas pelas quais as pessoas brancas definitivamente podem receber crédito': é muito difícil"; "Homens brancos são merda"; "#CancelemOsBrancos" e, em uma sequência de tuítes, "Você já tentou descobrir todas as coisas que as pessoas brancas podem fazer que não são apropriação cultural? Não há nada. Talvez esquiar e jogar golfe [...] Deve ser tão tedioso ser branco".[43] É justo dizer que seu *feed* demonstrava obsessão com o tema. Ela até mesmo cometeu o erro básico de comparar as

RAÇA

pessoas de quem não gostava a animais. "Pessoas brancas idiotas marcando a internet com suas opiniões como cachorros mijando em hidrantes."[44] Outro tuíte dizia: "Ah, cara, é meio doentio o quão alegre eu me sinto em ser cruel com velhos brancos."[45]

Jeong também era usuária ávida da frase "matem todos os homens". Mas, dadas as circunstâncias, isso assumiu segunda ordem de prioridade para seus críticos. Foi o incessante racismo em relação às pessoas brancas que atraiu alguma ira contra Jeong e contra o *New York Times* por contratá-la. De sua parte, o jornal ficou do lado de sua última recruta. Ninguém seria jogado aos lobos da internet naquela ocasião. A declaração oficial do jornal dizia que Jeong fora contratada por causa de seu "excepcional trabalho" na internet. E ia diretamente para a alegação de que "seu jornalismo e o fato de que ela é uma jovem mulher asiática a tornaram alvo de frequente perseguição on-line. Durante certo período, ela respondeu a essa perseguição imitando a retórica de seus perseguidores. Ela agora vê que essa abordagem só serve para alimentar a causticidade que vemos tão frequentemente nas mídias sociais. Ela lamenta essa atitude e o *Times* não a aprova". O jornal terminou dizendo que, tendo aprendido essa lição, estava confiante de que Jeong seria "uma voz importante para o progresso do conselho editorial".[46]

Na verdade, o "período" durante o qual Jeong se engajou em seus tuítes mais controversos ia de 2014 até somente um ano antes de o *New York Times* a contratar. Mas a defesa de seu empregador funcionou. Usar seu gênero, juventude e raça, juntamente com o indulto moderno obtido ao se afirmar vítima, deu resultado. Novamente, se Jeong tivesse dito que nunca fora particularmente insultada on-line, que não lia o Twitter com atenção suficiente para saber o que as pessoas diziam sobre ela ou (o mais implausível quando uma partida precisa ser ganha) que os insultos on-line não a incomodavam minimamente, seu álibi teria sido menos útil.

Porém, o caso Jeong revelou outro insight fascinante. Um escritor do website *Vox* chamado Zack Beauchamp defendeu Jeong tuitando: "Hoje, por alguma razão incompreensível, muitas pessoas na internet confundem as maneiras expressivas pelas quais os antirracistas e as minorias falam das 'pessoas brancas' com ódio real baseado em raça."[47] Não havia elaboração sobre o que era ou não "expressivo" em termos de epítetos raciais, nem

175

nenhum guia sobre como julgar a diferença entre "ódio real baseado em raça" e essas formas "expressivas" de linguagem. Mas uma defesa ainda mais interessante foi feita por outro escritor do *Vox*. Ezra Klein abriu sua defesa dizendo que o furor na verdade se tratava de "trolls racistas da direita alternativa usando tuítes antigos como armas, de má-fé, para fazer com que uma mulher asiática seja demitida". Isso colocava em questão não somente a identidade racial de Jeong, que o *New York Times* também usara, e também as supostas motivações políticas de qualquer pessoa (talvez todas) que encontrassem algo objetável em seus tuítes.

A defesa de Ezra Klein foi interessante porque espelhou exatamente o argumento que Salma El-Wardany empregara em defesa das pessoas que tuitavam que "todos os homens são lixo" e o que o próprio Klein empregara anteriormente, dizendo que #MatemTodosOsHomens era somente outra forma de dizer "gostaríamos que o mundo não fosse tão ruim para as mulheres". Em defesa dos repetidos insultos racistas contra pessoas brancas, Klein similarmente explicou que, quando Sarah Jeong usa o termo "pessoas brancas" em suas "piadas", isso não significa o que está escrito: "No Twitter da justiça social, o termo significa algo mais próximo de 'a estrutura de poder e a cultura dominantes' que propriamente de pessoas brancas."[48]

Eis um magnífico estímulo à loucura. Se tanto Benedict Cumberbatch como Sarah Jeong terminaram em "disputas raciais", isso normalmente significaria que foram culpados de provocações similares. Mas não foram. Cumberbatch entrou em uma "disputa racial" porque usou um termo ultrapassado. Jeong entrou em uma disputa racial porque, durante anos, usou repetidamente os mesmos epítetos raciais de maneira derrogatória e pareceu gostar de fazer isso. O pior é que o motivo pode ser designado sem referência à severidade das palavras. Ao passo que o termo que uma pessoa empregou inadvertidamente pode, em alguns casos, ser usado contra ela (Cumberbatch), em outros casos, termos extremos usados voluntariamente não significam o que parecem significar. Essa é a explicação fornecida por Klein, El-Wardany e outros. Algumas pessoas usam inadvertidamente o termo errado e podem ser castigadas por isso, mas outras usam termos errados e extremos e, todavia, nenhum castigo especial é devido. Por causa de algo.

Só há duas possibilidades para o que possa ser esse "algo". A primeira é que um mecanismo de codificação é usado em todos os pronunciamentos públicos sobre sexo, raça e outros assuntos, e um mecanismo de decodificação é necessário, mas nem todo mundo o possui. Klein e El-Wardany obviamente o possuem, mas não está claro quantos outros têm acesso a um mecanismo de decodificação para descobrir quais palavras significam o que parecem significar. Sempre dependeremos deles para nos dizer quais palavras significam aquilo que ouvimos e quais ouvimos errado? Como, exatamente, isso funcionará?

A outra explicação para isso é que uma codificação muito mais simples está em jogo. E ela não tem nenhuma relação com palavras e intenções, mas somente com as características inatas de um falante particular. Desde o início, Cumberbatch estava em uma posição muito insegura. Ele é branco, heterossexual e homem. Provavelmente pareceu uma boa ideia, na época, enfatizar suas credenciais antirracistas para Tavis Smiley. Em contrapartida, normalmente pensaríamos que alguém fazendo comentários depreciativos sobre outro grupo étnico durante anos teria problemas. A menos que sua identidade fosse a correta. Se Cumberbatch tivesse passado anos tuitando sobre asiáticos vivendo em buracos como goblins e sobre o quanto ele gostava de fazer asiáticos idosos chorarem, provavelmente não teria se safado. Jeong se safou por causa de sua própria identidade racial (embora o privilégio asiático esteja atualmente sendo pesado na balança da justiça social) e por causa da raça que estava atacando.

É impossível decodificar os diferentes padrões sendo aplicados simultaneamente a partir do conteúdo da fala, porque a própria fala se tornou desimportante. O que importa, acima de tudo, é a identidade, racial ou outra, do falante. Sua identidade pode condená-lo ou permitir que se safe. Isso significa que, se as palavras e seus conteúdos ainda importam, então se tornaram profundamente secundários. Também significa que, em vez de conseguirmos ignorar a questão da raça, teremos de passar o futuro próximo focados constantemente nela, porque somente ao nos concentrarmos na raça das pessoas, poderemos descobrir o que devemos nos permitir ouvir.

A LOUCURA DAS MASSAS

A INTENSIFICAÇÃO DA RETÓRICA

Parte do que ouviremos será na forma de gritos. Pois há algo no tom do que vem ocorrendo em anos recentes nas discussões sobre raça que se mostra surpreendentemente próximo do que ocorreu com o feminismo. Uma similar intensificação da retórica e das acusações parece ter ocorrido justamente no momento que poderia ser visto como vitória. Como no caso do debate em relação ao feminismo, isso não significa que as disparidades raciais e as opiniões racistas não existam, assim como tampouco se pode dizer que as mulheres não são prejudicadas em nenhum momento por causa de seu gênero. Mas é uma curiosidade de nossa época o fato de que, quando parece melhor do que nunca, a situação é apresentada como se nunca tivesse sido pior.

Movimentos que se tornaram políticos ou estão no processo de se tornar políticos precisam de pensadores para inflamá-los, não somente representá--los. Assim como Marilyn French e outras foram celebradas pelo extremismo de suas alegações, em anos recentes o prêmio de mais celebrado escritor sobre questões raciais não foi dado às vozes mais serenas ou pacificadoras, mas ao autor que, talvez mais que qualquer outro, apresentou a raça, especialmente nos Estados Unidos, como estando em um estágio de horror sem precedentes.

Muito pode ser dito sobre as expectativas culturais dos editores quando eles contratam autores cujo primeiro livro é uma biografia. Tal honra foi oferecida a Ta-Nehisi Coates, cujo primeiro livro, *The Beautiful Struggle* [A bela luta], de 2008, descreve com admirável honestidade não somente sua infância e adolescência em Baltimore, também suas próprias atitudes em relação a cada aspecto delas. No livro, ele admite que, quando encontrava pessoas brancas na Arena de Baltimore, ele via seus bonés, roupas e lanches com desdém: "Eu achava que eles pareciam sujos, e isso me tornou racista e orgulhoso."[49] Ele descreve como o pai — membro dos Panteras Negras — teve sete filhos com quatro mulheres. Era um mundo de violência armada e grupos negros ameaçando grupos negros rivais. E, embora Coates admita que conversava durante as aulas de latim e desperdiçou muitas oportunidades de aprendizado, sua mãe lhe ensinou sobre a escravidão e as revoltas dos escravos. Ele descreve seu desdém pelo nacionalismo cívico *mainstream* que o pai sentiu em certo estágio. Coates considerava o pai, "naquela época, um acólito daquela peculiar fé negra que nos torna patriotas a despeito da cangalha. Assim, ele idolatrava JFK e adorava os antigos filmes de guerra".[50] Mais tarde, seu pai "adquiriu consciência". Os "anos de inércia chegaram ao fim" e ele "ficou ao lado daqueles que acreditavam que nossa condição, a pior neste país — pobres, doentes, analfabetos, aleijados, estúpidos —, não era somente um tumor a ser excisado, mas prova de que todo esse corpo é um tumor, de que os Estados Unidos não são vítimas da grande podridão, mas a própria podridão".[51] Coates teve um professor de inglês ("um homem miúdo com uma voz miúda") sobre o qual escreveu: "Eu lhe dedicava toda a estima de um formigueiro e esperava grande deferência em troca." Um dia, o jovem Coates brigou com o professor, porque o professor gritou com ele e "eu não podia recuar". Terminou "socando a cara dele". Mais tarde, descreve sem remorso seu papel em um ataque racista a um garoto branco.[52] Todavia, somente Coates e os membros de sua comunidade eram predestinados.

"Sabemos como iremos morrer", diz ele. "Caminhamos pelo nível mais baixo, e tudo que há entre nós e a besta, entre nós e o zoológico local, é o respeito, o respeito que você julga tão natural quanto o açúcar e a merda. Sabemos quem somos, que caminhamos como se não desejássemos este mundo, que este mundo jamais nos desejou."[53] O livro foi um grande sucesso, altamente elogiado e superlativamente exaltado. Coates recebeu o "Genius Grant" [prêmio de genialidade] da Fundação MacArthur e, tendo começado com suas memórias, em 2015 escreveu seu segundo livro (*Entre o mundo e eu*) na forma de carta para o filho, então com 15 anos. Duas memórias antes dos 40 anos.

Em *Entre o mundo e eu*, Coates descreve suas reações aos eventos de 11 de setembro de 2001. Ele chegara a Nova York somente alguns meses antes, mas é admiravelmente honesto sobre suas reações. Ele lembra que fora até o telhado de seu prédio, juntamente com a família, e observara a fumaça sobre a ilha de Manhattan: "Meu coração estava frio." Reflete que "jamais consideraria qualquer cidadão norte-americano puro. Eu não estava em sincronia com a cidade". Um ano antes, seu antigo colega de escola, Prince Jones, fora assassinado por um policial de Maryland que achara que ele era traficante. O que isso levou Coates a escrever sobre bombeiros que arriscavam — e davam — a vida para salvar norte-americanos de todas as raças e *backgrounds* no estado vizinho é chocante: "Eles não são humanos para mim. Negros, brancos, tanto faz, eles são ameaças da natureza, eles são o fogo."[54]

A carreira de Coates foi tão tranquila que mesmo a crítica mais amena foi suprimida ou — quando ocorreu — recebida com choque. Quando *Entre o mundo e eu* foi publicado, Toni Morrison escreveu na sinopse que Coates preenchera "o vazio intelectual" que atormentava desde a morte de James Baldwin. Ao menos uma pessoa — o dr. Cornel West — se incomodou com essa afirmação, embora suas razões tenham sido típica e admiravelmente idiossincráticas. "Baldwin foi um grande escritor, profundamente corajoso, que disse a verdade àqueles no poder", escreveu West. "Coates é um esperto artesão das palavras, com talento jornalístico, que evita qualquer crítica ao presidente negro no poder."[55] Coates reagiu mal e ficou magoado por alguém dizer que ele não estava à altura de James Baldwin. Mas, para além do privilégio que isso demonstra, há também um útil lembrete.

Pois, além de ser um dos maiores escritores e forças morais do século XX, Baldwin cresceu em uma época na qual a raiva contra as injustiças nos Estados Unidos era não só justificável, como necessária. Além das graves injustiças que as comunidades nas quais cresceu ainda enfrentavam, o próprio Baldwin sofreu com essas injustiças. Como ele conta em *Da próxima vez, o fogo*, aos 10 anos ele foi espancado por dois policiais. Considerando--se tudo, suas queixas foram brandas. E, mesmo assim, Baldwin sempre escreveu para encontrar uma maneira de comunicar as divisões existentes nos Estados Unidos, jamais para ampliá-las. Coates, em contrapartida, fez carreira aumentando as diferenças e agravando as feridas.[56] Em questões grandes e pequenas, ele está disposto a desempenhar sua tarefa: exigir que os Estados Unidos façam pagamentos reparatórios, mesmo após todos esses séculos, aos negros norte-americanos, e sempre usar o maior instrumento contra o menor pecado. Em 2018, quando a revista *The Atlantic* (da qual Coates é "correspondente nacional") anunciou a contratação do escritor conservador Kevin Williamson, os artigos antigos de Williamson passaram por um pente-fino. Descobriu-se que ele tinha opiniões muito contrárias ao aborto, o que irritou muitos críticos, e afirmou-se desonestamente que, em um artigo seu para a *National Review* de Illinois, havia uma referência derrogatória a um garoto negro.

Williamson foi demitido por *The Atlantic* menos de quinze dias após o anúncio de sua contratação. Mas, antes da contratação e demissão, houve uma reunião editorial durante a qual o editor — Jeff Goldberg — se sentou no palco ao lado de Coates. Embora ninguém tenha exigido que Goldberg baixasse as mãos, como foi feito com o presidente da Evergreen, fica claro que ele estava lutando por sua vida profissional e que Coates era seu bote salva-vidas. Em determinado momento, Goldberg implora: "Olhe, para mim é muito difícil desagregar o Ta-Nehisi profissional do Ta-Nehisi pessoal porque [...] quero dizer uma coisa. Preciso dizer isso. Ele é uma das pessoas mais importantes da minha vida. Eu morreria por ele." Muitos colaboradores da revista considerariam tal lealdade suficiente, e talvez uma razão para espalhar um pouco de amor. Mas não Coates.

Ao discutir Williamson, Coates conseguiu fazer o mesmo que fez em cada uma de suas memórias até agora: lançar a pior luz possível sobre uma situação, da grande altura em que colocou a si mesmo. Ele usou a reunião para dizer que não tinha expectativas em relação a Williamson, para além da prosa floreada. Nenhuma expectativa para além do conhecimento de que Williamson — e eis aqui uma alegação extraordinária — não era capaz de "me ver, e francamente, muitos de vocês, como seres humanos integralmente realizados".[57] A ideia de que Williamson não via Coates — e de fato, nenhuma pessoa negra — como "ser humano integralmente realizado", e que isso era simplesmente uma realidade, foi uma declaração terrível e diz muito sobre aquilo de que Coates conseguiu se safar durante sua carreira. James Baldwin jamais falou das pessoas brancas como se fossem, como um todo, irredimíveis. Tampouco precisou de qualquer ofensa exagerada. Coates não somente exagera a mágoa, como o faz sabendo que todas as armas estão do seu lado. Havia uma arma carregada no palco, mas não era um homem branco que a empunhava, e sim Coates. Quando estudantes recém-chegados aos *campi* das universidades estadunidenses se perguntam se fazer alegações insinceras e transformar eventos menores em catástrofes pode ser recompensador, eles vão olhar para Coates e saber que sim.

Na moderna era da informação, o aumento da consciência racial em um país tampouco fica confinada a ele. O sucesso de Coates nos EUA foi espelhado por Reni Eddo-Lodge em um país com uma história muito diferente de relações raciais. Quando seu livro *Por que eu não converso mais com pessoas brancas sobre raça* foi publicado em 2017, ela imediatamente suscitou as mesmas questões que o livro de Coates e recebeu uma quantidade comparável de aplausos e prêmios. Eddo-Lodge inseriu no discurso público britânico conceitos como "privilégio branco", mas teve de procurar mais que Coates por suas queixas. A abertura de seu livro narra terríveis incidentes do passado da Grã-Bretanha, como o assassinato racista de um marinheiro negro chamado Charles Wooton nas docas de Liverpool em 1919.[58] Eddo-Lodge relata tais eventos incomuns como se fossem não somente emblemáticos do país, mas também uma história oculta. Crucialmente, são uma história pela qual ela teve de procurar, retornando para nos contar o quanto o passado foi pior do que imaginávamos e o quanto, consequentemente, as pessoas brancas devem ser piores agora.

Como os indivíduos devem reagir às pessoas no presente quando retornam do esquadrinhamento vingativo do passado? Uma consequência parece ser a normalização da vingança, que em anos recentes vem se infiltrando na linguagem cotidiana. Assim, durante a Marcha das Mulheres em Londres, em janeiro de 2018, o cartaz empunhado por uma jovem de cabelo pink dizia: "Nenhum país para os velhos homens brancos."[59] A parte irônica é que o banner do Partido Socialista dos Trabalhadores, logo ao lado, dizia: "Não ao racismo." A parte triste é que a jovem sacudia seu cartaz em frente ao Cenotáfio, que admitidamente celebra muitos homens brancos, mas homens brancos que não tiveram a chance de envelhecer.

Nessa nova era de retribuição, tornou-se perfeitamente aceitável acusar as pessoas brancas em geral — e mesmo as mulheres brancas, em particular — de crimes dos quais outras pessoas não seriam culpadas. Assim, o *Guardian* achou adequado publicar um artigo intitulado "Como as mulheres brancas usam lágrimas estratégicas para evitar a responsabilização", na qual o autor reclama porque "frequentemente, quando tentei falar ou confrontar uma mulher branca sobre algo que ela disse ou fez que me impactou de maneira adversa, encontrei negativas chorosas e acusações indignadas de que eu a estava ferindo".[60] "LágrimasBrancas" é uma hashtag popular. E então há a disseminação do termo *gammon* [presunto defumado], que se tornou o *mot juste* para pessoas de opinião esclarecida se referirem a pessoas de pele branca que ficam ruborizadas. O termo apareceu em 2012 e, em 2018, era usado frequentemente em programas televisivos e na internet não somente para enfatizar o divertido tom de pele das pessoas brancas e sua aparência porcina, mas também para implicar que o rubor marcava mal reprimido ultraje e, provavelmente, xenofobia. Novamente, na busca pelo antirracismo, os antirracistas recorrem ao racismo. E quais poderiam ser as consequências negativas de tal postura?

QI

De todas as fundações nas quais basear uma sociedade diversa e civilizada, a igualdade humana deve ser a mais importante. A igualdade é o objetivo declarado de todo governo ocidental, o propósito declarado de toda organização cívica mainstream e a aspiração de qualquer um que deseje encontrar um lugar em uma sociedade polida. Mas, por baixo dessa aspiração, presunção ou esperança, jaz uma das mais dolorosas e inexploradas bombas de todas, e uma das melhores razões para sermos mais cuidadosos do que temos sido na era dos hashtags do Twitter. Trata-se da questão do que a igualdade significa e se ela ao menos existe.

A igualdade aos olhos de Deus é um princípio central da tradição cristã. Porém se traduziu, na era do humanismo secular, não em igualdade aos olhos de Deus, mas em igualdade aos olhos dos homens. E esse é o problema, pois muita gente percebe, teme ou intui que as pessoas não são inteiramente iguais. As pessoas não são igualmente belas, talentosas, fortes ou sensíveis. Certamente não são igualmente ricas. Nem mesmo são igualmente afetuosas. E, embora a esquerda política fale constantemente da necessidade de igualdade e mesmo equidade (argumentando, como fazem Eduardo Bonilla-Silva e outros, que a igualdade de resultados é não somente desejável, mas também possível), a direita política responde com um pedido por igualdade de oportunidades, não de resultados. Na realidade, ambas as reivindicações são quase impossíveis no âmbito local e no nacional, quem dirá no global.

O filho de pais ricos terá oportunidades que o filho de pais pobres não terá, e isso quase certamente dará a essa criança vantagens tanto no início

A LOUCURA DAS MASSAS

quanto no decorrer da vida. Embora todos possam frequentar escolas melhores, nem todos podem frequentar as melhores escolas, e ainda que muitos desejem entrar em Harvard, nem todo mundo consegue. Anualmente, cerca de 40 mil inscritos tentam, mas nem todos conseguem entrar. E foi em Harvard que a mais recente e devastadora mina terrestre foi vislumbrada, e é lá que ainda pode explodir.

Como vimos, foi Harvard que deu ao mundo o teste de "viés implícito". Ou, como diz uma manchete na web: "Você é racista? Descubra com o teste de racismo de Harvard."[61] Se esse é o caso, então parece que a universidade mais antiga dos Estados Unidos deveria fazer seu próprio teste. E, se o teste de viés implícito for acurado, o resultado seria que Harvard é realmente muito racista.

Em 2014, um grupo chamado "Estudantes por admissões justas" iniciou uma ação legal contra Harvard. O grupo representava asiático-estadunidenses que alegavam que as políticas de admissão da universidade demonstravam um padrão de discriminação que já durava havia décadas. Especificamente, alegavam que, em nome da "ação afirmativa", Harvard rotineira e sistematicamente prejudicava os candidatos asiático-estadunidenses. Harvard lutou para evitar a liberação de documentos que revelavam seus critérios de admissão, argumentando que se tratava de segredos comerciais. Entretanto, no fim, a universidade — que alegou não discriminar candidatos "de qualquer grupo" em seu processo de admissão — foi forçada a revelar essas informações.[62] E não surpreende que tenha tentado mantê-las em segredo.

Como Harvard só é capaz de aceitar 4,6% dos candidatos a cada ano, talvez fosse inevitável que surgisse alguma forma de veto. Mas os procedimentos de veto que adotou dificilmente poderiam ser mais intragáveis. Como a maioria das outras universidades norte-americanas (e se disseminando a partir delas), Harvard queria erradicar a ideia de viés racial em seu processo de seleção. Porém, ao tentar erradicar a ideia de viés racial, você não obtém uma hierarquia étnica perfeitamente representativa, mas sim uma que favorece desproporcionalmente certos grupos. Harvard — sendo esperta — percebeu isso e teve de encontrar uma maneira de resolver o problema, especificamente para aumentar o número de afro-americanos em suas turmas. Assim, decidiu encontrar maneiras de inclinar sua ostensiva política de admissão racialmente cega contra um dos grupos que apresentavam desempenhos drasticamente superiores. Harvard transformou um processo que se apresentava como racialmente cego, mas que, na verdade, tentava melhorar as chances de alguns em um processo obcecado pela raça.

Embora a universidade tenha negado as alegações no tribunal, seus registros mostram que, durante anos, rotineiramente baixou a pontuação dos candidatos asiático-estadunidenses. Em particular, baixou sua pontuação com base em traços de personalidade que incluíam "personalidade positiva", gentileza e afabilidade. Infelizmente, para Harvard, durante o processo de produção de provas, revelou-se que a instituição diminuía a pontuação dos estudantes asiático-estadunidenses sem necessariamente entrevistá-los. Parecia haver uma política deliberada de prejudicá-los, reduzindo sua pontuação de personalidade sem ao menos conhecê-los. E por que Harvard, ou qualquer outra instituição educacional de excelência, faria isso? Por duas razões. A primeira é que, como qualquer instituição similar de elite, Harvard se comprometeu a oferecer ao mundo não simplesmente as melhores pessoas possíveis, mas as melhores pessoas depois que passaram pela seleção representada pelo comprometimento da instituição com a diversidade. A segunda é que, se Harvard não prejudicasse certos grupos e favorecesse outros em seu compromisso com as políticas de "ação afirmativa" e os critérios da diversidade em geral, os produtos de Harvard poderiam ser preocupantemente não diversos. Especificamente, poderia haver um corpo estudantil constituído desproporcionalmente não de norte-americanos brancos ou negros, mas de asiático-estadunidenses e judeus asquenazes. Aqui temos um vislumbre da mais feia mina terrestre do mundo.

A pesquisa que relaciona QI e genética provavelmente está entre as mais perigosas e evitadas de todas. Quando Charles Murray e Richard J. Herrnstein publicaram *The Bell Curve* [A curva de sino] em 1994, acreditou-se que haviam detonado precisamente essa mina. Embora poucos de seus críticos tenham lido o livro, houve muitos ataques a sua investigação sobre os aspectos hereditários da genética. Algumas publicações perceberam que o assunto era tão importante que precisava ser discutido. Mas a principal reação a *The Bell Curve* foi tentar impedir sua divulgação e calar seu autor

A LOUCURA DAS MASSAS

("autor", e não "autores", porque Herrnstein teve o infortúnio, ou a sorte, de morrer logo após a publicação). Quase todas as publicações que revisaram o livro comentaram que suas descobertas eram "explosivas".[63] Mas a maioria dos críticos decidiu realizar uma tarefa muito específica com essas descobertas explosivas: enterrá-las o mais profundamente possível. Um artigo extremo, mas não incomum, escrito por um acadêmico, intitulado "Nazismo acadêmico", afirmava que a obra era "um veículo de propaganda nazista, envolto em uma capa de respeitabilidade pseudocientífica, uma versão acadêmica do *Mein Kampf* de Adolf Hitler".[64] Não qualquer *Mein Kampf*, mas o de Adolf Hitler.

As críticas a *The Bell Curve* demonstraram por que quase ninguém queria analisar as evidências que sugeriam que as notas nos testes de inteligência variavam de acordo com o grupo étnico e que, assim como alguns grupos alcançavam notas mais altas em testes de inteligência, outros grupos alcançavam notas mais baixas. Isso, evidentemente, não significava que todos no grupo obtinham os mesmos resultados. Como Murray e Herrnstein tiveram o cuidado de indicar repetidamente, as diferenças no interior dos grupos raciais eram maiores que as diferenças entre eles. No entanto, aqueles que estudaram a literatura acadêmica sobre diferenciais de QI entre grupos raciais sabem melhor que ninguém que a literatura nessa área é — como disse Jordan Peterson — "um pesadelo ético".[65] E um pesadelo do qual quase todo mundo fez questão de ficar longe.

Eles o fizeram a partir de uma variedade de métodos. O primeiro foi simplesmente chamar os autores de racistas e, tendo-os coberto com lixo suficiente, contar com o cheiro para fazer o restante. Isso funcionou tão bem que, em 2017, quando Charles Murray foi convidado a falar sobre um livro mais recente na Faculdade Middlebury, em Vermont, os estudantes o receberam aos gritos, impediram sua palestra no salão principal e o expulsaram do *campus*, mandando para o hospital, no processo, a acadêmica que tentava escoltá-lo. Outras técnicas para se afastar da controvérsia de *The Bell Curve* incluíram lançar dúvidas sobre os previsores de QI em geral, ou alegar que favoreçam certos grupos raciais em função de um viés inerente. Essas alegações foram persuasivamente refutadas, mas, após um quarto de século, estava perfeitamente claro que a controvérsia jamais seria solucio-

RAÇA

nada com base em fatos. Eles são desconfortáveis demais para flutuar pelo ar intelectual. Assim, a posição alternativa para não analisar as evidências de diferenciais de QI é dizer que mesmo que haja fatos e eles sejam claros, é moralmente suspeito querer examiná-los e, de qualquer maneira, criam problemas éticos e morais tão vastos e complexos que não há nada que se possa fazer com eles.

Esse recuo, de "os fatos estão errados" para "os fatos são inúteis", tornou-se uma marca registrada da opinião pública em face da crescente literatura sobre o assunto. Em 2018, um dos principais especialistas mundiais desse campo — David Reich, de Harvard — publicou um artigo que coincidiu com a publicação de seu novo livro sobre genética. Entre muitas outras coisas, ele mapeou a maneira pela qual se passou a alegar que raça (assim como sexo) é meramente um "constructo social" sem base genética. Reich explicou como essa visão se tornou ortodoxa e por que não tem como se manter contra as evidências em contrário. Ele reconheceu as armadilhas, admitindo no artigo que sentia "profunda simpatia pela preocupação de que as descobertas genéticas sejam usadas para justificar o racismo". Porém, acrescentou que, "como geneticista, também sei que simplesmente já não é possível ignorar as diferenças genéticas médias entre as 'raças'".[66] Mas nenhuma ressalva funciona nessa área, e o debate sobre raça e QI pegou fogo novamente. Um ataque bastante comum contra ele foi perguntar: "Reich realmente não vê como os racistas e sexistas poderiam distorcer seus raciocínios? Ou será que, em algum nível, ele partilha desses preconceitos?"[67]

Mesmo hoje, a simples comunicação com Murray faz com que essa mesma manobra seja empregada. O neurocientista Sam Harris admitiu ter evitado qualquer contato com Murray ou seu livro mais famoso, por causa do lodo que cercava a área. Ao ler seu trabalho, percebeu que Murray fora "talvez o intelectual mais injustamente tratado de minha época".[68] Somente por tê-lo em seu podcast e manter uma conversa respeitosa e perspicaz (intitulada "Conhecimento proibido") sobre suas pesquisas, várias mídias tentaram cobrir Harris com o mesmo lodo. O *Vox* declarou que tal pesquisa não era "conhecimento proibido", mas meramente "a mais antiga justificativa para o preconceito e a desigualdade racial nos Estados Unidos".[69] Essa alegação ignora — entre outras coisas preocupantes — a possibilidade de que ela seja ambas as coisas.

E foi aqui que as pesquisas e os debates sobre QI empacaram. Como o conhecimento poderia ser usado por pessoas más, a pesquisa não podia seguir em frente, ou tinha de ser negada. E, como disse Murray em sua conversa com Harris, existe uma possível e óbvia razão para a fúria que a cerca. É o fato de que, começando pelo governo e percorrendo todas as instituições de nossa sociedade, existe o compromisso total e desmedido com uma ideia particular de "diversidade" e "igualdade". Está escrito em toda lei e política trabalhista e embebido em todas as políticas sociais que todo mundo é "igual do pescoço para cima". De fato, essa suposição é tão disseminada que qualquer assunto que possa miná-la ou contrariá-la tem de ser esmagada com tanta força quanto a Igreja, no auge de seu poder, foi capaz de esmagar qualquer um que contrariasse seus ensinamentos. Os ensinamentos de nossa era dizem que todo mundo é igual, e que raça, gênero e muitas outras coisas são meros constructos sociais; que, com encorajamento e oportunidade, todos podem ser tudo que quiserem; que a vida se resume a ambiente, oportunidade e privilégio. É por isso que, quando surge mesmo o mais minúsculo fragmento de argumento — como no caso da admissão de asiático-estadunidenses em Harvard —, ele causa dor, confusão, negação e raiva tão extraordinárias. Em geral, a negação é sistemática, mas, ocasionalmente, se fixa em um objeto ou pessoa em particular, e então tudo que se pode imaginar é jogado contra aquele que proferiu (ou ameaçou proferir) a heresia. A verdade é que há pessoas (e seu número pode muito bem aumentar) que dão boas-vindas à pesquisa nessa área com uma exultação profundamente intragável. Não é difícil reconhecer a diferença entre aqueles que olham para essa área sombria com preocupação e aqueles que a olham com absoluto deleite.

De qualquer modo, essa é a pior questão hardware-software de todas. Por um longo e vergonhoso período, acreditou-se que a raça era uma questão de hardware, a mais hardware de todas. E então, após a Segunda Guerra Mundial, e de maneira relacionada aos horrores daquele conflito, o consenso se inverteu. A raça se tornou, talvez por necessidade, um constructo social como todo o restante. Porque, se ela for uma questão de hardware, então, em certo momento, poderemos ter sérios problemas.

Em março de 2019, a professora Robin DiAngelo, da Universidade de Washington, fez um discurso na Universidade de Boston. DiAngelo é

RAÇA

especializada em "estudos da brancura" e escreveu o livro *White Fragility* [Fragilidade branca]. Como a própria DiAngelo é branca, ela teve de usar um pouco de autodegradação para ganhar a confiança da plateia. E fez isso garantindo estar consciente de que, somente por estar no palco, falando, reforçava "a brancura e a centralidade da visão branca". Ela pediu desculpas por declarar, por exemplo, que "gostaria de ser um pouco menos branca, o que significa um pouco menos opressora, indiferente, defensiva, ignorante e arrogante". Para a plateia em Boston, também explicou que as pessoas brancas que veem outras pessoas como indivíduos, e não em função da cor de pele, são na verdade "perigosas".[70] Isso significava que levou somente meio século para que a visão de Martin Luther King fosse precisamente invertida.

Hoje, parece ter havido um retorno a um nível intensificado de retórica racial, e um grande aumento das alegações sobre diferenças raciais, justamente quando a maioria de nós esperava que essas diferenças estivessem se desvanecendo. Algumas pessoas em um espírito de ressentimento, outras em um espírito de regozijo, estão pulando para cima e para baixo nesse terreno prestes a explodir. Elas não têm ideia do que está sob seus pés.

INTERLÚDIO

Sobre o perdão

A chegada da era das mídias sociais fez coisas que mal começamos a entender e causou problemas com os quais mal começamos a lidar. O colapso da barreira entre linguagem privada e pública é um deles. Porém maior que ele (embora parcialmente resultante dele) é o mais profundo problema de todos: o fato de não termos nos permitido nenhum mecanismo para sair da situação em que a tecnologia nos colocou. Ela parece capaz de causar catástrofes, mas não de mitigá-las, de ferir, mas não de remediar. Considere o fenômeno agora conhecido como humilhação pública.

Em fevereiro de 2018, somente alguns meses antes da indicação de Sarah Jeong para o conselho editorial do *New York Times*, o jornal anunciou outro recrutamento, a de uma jornalista de 44 anos especializada em tecnologia chamada Quinn Norton. A internet imediatamente se lançou ao trabalho de analisa seu Twitter — como faria mais tarde com Sarah Jeong. Novamente, foram encontrados tuítes que, na linguagem dos defensores da justiça social, "não eram bons". Entre as coisas encontradas, havia alguns tuítes de 2013 nos quais Norton usara a palavra "veado" [*fag*]. Como em "Olhe aqui, seu veado" e (dirigindo-se a outro usuário do Twitter com quem discutia) "seu veado comedor de merda, hipersensível e chorão".[1] Em outra ocasião — em 2009 —, Norton usou a mais inaceitável palavra de todas. Durante uma discussão com outro usuário, ela respondeu: "Se Deus quisesse que um crioulo [*nigger*] falasse a nossas crianças, ele o teria feito presidente. Ah, espere... Hum."[2] Somente sete horas depois de anunciar sua contratação, o *New York Times* voltou atrás dizendo que, na verdade, Norton não se uniria ao jornal.

Em um artigo subsequente em *The Atlantic*, Norton falou sobre o que achava que aconteceu. Ela reconheceu que muitas das coisas que havia escrito e tuitado no passado eram ignorantes e constrangedoras. Também explicou como era ver, em suas palavras, uma "dublê" de si mesma emergir no mundo on-line. Em comum com outras pessoas que foram sujeitadas à humilhação pública, a versão que as pessoas insultavam não era "ela", mas uma versão horrível, simplificada e fora de contexto de partes minúsculas dela mesma.

Ela explicou que acreditava ter sido vítima do que chamou de "colapso do contexto". Esse é outro termo para o colapso da divisão entre linguagem privada e pública, no qual a conversa de um endogrupo é ouvida por um exogrupo sem conhecimento do contexto original. Norton disse que o uso da palavra com "n" ocorrera no contexto de uma disputa on-line na qual ela "apoiava [o presidente] Obama". Como esteve envolvida em disputas amigáveis e hostis com vários racistas brancos, é possível que estivesse usando linguagem vil para espelhar alguém que também usava linguagem vil. Em outro local, seu envolvimento com os "anons" (membros do coletivo ativista "Anonymous") foi dado como razão para o uso da palavra "veado".[3] Tal linguagem é usada em tais grupos, mas claramente isso não se transfere para o mundo do *New York Times*. Os dois mundos se encontraram, a história de Norton estava lá e o mundo acorreu em massa.

Porém, esses casos merecem reflexão. Primeiro porque casos como o de Norton e Jeong levam à pergunta: "Qual é a representação justa de uma pessoa na era da internet?" Qual é a maneira justa de descrever alguém? Norton, por exemplo, daquele momento em diante, pode ser resumida como "a racista e homofóbica jornalista tecnológica demitida pelo *New York Times*". Ela pode achar que uma versão mais justa de si mesma seria "escritora e mãe". Mas Jeong presumivelmente tampouco pensa em si mesma como racista. Então quem decide? Se são as massas, estamos encrencados.

De fato, somente a pior versão da vida de alguém contém informações que fazem a internet parar e olhar. Para um viciado na rede, é um prato cheio humilhar alguém e se regozijar com sua humilhação. Todos conhecemos o deleite de ver alguém cair em desgraça; a sensação de virtude que pode vir de participar da punição de um transgressor. Mesmo (talvez especialmente) que a transgressão seja um pecado que nós mesmos cometemos. E conhecemos, pela obra do antropólogo e filósofo René Girard, o alívio social de

INTERLÚDIO

identificar tal bode expiatório. Assim, a inclinação é aceitar o relato de vida menos compreensível e nuançado, o mais apavorante e apavorado.

Eis um atoleiro adicional. Há pouco recurso quando a antiga escola de jornalismo vasculha a vida de alguém. Mas, na internet, não há nem mesmo um corpo regulatório ao qual apelar se sua vida for revirada desse jeito. Milhares — talvez milhões — de pessoas estiveram envolvidas, e não há um mecanismo que possa chegar a todas elas e forçá-las a admitir que reviraram sua vida de maneira injusta. Ninguém tem tempo para isso e poucas pessoas são consideradas suficientemente importantes. Há outras pessoas a investigar. E, ao contrário do grupo de indivíduos cuja vida a antiga mídia investiga, a tecnologia pode apanhar quase qualquer um no planeta e jogá-lo no meio do tornado.

A segunda coisa importante sobre histórias como as de Norton, Jeong e outros é uma questão que a era da internet ainda não abordou: como nossa era será capaz de perdoar, se é que será? Como todo mundo erra no curso da vida, deve haver — em qualquer pessoa ou sociedade saudável — alguma capacidade de perdão. Parte do perdão é a habilidade de esquecer. Mas a internet jamais esquece. Tudo pode ser evocado novamente por novas pessoas. Um futuro empregador sempre será capaz de ver Norton usar a palavra começada com "n" e se perguntar, contexto à parte, se ela é o tipo de pessoa que quer contratar.

Os tuítes controversos de Norton e Jeong foram apagados, mas não sem antes ser capturados para a posteridade por múltiplos outros usuários. Vê-los on-line pode gerar uma reação tão grande como se tivessem sido escritos não há alguns anos, ou há uma década, mas ontem ou hoje.

Até muito recentemente, um deslize ou erro cometido por uma pessoa muito famosa se desvanecia com o tempo. Algumas coisas são tão grandes que jamais são esquecidas. Alguém que tenha sido julgado por um tribunal ou ido para a prisão manterá isso em seu registro. Mas é especialmente enlouquecedor viver em um mundo no qual erros têm o mesmo efeito de crimes. A que tribunal podemos apelar? Especialmente quando a natureza dos crimes ou o que constitui um crime pode variar de um dia para o outro? Hoje, qual é a maneira correta de se referir a alguém trans? Você já usou essa palavra como piada ou insulto? Como o que fazemos agora parecerá daqui a vinte anos? Quem será o próximo Joy Reid, que teve de responder por uma visão "errada" expressa em uma época na qual todo mundo expressava a mesma visão "errada"? Se não sabemos as respostas para essas perguntas, temos de tentar assegurar que poderemos prever as guinadas das massas, não somente no ano que vem, mas pelo resto de nossa vida. Boa sorte com isso.

Não surpreende que os estudos demonstrem aumento da ansiedade, da depressão e dos transtornos mentais na juventude de hoje. Em vez de demonstração da "síndrome do floco de neve", trata-se de uma reação totalmente compreensível a um mundo cujas complexidades se multiplicaram exponencialmente durante sua vida. Uma resposta perfeitamente razoável a uma sociedade impulsionada por ferramentas que podem criar infinitos problemas, mas nenhuma resposta. E, no entanto, há respostas.

Em novembro de 1964, Hannah Arendt fez uma palestra na Universidade de Chicago intitulada "Trabalho, obra, ação", como parte de uma conferência sobre "Cristandade e o homem econômico: decisões morais em uma sociedade abastada". O principal assunto da palestra foi em que consiste uma vida "ativa". O que fazemos quando somos "ativos"? Perto do fim, Arendt refletiu sobre algumas das consequências de sermos ativos no mundo. A vida de todo ser humano pode ser contada como uma história, porque tem início e fim. Mas as ações entre esses dois pontos fixos — o que chamamos de "agir" no mundo — têm consequências irrestritas e ilimitadas. A "fragilidade e não confiabilidade dos assuntos humanos" significam que estamos constantemente agindo em uma "rede de relacionamentos" na qual "toda ação inicia não somente uma reação, mas uma reação em cadeia". Isso significa que "todo processo é causa de imprevisíveis novos processos". Uma única palavra ou um único ato pode mudar tudo. Como consequência, diz Arendt, "jamais podemos realmente saber o que estamos fazendo".

O que torna a "fragilidade e não confiabilidade dos assuntos humanos" ainda piores é o fato de que, como disse Arendt:

> Embora não saibamos o que estamos fazendo quando agimos, jamais temos a possibilidade de desfazer o que fizemos. Processos de ação são não somente imprevisíveis, mas também irreversíveis; não há autor ou criador que possa desfazer o que fez se não gostar do resultado ou as consequências se provarem desastrosas.

INTERLÚDIO

Assim como a única ferramenta para nos proteger contra a imprevisibilidade é certa habilidade de fazer e cumprir promessas, Arendt diz que só existe uma ferramenta para lidar com a irreversibilidade de nossas ações. Trata-se da "faculdade de perdoar". Essas duas coisas necessariamente caminham juntas: a habilidade de nos unir a partir de promessas e a habilidade de permanecer unidos por meio do perdão. Sobre o último, Arendt escreveu:

> Sem sermos perdoados, liberados das consequências do que fizemos, nossa capacidade de agir estaria confinada a um único ato do qual jamais poderíamos nos recuperar; permaneceríamos vítimas de suas consequências para sempre, assim como o aprendiz de feiticeiro que não possuía a fórmula mágica para quebrar o encanto.[4]

Isso era verdade antes do surgimento da internet, mas se tornou muito mais verdadeiro desde então.

Uma chave para lidar com isso jaz no esquecimento histórico, e não pessoal. E no perdão histórico, e não pessoal. Esquecer não é o mesmo que perdoar, mas frequentemente o acompanha e sempre o encoraja. Coisas horríveis foram feitas, por uma pessoa ou um povo, mas, com o tempo, a memória esmorece. As pessoas gradualmente se esquecem dos detalhes exatos ou da natureza do escândalo. Uma nuvem cerca a pessoa ou a ação, e então também se dissipa, em meio a uma massa de novas descobertas e experiências. No caso dos piores erros históricos, as vítimas e os perpetradores morrem, aqueles que ofenderam e aqueles que foram ofendidos. Alguns descendentes podem se lembrar durante algum tempo. Mas, conforme o insulto e ofensa se desvanecem de geração em geração, aqueles que se apegam a eles frequentemente são vistos como se estivessem exibindo não sensibilidade ou honra, mas beligerância.

Assim como ajuda as pessoas a se lembrarem, a internet as ajuda a abordar o passado de um ângulo estranho e onisciente. Isso torna o passado refém — como todo o resto — de qualquer arqueólogo com uma vendeta. Eventos que foram escandalosos há muito tempo, mas não o são há gerações, podem ser trazidos novamente à superfície. Como podemos ter esquecido sobre esse crime cometido há mais de cem anos? Não deveríamos saber a respeito? Não deveríamos nos envergonhar? O que não saber diz a nosso respeito?

A LOUCURA DAS MASSAS

Mesmo as coisas que pareciam estabelecidas podem ser desestabelecidas. Em seu poema "Em memória de W. B. Yeats", W. H. Auden notoriamente escreveu, falando das reputações literárias: "Tempo que, com essa estranha desculpa/ Perdoou Kipling e suas visões/ E perdoará Paul Claudel/ Perdoe-o por escrever bem."[5] Exceto que agora descobrimos que, se Kipling foi perdoado, ele mais tarde pode ser desperdoado. Talvez tais escritores sempre tenham podido, em certo grau, mas hoje isso pode ser feito de longe, remota, rápida e fanaticamente.

Em julho de 2018, alunos da Universidade de Manchester cobriram de tinta um mural com o poema "Se", de Kipling — que, anteriormente, fora escolhido como favorito da Grã-Bretanha. Mas, por mais comovente ou inspirador que muitas pessoas achem o poema, os alunos decidiram apagá-lo. Talvez inevitavelmente, escreveram um poema de Maya Angelou por cima. O oficial de "liberação e acesso" da associação de alunos da universidade justificou a ação explicando que Kipling era culpado de ter "buscado legitimar a presença do Império Britânico na Índia" e de "desumanizar as pessoas de cor".[6]

Antes do advento da internet, os erros das pessoas podiam ser lembrados no interior de suas comunidades ou círculos. Na época, começar vida nova em outro lugar era ao menos uma possibilidade. Hoje, as pessoas podem ser seguidas por seus dublês aonde quer que vão. E, mesmo após a morte, a escavação e exploração da tumba continuarão, em um espírito não de investigação ou perdão, mas de retribuição e vingança. No cerne dessa atitude está o estranho instinto retributivo em relação ao passado que sugere que somos melhores que as pessoas ao longo da história porque sabemos como elas se comportaram e temos certeza de que teríamos nos comportado melhor. Há uma gigantesca falácia moderna em operação aqui. Pois é claro que as pessoas só acham que teriam agido melhor porque sabem como a história terminou. As pessoas ao longo da história não tinham — e não têm — esse luxo. Elas fizeram boas e más escolhas nos momentos e lugares em que estavam, dadas as situações com que se depararam.

Ver o passado com algum grau de perdão é, entre outras coisas, um pedido precoce para sermos perdoados, ou ao menos entendidos. Porque nem tudo que estamos fazendo ou pretendemos fazer necessariamente sobreviverá ao turbilhão da retribuição e do julgamento. Pode tal atitude de perdão ser aplicada tanto às situações pessoais quanto às históricas? Às pessoas atravessando a história conosco?

INTERLÚDIO

Na véspera de Ano-Novo de 2017/2018, o governo britânico anunciou que o jornalista e fundador de escolas Toby Young fora nomeado membro do conselho consultivo sobre ensino superior que estava sendo formado pelo Departamento de Educação. Durante alguns anos, Young fora mais conhecido como proeminente defensor do programa governamental de "escolas gratuitas", e dedicara seu tempo a inaugurar uma nova escola em Londres e dirigir a New Schools Network. Antes de seguir nessa direção, Young fora autor, entre outros, de *Como fazer inimigos e alienar pessoas*, um relato (transformado no filme *Um louco apaixonado*) de seu fracasso nos Estados Unidos. Era um livro impetuoso, autodilacerante e revelador, e, como muitas das colunas jornalísticas de Young, baseava-se, em certa extensão, em chocar os leitores. Talvez a conversão damascena de uma fase de sua vida para a próxima pudesse ter levado a algum perdão, mas, durante certo período, Young certamente esteve dividido: jornalista engraçado e chocante e pessoa ajudando crianças de famílias pobres a receberem melhor educação. Foi nessa encruzilhada que as massas on-line o pegaram.

Nas horas e dias depois que sua nomeação foi indicada, a conta de Young no Twitter e artigos passados forneceram um baú do tesouro para arqueólogos das ofensas procurando erros. De fato, para qualquer um não familiarizado com sua obra, deve ter sido o equivalente on-line de encontrar a tumba de Tutancâmon.

Descobriu-se que, em várias ocasiões durante 2009, Young expressara interesse em seios e estivera disposto a falar sobre o assunto com seus seguidores no Twitter. Ele falara sobre os "peitos enormes" de uma amiga. Assistindo ao programa de perguntas e respostas com a primeira-ministra na TV, perguntara: "Sério decote atrás da cabeça de Ed Miliband. Alguém sabe a quem pertence?"[7] Como disse mais tarde, nenhum desses comentários estava entre os momentos de que mais se orgulhava. Mas a escavação continuou. Em um artigo para o *Spectator* em 2001, ele escrevera sobre um novo programa do canal "Men and Motors" chamado "The glamour game" [O jogo glamoroso], que, segundo ele, era basicamente pornografia e do qual ele gostara. Um subeditor dera ao artigo o título "Confissões de um viciado em pornografia".[8] Quase duas décadas depois, essa se tornou uma das principais acusações contra ele. Parlamentares trabalhistas e conservadores o criticaram. O *Times* de Londres publicou um artigo intitulado "'Viciado em pornografia' Toby Young luta para manter seu papel como guardião dos estudantes".[9] O jornal londrino *The Evening Standard* se saiu com "Novas pressões sobre Theresa May para demitir o 'viciado em pornografia' Toby Young do papel de guardião dos estudantes".[10]

Ele certa vez usara a expressão *queer as a coot* ["estranho como uma galinha-d'água"] para descrever uma celebridade gay, e já se sentara na plateia de uma conferência sobre QI e genética em uma universidade londrina. Essencialmente, pisara em cada detonador daquela época. Nove dias após o anúncio, quando parecia que o exame de seu catálogo pregresso poderia continuar indefinidamente, ele declinou do cargo. Algumas semanas depois, perdera todos os outros cargos e posições que tentara manter, incluindo a direção da New Schools Network, que era sua principal fonte de renda e a paixão da segunda fase de sua vida.

Ninguém defenderia os tuítes de Young sobre seios. Muitas pessoas questionariam a capacidade de julgamento de qualquer adulto tuitando autoconfesso humor "adolescente".[11] Mas o caso de Young, como todos os outros casos de humilhação pública, suscita a mais importante questão de todas. Há qualquer espaço para o perdão? Seus anos de trabalho voluntário ajudando crianças desfavorecidas algum dia permitirão erradicar o pecado de seus tuítes sobre seios? Se sim, quanto seria necessário de cada lado, quantas crianças ajudadas a fim de erradicar quantos seios? E qual é o intervalo decente entre o erro e o perdão? Alguém sabe? Alguém está interessado em descobrir?

Está na hora de ao menos tentarmos. Pois agora entramos no terreno mais perigoso de todos: o da humilhação intergeracional. Em agosto de 2018, a Lilly Diabetes anunciou ter desistido de seu acordo de patrocínio com o corredor de 26 anos Conor Daly, logo antes de sua primeira corrida na NASCAR. Dessa vez, o escândalo não foi sobre algo que Daly dissera. Os patrocinadores retiraram seu apoio por causa de uma história da década de 1980. Naquela década — antes de Conor nascer —, seu pai dera uma entrevista a uma estação de rádio na qual usara um termo derrogatório para se referir aos afro-americanos. O pai de Conor se disse "mortificado" e explicou que o termo tinha um significado e uma conotação diferentes em sua Irlanda nativa, e que ele tinha acabado de se mudar para os Estados Unidos naquela época. Ele expressou vergonha e pesar, e se desculpou pela ofensa. Mesmo assim, seu filho perdeu o patrocínio.[12]

INTERLÚDIO

De uma maneira que ainda não começamos a entender, criamos um mundo no qual o perdão se tornou quase impossível, no qual os erros do pai certamente podem recair sobre o filho. E permanecemos notavelmente despreocupados em criar quaisquer mecanismos ou consensos sobre como lidar com o enigma resultante.

O consenso durante séculos foi de que somente Deus podia perdoar os piores pecados. Mas, no nível cotidiano, a tradição cristã, entre outras, enfatizava que o perdão era desejável e mesmo necessário. Mesmo ao ponto do perdão infinito.[13] Como uma das consequências da morte de Deus, Friedrich Nietzsche previu que as pessoas se veriam presas em ciclos de teologia cristã, sem nenhuma saída. Especificamente, herdariam os conceitos de culpa, pecado e vergonha, mas sem os meios de redenção que a religião cristã oferecia. Hoje, parecemos viver em um mundo no qual as ações podem ter consequências que nunca imaginamos, a culpa e a vergonha estão mais presentes que nunca e não temos nenhum meio de redenção. Não sabemos quem poderia oferecê-la, quem poderia aceitá-la e se ela seria uma qualidade desejável, comparada ao ciclo infindável de ardente certeza e denúncia.

Assim, vivemos em um mundo no qual todo mundo corre o risco — como o professor Tim Hunt — de passar o resto da vida revivendo sua pior piada. E no qual o incentivo é não para agir no mundo, mas para reagir às outras pessoas; especificamente, para se candidatar ao papel de vítima ou juiz a fim de obter uma virtude moral que se acredita, erroneamente, ser concedida pelo sofrimento. Um mundo no qual ninguém sabe quem pode mitigar as ofensas, mas todo mundo tem incentivos reputacionais para se sentir ofendido. No qual se exerce continuamente uma das maiores manifestações do "poder": o poder de julgar, e potencialmente arruinar, a vida de outro ser humano por razões que podem ou não ser sinceras.

Até agora, há somente duas respostas débeis e temporárias a esse enigma. A primeira é perdoar as pessoas de quem gostamos ou cuja tribo ou visão mais se adapte à nossa ou, ao menos, irrita nossos inimigos. Assim, se Ezra Klein gosta de Sarah Jeong, ele a perdoará. Se você não gosta de Toby Young, você não o perdoará. Esta é uma das maneiras mais seguras de enraizar todas as diferenças tribais que já existem.

A segunda rota temporária foi a assumida recentemente por outro "velocista", Lewis Hamilton, de 32 anos. No Natal de 2017, ele publicou um vídeo em seu Instagram. O vídeo o mostrava dizendo: "Estou muito triste. Deem uma olhada no meu sobrinho". O piloto de Fórmula 1 então vira a câmara do celular para mostrar o sobrinho usando um vestido rosa e púrpura e brincando com uma varinha mágica. "Por que você está usando um vestido de princesa?", pergunta Hamilton. "Meninos não usam vestido de princesa." O menino ri.

Mas isso rapidamente se tornou mortalmente sério para Hamilton e sua carreira. Uma organização antibullying o condenou por usar as mídias sociais para "prejudicar uma criança pequena". Em toda a internet, Hamilton foi condenado por ser transfóbico e propagar estereótipos de gênero ultrapassados. A mídia se apoderou da história e a levou para as manchetes. Uma organização de auxílio aos sobreviventes de estupro exigiu que o piloto perdesse a comenda de Membro do Império Britânico. Hamilton rapidamente voltou às mídias sociais para se desculpar por seus comentários "inapropriados" e dizer a todos o quanto amava o sobrinho. "Adoro o fato de que meu sobrinho se sente livre para se expressar, como todos deveríamos nos sentir", disse ele em uma mensagem. Em outra, afirmou: "Sempre apoiei que todos vivessem suas vidas exatamente como desejam e espero ser perdoado por esse lapso de julgamento."[14]

Claramente não foi suficiente. Meses depois, em agosto de 2018, leitores da revista masculina *GQ* encontraram a fotografia de Lewis Hamilton na capa, acompanhada de uma longa entrevista e uma sessão de fotos no interior da edição. Tudo isso — incluindo a foto de capa — com ele usando saia. Além de exibir seus músculos abdominais e peitorais em um casaco xadrez aberto, ele também usava um kilt com padrões e cores igualmente extravagantes. A manchete da capa dizia: "'Quero me redimir.' Lewis Hamilton se recusa a fugir da questão."[15] Esta é a única maneira atualmente disponível de obter perdão. Se você for rico e famoso o suficiente, pode usar uma equipe de relações públicas e a capa de uma revista masculina para vestir uma saia e se prostrar perante os dogmas em rápida mutação de nossa era. Talvez não seja surpresa o fato de que um número cada vez maior de pessoas tenha passado a acreditar que deveria simplesmente aceitar esses dogmas. Não é permitido fazer perguntas. Nenhuma pergunta é feita.

4

Trans

Toda era anterior à nossa se envolveu ou permitiu atos que, para nós, são moralmente estupeficantes. Assim, a menos que tenhamos alguma razão para pensar que hoje somos mais razoáveis, mais sábios ou moralmente melhores que no passado, é aceitável supor que algumas coisas que fazemos — possivelmente repletos de virtude moral — levarão nossos descendentes a dar um assobio e perguntar: "No que diabos eles estavam pensando?" É válido nos perguntarmos quais são os pontos cegos de nossa época. O que podemos estar fazendo e será visto pelas gerações subsequentes da mesma maneira que hoje vemos o comércio de escravos ou o uso de crianças vitorianas para limpar chaminés?

Veja o caso de Nathan Verhelst, que morreu na Bélgica em setembro de 2013. Nathan nascera menina e fora chamada de Nancy pelos pais. Ela crescera em uma família de meninos e sempre sentira que os pais preferiam os irmãos. Certamente, havia muitas coisas estranhas naquela família. Após a morte de Verhelst, sua mãe deu uma entrevista à mídia local e disse: "Quando vi 'Nancy' pela primeira vez, meu sonho foi destruído. Ela era tão feia. Tive um nascimento-fantasma. A morte dela não me incomoda. Não sinto pesar, dúvida ou remorso. Jamais fomos ligadas."[1]

Por razões que esse e outros comentários deixam claro, Nancy cresceu se sentindo rejeitada pelos pais e, em algum momento, passou a acreditar na ideia de que as coisas seriam melhores se ela fosse homem. Em 2009, com quase 40 anos, ela começou a fazer terapia hormonal. Logo depois, passou por uma mastectomia dupla e iniciou várias cirurgias para tentar construir um pênis. No total, fez três cirurgias de mudança de sexo entre 2009 e 2012.

Ao fim desse processo, "Nathan", como passou a ser conhecido, reagiu aos resultados: "Eu estava pronto para celebrar meu novo nascimento. Porém, quando me olhei no espelho, fiquei enojado comigo mesmo. Meu peito não correspondia às minhas expectativas e meu pênis apresentava sintomas de rejeição." Havia muitas cicatrizes, resultantes de todas as cirurgias que realizara, e ele estava profundamente infeliz com seu novo corpo. Há uma fotografia de Verhelst como "Nathan" em uma praia belga quase deserta. Ele olha para a câmara com os olhos semicerrados por causa do sol. A despeito das tatuagens que cobrem parte de seu peito, as cicatrizes da mastectomia ainda são visíveis. Em uma foto feita em outra ocasião, ele está deitado na cama de terno e sapatos, parecendo desconfortável em seu corpo.

A vida que Nathan claramente esperara não se realizou e logo veio a depressão. Em setembro de 2013, aos 44 anos — somente um ano depois de sua última cirurgia de mudança de sexo —, Verhelst foi morto pelo Estado. Em seu país de nascimento, a eutanásia é legal e as autoridades médicas relevantes na Bélgica concordaram que Verhelst podia se submeter à eutanásia em razão de "sofrimento psicológico insuportável". Uma semana antes, ele deu uma pequena festa para alguns amigos. Os convidados supostamente dançaram, riram e ergueram suas taças de champagne em brindes "à vida". Uma semana depois, Verhelst foi até o hospital universitário de Bruxelas e morreu com uma injeção letal. "Não quero ser um monstro", disse ele logo antes de morrer.[2]

Não é difícil imaginar que as gerações futuras lerão essa história com assombro. "O serviço de saúde belga tentou transformar uma mulher em homem, falhou e então a matou?" O mais difícil de compreender pode ser o fato de que a eutanásia, assim como as cirurgias que a precederam, foi realizada não em um espírito de malícia ou crueldade, mas de bondade.

É claro que o caso Verhelst é incomum de várias maneiras. Mas vale a pena focar nele precisamente porque suas lições geram tão pouca reflexão. O que é trans? Quem é trans? O que torna alguém trans? Temos certeza de que existe tal categoria? Se sim, temos certeza de que tentar transformar alguém, fisicamente, de um sexo para outro é sempre possível? Ou mesmo a melhor maneira de lidar com esse enigma no presente?

Entre todos os temas deste livro e todas as questões complexas de nossa era, nenhum é tão radical nas confusões e suposições que gera e tão virulento nas demandas que faz quanto o tema trans. Não há outra questão (quem dirá uma afetando relativamente tão poucas pessoas) que tenha chegado tão rapidamente ao estágio no qual páginas inteiras dos jornais são devotadas a seus últimos desenvolvimentos e na qual existe a infinita demanda de modificar não somente a linguagem, mas também a ciência.[3] O debate em torno dos direitos gays se moveu muito rápido para algumas pessoas, mas, mesmo assim, levamos décadas para ir da aceitação de que a homossexualidade existia e poderia precisar ser acomodada para a legalização do casamento gay. Em contrapartida, trans se tornou algo próximo de um dogma em tempo recorde. Ministros conservadores do governo britânico estão fazendo campanha para que seja mais fácil para as pessoas modificarem suas certidões de nascimento e alterarem seu sexo no nascimento.[4] Uma autoridade local publicou orientações educacionais sugerindo que, a fim de fazer com que as crianças transgêneros se sentissem mais aceitas, os professores de escolas primárias dissessem às crianças que "todos os gêneros", incluindo meninos, podem menstruar.[5] Nos Estados Unidos, aprovou-se em maio de 2019 uma lei federal que redefine o sexo para incluir a "identidade de gênero".[6]

Por toda parte, a sensação é a mesma. Entre a loucura das massas que atravessamos no momento, trans se tornou algo como um aríete, a última coisa necessária para derrubar parte do grande muro patriarcal. Grupos britânicos como o Stonewall estão de volta à cena, com uma nova versão de sua antiga camiseta pelos direitos gays. A de agora diz: "Algumas pessoas são trans. Supere." Deveríamos?

O QUE NÃO É ESTRANHO

Deve-se dizer que não há nada muito estranho no início do fenômeno "trans". Hoje, muitas coisas se incluem nesse rótulo. Para falar somente de décadas recentes, trans foi usado para descrever uma variedade de indivíduos, de pessoas que ocasionalmente se vestem como membros do sexo oposto àquelas que passaram por uma cirurgia de mudança de gênero. E uma das muitas confusões iniciais sobre tudo isso é que alguns aspectos do tema trans são mais familiares que outros.

Algum tipo de ambiguidade ou fluidez de gênero não somente é comum em várias culturas como é difícil de pensar em uma cultura que não inclua

— e permita — alguma variedade de ambiguidade de gênero. Não se trata de uma invenção moderna recente. Como vimos, Ovídio escreveu sobre a mudança de sexo na história de Tirésias. Na Índia, os *hijras* — uma classe de intersexuais e travestidos — são reconhecidos e aceitos há séculos. Na Tailândia, o *kathoey* é um tipo de homem afeminado que é amplamente aceito como não sendo nem homem, nem mulher. E, na ilha de Samoa, há os *fa'afafine*, homens que vivem e se vestem como mulheres.

Mesmo as partes do mundo mais hostis à homossexualidade masculina permitem alguma categoria que está entre os sexos ou atravessa os sexos. No Afeganistão, há a tradição do *bacha posh*, na qual pais que não têm um herdeiro do sexo masculino selecionam uma filha para ser tratada como homem. No início da década de 1960, muito antes da revolução, o aiatolá Khomeini publicou uma decisão que permitia as cirurgias de mudança de sexo. Assim, e de maneira perturbadora, desde a revolução de 1979 o Estado iraniano se tornou líder regional de cirurgias de realinhamento sexual, em grande parte porque passar por ela é uma das muitas maneiras pelas quais as pessoas gays podem evitar punições ainda piores que uma cirurgia indesejada.

Assim, a consciência sobre certa ambiguidade entre os sexos existe em quase toda cultura e vai do travestismo (pessoas que se vestem como membros do sexo oposto) ao transexualismo (pessoas que passam por vários procedimentos para se "tornar" o sexo oposto). Quaisquer que sejam os fatores evolucionários por trás disso, uma variedade considerável de culturas se adaptou à ideia de que algumas pessoas nascem em um corpo, mas desejam viver em outro.

Entretanto, quem são essas pessoas e quais são as diferentes linhas não somente entre elas e as outras pessoas, mas também no interior desse grupo frouxamente alinhado de indivíduos? Todo o assunto se tornou tão emotivo e incendiário que lidar com ele requer uma abordagem forense, embora nem mesmo ela seja acurada o suficiente para satisfazer a todos. Mesmo assim, precisamos começar em algum lugar. E talvez o melhor lugar para começar seja a parte mais fixa do debate. Pois, uma vez que se concorda sobre os aspectos mais estabelecidos, então os menos estabelecidos — que, não coincidentemente, são os mais amargamente disputados — podem ser vistos com mais clareza.

INTERSEXO

Se confiarmos nos cientistas, e não nos cientistas sociais, e concordarmos que é mais fácil responder ao que as pessoas são, e não ao que alegam ser, o aspecto do debate trans que se torna menos problemático discutir é a questão do intersexo.

Intersexo é um fenômeno natural conhecido da profissão médica há séculos, mas necessariamente obscuro para todos os outros. Trata-se do fato de que uma pequena porcentagem dos seres humanos nasce com genitália ambígua ou possui atributos biológicos (como um clitóris incomumente grande ou um pênis incomumente pequeno) que sugerem que podem estar em algum ponto entre os sexos. Nem todos esses sintomas são externamente visíveis. Em raros casos, as pessoas podem demonstrar sinais externos de um sexo, mas conter traços ocultos de órgãos do outro sexo. A síndrome do ducto mülleriano persistente (SDMP), por exemplo, é apresentada por pessoas que nascem com genitália masculina, mas também possuem órgãos reprodutivos femininos como trompas de falópio e mesmo útero.

Os profissionais da área médica estão conscientes desses fenômenos há séculos, e havia limitada consciência pública a respeito, embora tendesse a focar nas aberrações. Os circos apresentavam a "mulher barbada" como aberração da natureza, ao passo que referências históricas aos "hermafroditas" demonstram que se reconhecia a existência de pessoas não travestidas entre os sexos. Embora empurrada para as margens da discussão, sempre houve alguma consciência de que a biologia pode apresentar desafios complexos e frequentemente cruéis.

Mas, mesmo hoje, há pouca compreensão sobre quão relativamente comum é o intersexo. Nos Estados Unidos, estima-se que uma em cada 2 mil crianças nasça com órgãos sexuais indeterminados e cerca de uma em cada 300 precise ser enviada a um especialista.[7] É claro que, quanto maior a consciência sobre o intersexo, mais se intensifica o debate sobre o que fazer com aqueles que nasceram com esse desafio adicional em sua vida. Na segunda metade do século passado, a Universidade Johns Hopkins, em Baltimore, desenvolveu um modelo padrão a partir do qual os especialistas podem examinar uma criança encaminhada até eles, considerar qual sexo é mais prevalente ou mais fácil de se adequar, e então tratá-la de acordo, com cirurgia e hormônios.

A LOUCURA DAS MASSAS

Depois que muitas más práticas foram reveladas, começou a emergir uma abordagem diferente. Nos últimos trinta anos, uma das maiores defensoras dos direitos das pessoas intersexuais tem sido a norte-americana Alice Dreger, professora de bioética. Embora não seja intersexual, ela pertence ao pequeno número de pessoas que argumentaram contra o modelo inicial de cirurgia (frequentemente feita para satisfazer aos pais) e clamaram por mais entendimento do fenômeno entre o público e os profissionais. Alguma luz certamente ajudaria aqueles que enfrentam esse desafio. Em seu livro sobre o assunto — *Galileo's Middle Finger* [O dedo médio de Galileu] —, Dreger menciona o cirurgião que lhe disse, no fim da década de 1990, que ela simplesmente não entendia as dinâmicas em jogo. De acordo com ele, os pais da criança nascida com genitália ambígua enfrentavam um problema com o qual não conseguiam lidar. "A mãe chora e o pai começa a beber", disse ele. "Se você deixar uma criança com genitália ambígua crescer sem cirurgia [...] ela cometerá suicídio na puberdade."[8]

Contudo, de meados da década de 1990 em diante, e após a invenção da internet, tudo começou a mudar. Como observou Dreger, aconteceu algo "que os médicos vitorianos jamais teriam imaginado: as pessoas que nasceram com várias anomalias sexuais começaram a se encontrar e se organizar em um movimento pelos direitos identitários".[9] A Sociedade Intersexo da América do Norte [ISNA em inglês] foi fundada em 1993 e seguida por grupos similares. O best-seller de 2002 de Jeffrey Eugenides, *Middlesex* , levou os esboços dessa história à atenção pública. Alguns poucos e corajosos indivíduos divulgaram suas experiências. Mas a questão sobre qual intervenção médica pode ser adequada, e quando, e a questão sobre qual é a melhor prática ainda permanecem em séria discussão.

Mesmo assim, a partir de grupos como a ISNA, várias coisas começaram a ficar claras. Uma delas é que as pessoas intersexuais existem e não devem ser responsabilizadas por uma situação sobre a qual não têm absolutamente nenhum controle. Muita simpatia e compreensão podem ser sentidas por qualquer um que tenha nascido intersexual. Que outra coisa as pessoas poderiam sentir por seres humanos que nasceram com um conjunto de cartas no mínimo não ideais? Se alguma coisa no mundo é indubitavelmente uma questão de hardware, essa coisa é o intersexo.

O intersexo é uma causa perfeitamente legítima, sensível e compassiva a se adotar. De fato, deveria ser adotada por qualquer um preocupado com os direitos humanos. Todavia, surpreende quão raramente a causa das pessoas intersexuais é tomada em si mesma e quão raramente, mesmo hoje, quando a questão trans está nas notícias cotidianas, a questão do intersexo é abordada. A razão parece ser que o intersexo chegou à atenção pública exatamente no mesmo momento em que um conjunto de causas ostensivamente similares, mas, na realidade, muito diferentes.

TRANSEXUALISMO

No pós-guerra, tanto na Europa como nos Estados Unidos, emergiu um pequeno número de casos altamente visíveis de pessoas que haviam tentado mudar de sexo. A transição de homem para mulher de Roberta (antes Robert) Cowell na Grã-Bretanha e de Christine (antes George) Jorgensen nos Estados Unidos chegou às manchetes globais. Algumas pessoas ainda se lembram de seus pais escondendo os jornais quando surgiram as primeiras notícias sobre essas "mudanças de sexo". Pois as matérias não somente eram lascivas e altamente sexualizadas, como também pareciam ir contra as normas sociais mais básicas. As pessoas podiam mudar de sexo? Se sim, isso significava que qualquer pessoa podia? Significava talvez que — se encorajadas — todas e quaisquer pessoas mudariam de sexo?

Em retrospecto, não é difícil ver por que esses casos iniciais causaram uma confusão tão profunda. Após a Primeira Guerra Mundial, a ideia de homens femininos e mulheres masculinas se tornou uma espécie de *idée fixe* para as pessoas que criticavam as gerações mais jovens. Uma canção de sucesso na década de 1920 dizia: "Mulheres masculinas! Homens femininos! Quem é o galo? Quem é a galinha? Hoje é difícil dizer."[10]

Na época, homossexualidade e travestismo pareciam estar no mínimo interligados; talvez aqueles que tentavam mudar de sexo fossem travestis muito empenhados ou gays especialmente efeminados. Mas as primeiras figuras públicas trans contrariaram todas as expectativas. No início de sua carreira, Cowell fora piloto de caças e, mais tarde, um corredor automobilístico famoso. Embora não fosse um argumento definitivo, isso certamente

A LOUCURA DAS MASSAS

tornou a alegação de uma forma intensa de efeminação mais difícil — embora não impossível — de sustentar. E então havia as alegações feitas pelos próprios indivíduos. Por exemplo, Cowell queria que as pessoas acreditassem que ela nascera intersexo e que a vaginoplastia e outros procedimentos haviam meramente corrigido uma falha de nascença. Assim, quanto mais visíveis todas essas categorias se tornaram — homossexualidade, intersexo, travestismo, transexualismo —, mais ligadas elas passaram a ser.

Levou tempo, alguma coragem individual e habilidades descritivas para começar a extrair dessa mistura o que agora conhecemos como elemento "trans". Qualquer um em dúvida sobre se essa categoria de indivíduos existe deveria explorar a obra de pessoas trans que não somente pensaram profundamente, mas também se expressaram profundamente, sobre a questão. Uma das tentativas mais bem-sucedidas de comunicar o que muitas pessoas trans alegam ser incomunicável foi a da escritora britânica Jan (antes James) Morris. Como Roberta Cowell, a história de Morris introduziu camadas de confusão e curiosidade que ainda preocupam plateias e entrevistadores hoje em dia.

Morris serviu no Exército nos últimos dias da Segunda Guerra Mundial. Em seguida, trabalhou como jornalista para *The Times* e *The Guardian*. Como seu serviço durante a guerra, o trabalho de Morris como correspondente estrangeiro no Oriente Médio, na África e atrás da Cortina de Ferro não se adequava às expectativas existentes sobre como um homem que queria se tornar mulher poderia ser — não mais do que o fato de ele ter um casamento feliz com uma mulher e ser pai de cinco filhos.

A transição de James para Jan começou na década de 1960 e culminou em uma operação de mudança de sexo em 1972. Já renomada como autora, isso rapidamente a tornou uma das pessoas trans mais famosas do mundo. Suas memórias dessa transição, *Conundrum* [Enigma], de 1974, são um dos mais persuasivos e mais bem escritos relatos sobre por que algumas pessoas sentem a necessidade de fazer a transição entre os sexos. De fato, é difícil ler o livro de Morris e continuar achando que trans não existem ou são "meramente" um truque da imaginação. Morris descreve sua primeira memória como sendo a de um menino de 3 ou 4 anos sentado sob o piano da mãe e percebendo que "nascera no corpo errado".[11] Nos anos que se seguiram — durante o serviço militar, o casamento e a paternidade —, essa convicção jamais o abandonou.

Foi somente após conhecer o famoso endocrinologista de Nova York, dr. Harry Benjamin, que se apresentou uma solução para o problema. Estávamos nos primeiríssimos estágios de tentar entender a questão trans. Alguns poucos médicos, como Benjamin, haviam concluído de seus estudos que uma minoria de pessoas sentia ter nascido com um corpo do sexo errado. Mesmo assim, todas as questões sobre o que fazer a respeito ainda estavam presentes. Alguns profissionais, como Benjamin, chegaram à conclusão de que algo podia ser feito. Como disse ele certa vez, "eu me pergunto se, por compaixão ou bom senso, em vez de alterar a convicção para se adequar ao corpo, não deveríamos, em certas ocasiões, alterar o corpo para se adequar à convicção". Alterar o corpo ou, nas palavras de Morris, "eliminar esses supérfluos [...] livrar-me daquele erro, começar de novo" era não somente o que ele queria, mas aquilo que desejara e pelo que rezara.[12]

Em *Conundrum*, Morris descreve como o desejo de se tornar mulher se ficou cada vez mais forte. A cada ano, seu corpo masculino "parecia endurecer a minha volta". Morris esteve sob terapia hormonal de 1954 a 1972 e descreveu acuradamente os estranhos efeitos de se sentir mais jovem e mais brando que os hormônios femininos têm nos homens que os tomam. Os hormônios removeram não somente as camadas de masculinidade que Morris sentia ter se acumulado em torno dele, mas também a "camada oculta de resiliência acumulada, que fornece um escudo para o macho da espécie, mas, ao mesmo tempo, amortece as sensações do corpo". O resultado, com o tempo, foi que Morris passou a ser uma figura "meio equívoca". Algumas pessoas achavam que ele era homossexual masculino, outras que era algo entre os sexos. Em algumas ocasiões, os homens abriam portas para ele e o confundiam com uma mulher. Tudo isso aconteceu antes da cirurgia.

Naquele tempo, poucos cirurgiões europeus ou norte-americanos estavam dispostos a realizar procedimentos tão experimentais. Ninguém tampouco tinha certeza sobre o que levava alguns indivíduos a querer mudar de um sexo para o outro. Isso representava uma forma de doença mental? Se não sempre, talvez às vezes? E, se fosse o caso, como seria possível separar os dois estados mentais? Como essa urgência em remover uma parte do corpo podia ser distinguida da de um paciente dizendo ao médico que acreditava ser o almirante Nelson e, em função dessa crença, queria que seu braço fosse removido? Alguém querendo remover seu próprio pênis seria mais são?

Nas décadas de 1960 e 1970, os poucos cirurgiões dispostos a realizar tais procedimentos precisavam de certas garantias. A primeira era a de que o paciente não era de modo algum psicótico. A segunda, que, ao mudar de sexo, não estava abandonando alguém que dependia dele em seu sexo atual. Terceira, que fizera terapia hormonal por um longo período. E, finalmente, que vivera no papel do gênero que queria adotar por alguns anos. Esses princípios básicos não mudaram muito desde então.

No fim, após anos de tratamento hormonal, Morris escolheu fazer a cirurgia no Marrocos, com o dr. Georges Burou (citado em *Conundrum* como "dr. B."). Esse médico já fizera a cirurgia de redesignação de gênero de homem para mulher em outra famosa transexual britânica, April Ashley, e, embora se mantivesse discreto, a essa altura era famoso em certos círculos. Tanto que "visitar Casablanca" se tornou um eufemismo bastante conhecido para mudar de sexo.

Para seus pacientes, visitar o dr. Burou em seu centro de cirurgia e recuperação em uma rua discreta de Casablanca era — como disse Morris — "como visitar um mago".[13]

Qualquer um que duvide que existem pessoas completamente persuadidas de que precisam mudar de sexo deve considerar a descrição de Morris sobre o que ele esteve disposto a enfrentar. Duas enfermeiras entraram em seu quarto na clínica do dr. Burou, uma francesa e uma árabe. Elas disseram a James que ele seria operado mais tarde e que elas precisavam depilar sua região íntima. Como ele tinha uma navalha, depilou-se sozinho enquanto as duas enfermeiras observavam sentadas na mesa, balançando as pernas. Ele usou água fria e um sabonete marroquino para depilar a região púbica e voltou para a cama, onde lhe deram uma injeção. As enfermeiras lhe disseram para dormir e que a cirurgia ocorreria mais tarde. Morris fez uma comovente descrição sobre o que aconteceu em seguida. Depois que as duas enfermeiras saíram do quarto, ele se levantou da cama, tremendo, porque o medicamento começava a fazer efeito, e foi "dizer adeus a mim mesmo no espelho. Nós jamais nos veríamos novamente e eu queria dar a meu outro eu um longo último olhar e uma piscadela de boa sorte".[14]

Morris passou duas semanas na clínica, enfaixado, e descreveu a sensação após a cirurgia como de estar "deliciosamente *limpa*. As protuberâncias que eu passara a detestar cada vez mais haviam sido extirpadas de mim. Eu era, em minha própria visão, normal".[15] O período após a cirurgia, incluindo o retorno para casa, foi de constante "euforia", juntamente com a absoluta certeza de que "fiz a coisa certa". A sensação de felicidade não se esvaneceu. Na época da publicação de *Conundrum*, Morris estava ciente de que o que ocorrera no processo de James se tornar Jan fora "uma das mais fascinantes experiências já vividas por um ser humano". Não há como duvidar.

Esse Tirésias tivera uma visão não somente do movimento entre os sexos, mas das maneiras distintas pelas quais a sociedade vê — ou, ao menos, via — homens e mulheres. O motorista de táxi que se aproximou e lhe deu um beijo, não indesejado, nos lábios. As coisas que as pessoas dizem para homens, mas não para mulheres. As coisas que as pessoas dizem para mulheres, mas não para homens. E o maior segredo de todos: não como o mundo vê homens e mulheres, mas como homens e mulheres veem diferentemente o mundo. Não há muito aqui que satisfaria uma feminista moderna.

Por exemplo, Morris descreveu pontos de vista e atitudes fundamentalmente diferentes entre os sexos. Como homem, James estava muito mais interessado nos "grandes assuntos" da época, ao passo que, como mulher, Jan passou a se preocupar com assuntos "pequenos". Depois de se tornar mulher, escreveu Jan, "minha escala de visão pareceu se contrair e eu passei a me importar menos com o aspecto geral e mais com o detalhe revelador. A ênfase mudou em minha escrita, de lugares para pessoas".[17]

Ela está disposta a admitir os problemas que isso causou. Tem sido uma tragédia, de certas maneiras, e certamente colocou muita pressão sobre todos a sua volta. Antes da cirurgia em 1972, ela teve de se divorciar da esposa Elizabeth, embora tenham se casado novamente em 2008, quando as parcerias civis do mesmo sexo se tornaram legais no Reino Unido. Seus quatro filhos obviamente tiveram dificuldade para se adaptar às novas circunstâncias, embora pareçam tão adaptáveis quanto possível. Mas, como admitiu ela, isso causou espanto entre muitas pessoas, e foi apresentado como processo no qual um "belo corpo" foi "deformado por químicos e retalhado por uma faca em uma cidade distante!". Tudo para chegar ao que ela resumiu como "Identidade", com "i" maiúsculo.[18] Como disse: "É claro que ninguém faria isso por diversão e, se eu pudesse, teria escolhido uma vida sem essas complicações."[19] `Porém, nada poderia tê-la demovido da convicção de que a pessoa que nasceu como *ele* era, na verdade, *ela*. E, para tentar realizar isso, não havia absolutamente nada que ela não teria feito. Se estivesse presa naquela gaiola novamente, "nada teria me afastado de meu objetivo [...] eu procuraria no mundo inteiro por cirurgiões, subornaria barbeiros ou aborteiros, pegaria uma faca e faria eu mesma, sem medo, sem dúvidas, sem pensar duas vezes".[20]

É muito fácil reconhecer que há pessoas que nascem intersexuais. Após ler o relato de alguém como Morris, é possível entender que algumas pessoas nascidas de um sexo podem sinceramente desejar estar no corpo do sexo oposto. O que é excepcionalmente difícil — e que atualmente temos poucos meios de saber — é como transpor a enorme distância entre biologia e testemunho. O intersexo é biologicamente provável. As pessoas trans, em anos futuros, podem se tornar psicológica ou biologicamente prováveis. Mas nem sequer sabemos em que campo isso pode ocorrer. E, se essa parece uma maneira desnecessariamente detalhista de ver o que, em algumas pessoas, é todo o seu senso de "identidade", considere a dificuldade de somente um aspecto desse terreno delicado.

AUTOGINECOFILIA

Se começamos reconhecendo que, em uma ponta do espectro, há pessoas que nasceram intersexuais, e se reconhecemos que essa é uma clara questão de hardware, o resto da questão trans claramente está em um espectro que recua a partir daí: de pessoas que apresentam justificativa visível e biológica para ser descritas como entre os sexos para pessoas sem prova de diferença além de seu testemunho. Onde termina a provável parte hardware da questão trans e onde começa a parte software é um dos mais perigosos exercícios especulativos que existem. Vamos começar.

Em algum ponto do espectro de pessoas que nascem intersexuais, há pessoas que nascem com cromossomos convencionais XX ou XY, e a genitália e todo o restante resultante disso, porém acreditam — por razões que nem ao menos começamos a entender — habitar o corpo errado. Seu cérebro lhes diz que são homens, mas seus corpos são de mulher. Ou vice-versa. Assim como não sabemos o que causa isso, se é que algo causa, ainda não sabemos bem quão comum é. Não se demonstrou a existência de nenhuma diferença fisiológica significativa entre pessoas trans e não trans. E, embora haja alguns estudos sobre diferenças nas funções cerebrais, até agora nada comprovou que existe uma clara razão de hardware para algumas pessoas quererem mudar do corpo de um sexo para o corpo do outro.

Mesmo assim, há pressão — como no caso da homossexualidade — para mover a questão de software para hardware. No mundo trans, essa mudança focou em certas áreas. Uma delas surge da razão óbvia para qualquer um querer mudar de sexo: a excitação sexual. Um homem pode gostar de usar lingerie ou mesmo roupas femininas porque isso lhe dá um "empurrão" performático: as meias, a sensação da seda sobre a pele, a transgressão, a safadeza. Tudo isso foi há muito reconhecido como excentricidade sexual praticada por algumas pessoas. Entre os termos técnicos para esse instinto, está a feia palavra "autoginecofilia".

Autoginecofilia é a excitação que surge de se imaginar no papel do sexo oposto. Entretanto — ninguém ficará surpreso em saber —, há divisões mesmo no interior dessa "comunidade", e preocupações e disputas sobre um tipo de autoginecofilia sobre outro. Pois suas diferentes variedades podem ir da excitação de um homem com a ideia de vestir a roupa de uma mulher até a ideia de realmente ter o corpo de uma mulher.

Uma das mais surpreendentes tendências do debate trans em anos recentes é o fato de a autoginecofilia ter caído severamente em desgraça. Ou, para dizer de outra maneira, a sugestão de que as pessoas que se identificam como trans na verdade estão meramente no extremo final de uma excentricidade sexual se tornou tão odiosa para muitos indivíduos trans que, agora, é muita de várias coisas denunciadas como discurso de ódio.

Em 2003, J. Michael Bailey, professor de psicologia da Universidade do Noroeste, publicou seu longamente pesquisado livro *The Man Who Would Be Queen: The Science of Gender-Bending and Transsexualism*. [O homem que queria ser rainha: A ciência do gender-bend e o transexualismo]. Nele, Bailey analisou uma ideia de transexualismo que diverge da dominante, na qual o cérebro de um sexo está preso no corpo de outro. Especificamente, ele analisou a possibilidade de o trans ser impulsionado pelo objeto e pela natureza do desejo. Elaborando a partir da obra de Ray Blanchard, do Centro de Dependência e Saúde Mental do Canadá, ele argumentou que o desejo de mudar de sexo podia ser especialmente prevalente entre certo tipo de homem gay feminino. Como machos biológicos atraídos por outros machos biológicos, faria sentido, para um tipo particular de homem gay que não conseguisse atrair homens heterossexuais (por ser homem) ou homossexuais (por ser feminino demais), passar-se por mulher, assim levando a mais oportunidades de atrair os homens que eram o real objeto de seu desejo. Blanchard usou o termo "transexuais homossexuais" para descrever essa categoria de pessoas.

Em seu livro, Bailey também explorou outro tipo de pessoa que se identifica como trans. Trata-se do homem que sempre foi heterossexual e pode mesmo ter se casado e tido filhos e então anuncia que deseja se tornar mulher, para choque de todos. Embora possam jamais ter demonstrado qualquer indício externo de feminilidade, tais pessoas, em caráter privado, sentem-se sexualmente excitadas com a ideia de se apresentar como, ou realmente se tornar, mulheres. Bailey acumulou uma quantidade considerável de evidências para demonstrar que, dos dois tipos de transgenerismo que identificou, o primeiro é mais prevalente em todo o mundo. Em muitas culturas, foi um tipo de "resposta" aos enigmas apresentados por homens — mais frequentemente gays — muito femininos. E embora Bailey, como Blanchard, reconheça haver diferença entre essas pessoas e indivíduos com impulsos de autoginecofilia, nenhum deles condenou ou criticou nenhum dos grupos. De fato, ambos defenderam direitos humanos, cuidados e apoio absolutamente iguais. Mesmo assim, Bailey havia pisado em uma mina terrestre.

Nos anos anteriores à publicação de seu livro, houve um esforço concentrado dos ativistas trans para dessexualizar sua causa. Essa foi uma das razões para deixarem de falar em "transexo" e começarem a falar em "transgênero". Como disse Alice Dreger em seu livro sobre o assunto, "antes de Bailey, muitos defensores trans trabalharam durante muito tempo para *des*sexualizar e *des*patologizar suas representações públicas, em um esforço para reduzir os estigmas, melhorar o acesso aos cuidados médicos e estabelecer direitos humanos básicos para as pessoas trans".[21] Dreger comparou isso ao esforço bem-sucedido dos defensores dos direitos gays para conseguir direitos iguais ao retirar o foco do que as pessoas gays fazem no quarto para o que elas fazem nos outros cômodos de suas casas.

O livro de Bailey podia prejudicar essa campanha, e assim se iniciou uma investida contra ele, com acadêmicos e ativistas trans imediatamente se esforçando para não somente criticar seu trabalho, mas também fazer com que fosse demitido da Universidade do Noroeste. Entre seus críticos mais extremos, está a consultora transgênero baseada em Los Angeles Andrea James. Ela escolheu retaliar Bailey postando fotografias de seus filhos (tiradas quando estavam no ensino primário e secundário) em seu próprio website e adicionando legendas sexualmente explícitas.[22] Entre outros ataques aparentemente coordenados, várias pessoas alegaram que haviam sido mal representadas no livro, somente para se descobrir que nem sequer figuravam nele. A indicação da obra para um prêmio da organização literária gay LAMBDA foi rapidamente retirada. De acordo com um amigo de Bailey, ele ficou tão "aterrorizado" com as respostas extremadas a seu livro que praticamente se tornou uma pessoa diferente após a publicação.[23]

Tudo isso aconteceu simplesmente porque Bailey realizou uma pesquisa detalhada para chegar à raiz de uma questão crucial e voltou com uma resposta que acabara de se tornar impopular. Porque, durante a maior parte deste século, a ideia de que a questão trans trata, de algum modo, do prazer sexual se tornou um insulto ultrajante e sexualizante.

A ideia correta que agora se deve ter é que as pessoas trans não obtêm absolutamente nenhuma excitação sexual da ideia de ser trans. Elas positivamente odeiam a ideia. Nada poderia ser mais tedioso. Assim, em novembro de 2018, Andrea Long Chu escreveu no *New York Times* sobre a próxima fase de sua cirurgia de redesignação de gênero. Como dizia o título do artigo da "ensaísta e crítica" do Brooklyn, "Minha nova vagina não me fará feliz. E não deveria ter de fazer isso". Como enfatizou Chu, "na próxima quinta-feira, terei uma vagina. O procedimento durará por volta de seis horas e ficarei em recuperação por no mínimo três meses. Até o dia da minha morte, meu corpo verá a vagina como ferimento; como resultado, ela requererá atenção regular e dolorosa. É isso que quero, mas não há garantia de que me fará mais feliz. Na verdade, não espero que faça. Isso não deveria me desqualificar para obtê-la".[24]

Embora tenha havido alguma reação na obra de Anne A. Lawrence (uma autodeclarada autoginecófila)[25] e outros, a ideia de que o transexualismo pode ser, de qualquer maneira, impulsionado pela autoginecofilia se tornou fonte de considerável ofensa para os ativistas trans. A razão para essa drástica guinada é óbvia. E nos leva de volta à questão hardware-software.

Se as pessoas apresentam uma excentricidade sexual particular, isso pode se dever a hardware ou software. Mas é difícil persuadir a sociedade de que ela deveria modificar quase todas as suas normas sociais e linguísticas a fim de acomodar essas excentricidades sexuais. A sociedade pode tolerar você. Pode desejar seu bem. Mas seu desejo de usar vestido não é razão para forçar todo mundo a usar pronomes inteiramente novos. Ou alterar todos os banheiros públicos. Ou criar filhos na crença de que não existe diferença entre os sexos, e o gênero é um constructo sexual.

Se a questão trans fosse ampla, principal ou unicamente sobre estimulação erótica, não haveria razão para se modificar qualquer aspecto fundamental da sociedade, não mais que para as pessoas que se excitam sexualmente vestindo roupas de borracha. A autoginecofilia pode apresentar a questão trans como questão de software. E essa é a causa da guinada contra ela. Pois — como no caso dos homossexuais — há o impulso de provar que as pessoas trans "nasceram assim".

O que torna tudo ainda mais complexo é o fato de que, nas ações de muitas pessoas trans, há algo que demonstra (como no caso de Jan Morris) que seu claro desejo de estar no corpo do sexo oposto certamente não pode ser mera fantasia ou excentricidade. Afinal, é difícil pensar em algo que exija mais comprometimento que a decisão de fazer uma cirurgia irreversível para transformar permanentemente seu corpo. Qualquer homem disposto a ter seu pênis amputado ou dilacerado e então virado do avesso dificilmente está sendo superficial. Tal procedimento poderia ser considerado o oposto exato de um hobby ou uma escolha de estilo de vida. No entanto, nem mesmo isso "prova" que ser trans é uma questão de hardware. Pois não há extremos a que as pessoas não cheguem para satisfazer algo que acreditam ser verdadeiro. A questão passa a ser se aquilo que uma pessoa — ou mesmo muitas pessoas — acredita ser verdadeiro sobre ela mesma tem ou não de ser aceito como verdadeiro pelas outras pessoas.

O AVANÇO TRANS

Essa falta de evidências é uma das razões pelas quais algumas pessoas acreditam que toda a questão trans é uma ilusão. E essa contracorrente de suspeita existe mesmo enquanto a sociedade como um todo é encorajada a aceitar as alegações das pessoas trans em seus próprios termos.

Em abril de 2015, o ex-atleta olímpico e astro da TV Bruce Jenner se revelou trans e apresentou sua nova identidade: Caitlyn Jenner. Ela imediatamente se tornou a pessoa trans mais visível do mundo. Semanas depois, estava na capa da revista *Vanity Fair* com a manchete "Me chamem de Caitlyn". A sessão fotográfica com Annie Leibovitz mostrava Jenner em um corpete apertado, exibindo a curva superior dos seios, ao passo que a parte de baixo se fechava sobre o que o mundo descobriria ser sua ainda por remover genitália masculina. As fotos de Leibovitz habilmente evitaram as partes mais visivelmente masculinas da anatomia de Jenner. Não somente com as pernas entrecruzadas evitando a questão da saliência na altura da virilha, mas também com os braços cruzados atrás do corpo, de forma a reduzir os ombros e o bíceps do ex-atleta olímpico. Um ano antes, a revista *Time* colocara a atriz trans Laverne Cox na capa, com a manchete: "O ponto de virada transgênero: a próxima fronteira americana na questão dos direitos civis."[26] A sensação de uma nova fronteira que precisava ser quebrada estava no ar. Como Ruth Hunt, da Stonewall, disse quando o grupo adicionou campanhas transgênero a suas obras, "agora é a vez deles".[27] A questão gay estava essencialmente concluída. E todo mundo parecia conhecer os contornos dos avanços raciais e das mulheres. Algumas pessoas — talvez especialmente as revistas com circulações cada vez menores — pareciam prontas para uma nova batalha pelos direitos civis. O timing de Caitlyn Jenner foi perfeito.

Foi em 2015 que os direitos, a visibilidade e as demandas trans entraram no mainstream, e Jenner estava por toda parte. Além da onipresente sessão fotográfica com Leibovitz, havia meses nos quais parecia que Jenner estava presente em todas as cerimônias de premiação dos Estados Unidos. A revista *Glamour* a nomeou uma de suas "mulheres do ano". Durante o ESPY (Excellence in Sports Performance Yearly, "excelência no desempenho esportivo anual"), Jenner recebeu o prêmio Coragem e foi aplaudida de pé pela arena cheia de esportistas de ambos os sexos. Como todo o restante da crescente história trans, cada fragmento e lasca dela tinha o potencial de derrubar qualquer um que sequer hesitasse diante da debandada das massas. Ou dos aplausos.

Durante e após o ESPY, o zagueiro de futebol americano Brett Favre foi atacado nas mídias sociais e depois nas mídias convencionais por não aplaudir Jenner com suficiente entusiasmo. Embora tenha se unido aos aplausos, ele controversamente se sentara antes dos outros e fora pego pelas câmeras. Por esse comportamento, o *New York Post* denunciou seu entusiasmo insuficiente em um artigo intitulado "Brett Favre torna o ESPY desconfortável para todos".[28] Ninguém sabia precisar com certeza quantos segundos de aplausos em pé era correto conceder a uma mulher trans recebendo um prêmio por sua coragem. Alguma atenção à etiqueta do Politburo soviético teria ajudado. A única lição indiscutivelmente aprendida foi que, se todo mundo está aplaudindo em pé uma pessoa trans, você deve se assegurar de ser o último a sentar.

Outros estilhaços da controvérsia Jenner foram lançados com regularidade igualmente imprevisível. Em julho de 2015, o comentarista conservador Ben Shapiro, então com 31 anos, estava entre vários convidados para o programa *Dr. Drew On Call*, da HLN, para discutir o prêmio por coragem de Jenner. Uma das outras convidadas, sentada ao lado de Shapiro no estúdio, era Zoey Tur, apresentada como "repórter transgênero". Em certo momento da discussão, o dr. Drew perguntou a Tur se Jenner fora realmente "corajosa". Tur expressou a visão de que "ser corajosa é ser você mesma" e ser transgênero era "a coisa mais corajosa que se pode fazer".

Nesse momento, Shapiro expressou a visão de que, ao celebrar Jenner, as pessoas estavam "convencionalizando ilusões". "Por que você fala em 'ilusão'?", perguntou uma convidada, ultrajada. Shapiro continuou e, durante sua explicação, referiu-se a Jenner como "ele", e não "ela". Embora Jenner tivesse sido Bruce por 66 anos e só se identificasse como Caitlyn havia três meses, todo mundo no estúdio imediatamente se voltou contra Shapiro, criticando-o por ser rude. "É ela", insistiu a mesma mulher ultrajada. "Você não está sendo polido com os pronomes. Isso é desrespeitoso."

Ignorando como alguém pode ser polido ou não com pronomes, Shapiro foi em frente. "Esqueça o desrespeito", disse ele. "Os fatos não ligam para os seus sentimentos. Todo cromossomo e toda célula no corpo de Caitlyn Jenner são masculinos, com exceção de algumas células em seu esperma. Ele ainda tem todos os apêndices masculinos. Como ele se sente por dentro é irrelevante para a questão de seu self biológico." Nesse momento, o único convidado no estúdio que expressara brando criticismo ao fato de Jenner receber o prêmio (porque Jenner era rica e branca, e não se manifestara suficientemente, no passado, sobre as questões LGBT) rapidamente anunciou que não "concordava" com o que acabara de ser dito. Talvez esse distanciamento fosse necessário, dado o que se seguiu.

O anfitrião tentou acalmar as coisas e convidou Tur a falar sobre a ciência da disforia de gênero. Tur anunciou: "Ambos sabemos que cromossomos não necessariamente significam que você é macho ou fêmea." Então colocou uma mão condescendente no ombro de Shapiro e disse: "Você não sabe do que está falando. Você não é educado em genética." Shapiro tentou perguntar se eles podiam discutir genética, mas foi interrompido novamente. Então questionou Tur: "Qual é sua genética, senhor?" Tur colocou a mão na nunca de Shapiro e respondeu, de maneira ameaçadora: "Pare com isso agora ou vai voltar para casa de ambulância."

Shapiro, impassível, retrucou: "Isso parece bastante inapropriado para uma discussão política." E embora ordinariamente se pudesse assumir que os outros convidados desaprovariam a ameaça de violência no estúdio, a dinâmica era tal que todos se voltaram contra Shapiro. "Para ser franco, você está sendo rude, e isso não é justo", disse um dos convidados. Outro denunciou Shapiro, dizendo que ele devia saber que dizer "senhor" seria "odiosamente insultante". Depois de tudo isso, Tur pôde dizer a Shapiro, sem ser questionada: "Você está consumido pelo ódio. É isso que você é. Você é um homenzinho."

Shapiro não perdeu a calma durante todo o episódio. Ele não "trollou" Tur. Depois que ela ameaçou mandá-lo para casa de ambulância, ele não disse "Não é assim que uma dama se comporta". Não esperou que ela lhe desse um soco, e então falou "Você bate feito um homem". Nem mesmo indicou como era estranho que alguém que fizera com o próprio corpo o que Tur fizera agora tentasse emasculá-lo ao denegrir seu tamanho. Shapiro simplesmente se ativera ao ponto sobre a significância da biologia, um ponto que não teria gerado controvérsia alguns anos antes, mas que agora gerava tal opróbrio disseminado na mídia e entre as celebridades que elas defenderam a ameaça de agressão física a alguém que não era "polido com os pronomes".

A rapidez e quase totalidade da debandada na mesma direção pode ter tido várias causas. Uma delas (exemplificada pela capa da revista *Time*) era

A LOUCURA DAS MASSAS

o medo, a suspeita ou a esperança de que o movimento trans fosse o novo movimento pelos direitos civis, dos gays ou das mulheres, e que qualquer um pego do lado errado da cerca naquela década olharia para trás com pesar e seria visto negativamente, da maneira como a sociedade hoje olha negativamente para aqueles que argumentaram contra aqueles movimentos. E, em certo sentido, havia similaridades. Se não há nada geneticamente diferente nas pessoas gays, então a única coisa diferente é seu comportamento. As pessoas gays são gays quando dizem que são e quando fazem coisas que mostram que são gays. Do mesmo modo, talvez, as pessoas são trans quando dizem que são, e nenhum sinal externo — ou significante biológico — precisa estar presente no caso trans, assim como não é esperado (ou exigido) no caso gay.

Porém, há uma diferença muito significativa. Se uma mulher gay se apaixonar por um homem ou um homem gay subitamente se apaixonar por uma mulher, ou se um homem ou uma mulher heterossexual subitamente se apaixonar por um membro de seu próprio sexo, todo o hardware biológico existente ainda estará no lugar. Uma pessoa gay que vira hétero ou uma pessoa hétero que vira gay não está fazendo nada permanente ou irreversível. Ao passo que o ponto final dos ativistas trans é irreversível e transformador. As pessoas que expressam preocupação ou pedem cuidado em relação ao transexualismo podem não estar "negando a existência de pessoas trans" ou alegando que elas devem ser tratadas como cidadãos de segunda categoria, quem dirá (a alegação mais catastrofista de todas) fazendo com que pessoas trans cometam suicídio. Elas podem estar simplesmente pedindo cautela sobre algo que ainda não foi sequer remotamente definido — e que é irreversível.

Uma inquietação que muitas pessoas omitem em público surge precisamente da preocupação com a irreversibilidade. Notícias sobre o aumento do número de crianças alegando apresentar disforia de gênero e crescentes evidências de "efeito de agrupamento" [cluster effect] quando tais alegações são feitas (ou seja, uma vez que algumas crianças na escola alegam estar no corpo errado, alegações similares crescem exponencialmente) significam que pais e outros não estão errados ao questionar e se preocupar sobre para onde tudo isso está indo. Questões sobre a idade em que as pessoas que acreditam estar no corpo errado devem ter acesso a medicamentos ou cirurgias merecem profunda discussão. Inclusive porque há crescente consciência sobre crianças que se identificam como apresentando disforia de gênero, mas mudam de posição ao crescer — muitas delas se tornam gays. Isso cria um problema em cima do outro. Ninguém gosta de se lembrar da época em que se dizia às pessoas gays que aquilo era "apenas uma fase", mas e se trans for (mesmo que ocasionalmente) somente uma fase? E se só percebermos isso tarde demais? Essas questões não são primariamente "transfóbicas", mas centradas nas crianças, e a tentativa de patologizar tal preocupação tornou esse detonador muito mais feio do que precisa ser.

A HISTÓRIA DE UM JOVEM

Naturalmente, esse é um tema sensível e, por essa razão, modificarei o nome da pessoa que estou prestes a descrever. Vamos chamá-lo de "James". Mas ele é real, seu caso não é incomum e ele é o tipo de pessoa cuja história deveria no mínimo estar presente na discussão social que ora ocorre.

Hoje com 20 e poucos anos, James nasceu e foi criado no Reino Unido. Durante a adolescência, ele se viu atraído pela cena gay, particularmente pela cena drag. Ele tinha muitos amigos gays e, com 16 anos, começou a passar muito tempo em clubes drag. Ele gostava das pessoas, gostava da cena e gostava da intimidade. As pessoas que conheceu pareciam quase uma "geração perdida" e se mantinham unidas porque temiam que os pais as renegassem se soubessem que eram gays ou gostavam de drag. Como resultado, elas não somente se divertiam juntas, mas também se tornaram "uma espécie de família". Finalmente, o próprio James começou a fazer um pouco de drag. Por volta dessa época, ele se tornou muito íntimo de alguém com pouco mais de 20 anos que fizera a transição de homem para mulher — uma pessoa que James achava totalmente fabulosa.

Por volta dos 18 anos, James foi ao médico da família e encontrou coragem para dizer: "Acho que estou no corpo errado. Acho que posso ser mulher." Por mais ou menos um ano e meio depois disso, ele viajou para consultas com diferentes médicos, tentando encontrar alguém que tivesse noções mais claras que a do médico de sua família sobre o que realmente estava acontecendo com ele. Finalmente, aos 19 anos, ele foi encaminhado a um

A LOUCURA DAS MASSAS

serviço psicossexual em Manchester e fez três horas e meia de psicanálise. Respondeu perguntas sobre sua vida sexual, seu relacionamento com os pais e muito mais. Na verdade, ficou ligeiramente surpreso com a intimidade das perguntas. Mas a conclusão do conselheiro em Manchester foi clara: "Você é trans." Assim, ele foi encaminhado à clínica de identidade de gênero em Charing Cross, Londres.

A sala de espera era pitoresca, contendo todo mundo, desde os "muito femininos até um Bob, o Construtor de peruca". Seis meses depois, vinte deles se reuniram para um workshop. O consultor lhes ofereceu o melhor entendimento do Serviço Nacional de Saúde [NHS em inglês] sobre o que os levara àquela sala. Eles ouviram (como Morris ouvira do dr. Benjamin): "Sabemos que é um problema no cérebro. Não podemos operá-lo, então fazemos nosso melhor para que o corpo combine com o cérebro." E essa se tornou a posição do NHS para lidar com o caso de James e de outros. Seis meses depois do workshop, ele teve sua primeira entrevista individual, consideravelmente detalhada. Houve perguntas sobre relacionamentos e trabalho. A estabilidade geral da pessoa obviamente era importante. James consultou endocrinologistas e fez medições de testosterona. O fato de que a leitura estava baixa em certa ocasião (na verdade, ela variou em outras) foi tomada como prova de que realmente havia uma questão trans a ser abordada. Em retrospecto, James ficou surpreso com algumas coisas. Uma delas é o fato de que jamais lhe foi oferecido aconselhamento. Aquilo que ele dizia sentir foi simplesmente aceito. Nunca houve "qualquer pressão". Qualquer "questionamento".

Dois anos como membro do sexo oposto é tomado como prova de que a pessoa pode passar para o estágio seguinte. E, como as reuniões do NHS só ocorriam de seis em seis meses, James chegou a sua marca de dois anos tendo frequentado somente algumas. Nesse estágio, foi abordada a questão da terapia de reposição hormonal. Como disse James, "se você é paciente e joga pelas regras, é ridiculamente fácil conseguir hormônios. Você só precisa aparecer lá duas vezes por ano e esperar". E, é claro, as pessoas nos grupos e os amigos na cena têm muitas histórias sobre como passar para o estágio seguinte.

James começou a tomar estrogênio, incluindo doses diárias e injeções. Relatos feitos por ele e outros sobre a natureza desse processo atingem — como muitas outras coisas — o cerne das alegações de que não há diferenças essenciais entre os sexos. De fato, em qualquer outro contexto, as descrições dos efeitos do estrogênio no corpo masculino seriam consideradas seriamente sexistas. A experiência de James foi muito parecida com a de outros que começaram a tomar estrogênio e antiandrogênicos (bloqueadores de testosterona). Entre outras coisas, ele se tornou mais emotivo que antes. "Eu chorava muito." Sua pele começou a ficar mais macia e sua gordura corporal começou a se redistribuir. Mas ele notou outras coisas. Os filmes e mesmo as músicas de que gostava começaram a mudar, assim como as coisas de que gostava na cama.

Ele tomou estrogênio por mais de um ano. Amadurecera tarde e houve especulações sobre se ainda estava no fim da puberdade quando começou a tomar hormônios. Teve duas reuniões — uma pelo Skype e uma pessoalmente — sobre a possibilidade de passar para o estágio seguinte. Ele sabia que o acúmulo de casos significava que o NHS não podia chegar mais rapidamente a essa parte do processo, mas mencionou a possibilidade de fazer um tratamento privado no exterior a fim de realizar a cirurgia de redesignação de gênero. Um lugar em Marbella, na Costa del Sol, fora recomendado por algumas pessoas e, segundo ele, o NHS não tentou nem endossá-lo nem impedi-lo quando mencionou que estava pensando em seguir essa rota. Ele recebeu informações sobre o custo dos procedimentos, medicamentos e mesmo voos. "Cheguei muito perto de fazer isso", disse ele. "Estou muito feliz por não ter feito."

Mesmo durante o período em que tomou hormônios e pensou em passar para o estágio seguinte da transição, algumas coisas o preocupavam. Até então, James só ouvira um lado do argumento. Seus amigos na cena trans haviam mostrado um caminho a seguir. E o NHS não questionara seriamente a prudência desse caminho. Eles o haviam tratado como alguém com uma condição que precisava ser corrigida. Contudo James procurou — e encontrou — pontos de vista contrários on-line. A partir de mídias alternativas, ele encontrou astros do YouTube e outros que questionavam a prudência de sua decisão, incluindo pessoas mais jovens e mais descoladas do que esperava. Ele também se debatia com sua fé. Criado como cristão liberal, pensou em muitas questões sobre Deus e design inteligente. Por um lado, "se Deus não existe, meu corpo não foi projetado". Mas ele também se perguntou se as pessoas que diziam ter nascido no corpo errado não tinham uma visão muito egoísta das coisas, como se aquilo fosse "um desafio dado a elas". Se o universo inteiro era coincidência, "por que fazer tantas coisas drásticas para mudar a mim mesmo?". Ele começou a se perguntar se as respostas para algumas de suas questões não estavam na psicologia, em vez de na cirurgia. Especificamente, começou a buscar o que precisava "para estar contente com meu corpo, não modificá-lo". De todos os consultores com quem falou, nenhum mencionou questões como essas. "Eu jamais fui encorajado a olhar profundamente para elas."

Outra coisa fez com que James começasse a se perguntar se realmente queria aquilo. Como ele e outros em seu círculo sabiam, qualquer um que tome hormônios durante anos notará efeitos irreversíveis. Eles ocorrem por volta do segundo ano de tratamento com antiandrogênicos. Conforme James se aproximava de seu segundo ano, ele começou a ficar nervoso. O NHS não tinha como lhe oferecer uma consulta emergencial porque os médicos estavam sobrecarregados com as pessoas que marcavam consultas sobre redesignação de gênero. Ele teria de esperar outros seis meses. Mas sentiu que não podia esperar tanto. Estava enfrentando não somente mudanças físicas que podiam ser permanentes, mas também fatos biológicos. Após mais de dois anos tomando antiandrogênicos, a maioria dos homens se torna infértil e, portanto, incapaz de ter filhos. James se perguntava se queria realmente se tornar mulher e se algum dia não poderia querer ser pai. Seu namorado não estava convencido de que James era realmente mulher. Achava que James podia ser gay, como ele. O próprio James sentia que os hormônios o estavam levando "a um ponto permanente". Após considerar todas essas coisas, unilateralmente e sem qualquer apoio ou conselho dos médicos que haviam iniciado seu tratamento com hormônios, James decidiu parar de tomá-los. Ele descreveu a experiência como "muito intensa". As mudanças que ocorreram foram "muito mais severas" do que quando começara a tomar hormônios. Ele sofria terríveis variações de humor. E, ao passo que tomar estrogênio o fizera chorar mais e modificara seu gosto em filmes, quando a testosterona voltou a seu corpo, ela trouxe consigo efeitos igualmente "sexistas". Ele notou muitos comportamentos comuns. Ficou mais zangado, mais agressivo e — sim — passou a sentir muito mais tesão.

Jams parou de tomar hormônios há mais de dois anos. Mas os efeitos de seu período de "transição" entre os sexos ainda estão presentes. Ele acha que pode estar "quase totalmente bem", mas também pode ser permanentemente estéril. Mais imediato é o fato de que ainda tem seios, ou o que chama de "tecido mamário". Quando perguntado a respeito, ele timidamente afasta um dos lados da gola da camiseta. Há uma alça visível. É um colete de compressão que ele usa o tempo todo para tentar esconder o fato de que tem esse tecido mamário. Suas roupas são notavelmente folgadas e ele obviamente evita qualquer coisa justa. Acha que provavelmente precisará de cirurgia para remover o tecido mamário remanescente.

Com a perspectiva fornecida pelo tempo, ele é capaz de pensar nas mudanças que atravessou em anos recentes. "Realmente acredito que o transgenerismo existe", afirmou ele. O volume de pessoas que se movem nessa direção é uma das coisas que lhe sugerem isso. Mas ele também diz que toda a área não foi observada ou analisada com suficiente rigor. Toda ideia permanece fixada em coisas como "Ah, você não gosta de rúgbi. Interessante". Quando disse ao psicanalista em Manchester que não se dera bem com todos os meninos em sua escola primária, a resposta fora: "Ahá!" Assim como quando ele contara que, quando criança, às vezes usava o vestido de Pocahontas da irmã.

"Sempre achei curioso o fato de o NHS não considerar opções mais amplas", disse ele. E, a partir do momento em que fez a consulta com os especialistas, ele se sentiu "em uma esteira rolante". O NHS estava sobrecarregado, com somente dois médicos fazendo cirurgia de redesignação de gênero, um em tempo parcial, outro em tempo integral. Mas os médicos estavam sempre prometendo que, com cerca de 3 mil pessoas já em tratamento e outras 5 mil na lista de espera só no Reino Unido, o NHS estava treinando mais pessoas para lidar com a demanda. Talvez alguns pacientes hesitem, como fez James, quando a esteira rolante os levar até o ponto da cirurgia. Mas, mesmo então, como atestam as roupas folgadas de James, o processo não é, de modo algum, isento de custos.

James é gay — "muito gay", como disse ele em certo momento. E sente que sempre foi "um camaleão social. Provavelmente as pessoas com quem eu passava mais tempo tinham certo efeito". Mas "não quero ser uma daquelas pessoas que dizem que trans geram mais trans". Isso está muito próximo, em sua opinião, da velha alegação de que pessoas gays geram mais pessoas gays. "Mas há algo aí. Algo do tipo 'meu amigo trans realmente descolado'."

A LOUCURA DAS MASSAS

Ele está confuso, como todo mundo, em relação ao que significa ser trans. "No mínimo, precisamos saber mais", disse ele. Por exemplo, por que a taxa de suicídio trans não se modifica antes e depois da cirurgia? "Estamos indo rápido demais. É como um impulso. Estamos morrendo de medo de estar do lado errado da história." Mas ele sabe que poderia ter sido pior. Olhando para quão perto chegou da cirurgia, refletiu: "Tenho pavor de pensar na posição em que estaria agora. Não sei se estaria aqui."

Ouvindo a história de James — que se parece com muitas outras —, uma das coisas que se destacam é o quanto pretendemos saber, mas quão pouco realmente sabemos. Quão rapidamente parecemos estar chegando a soluções para perguntas que ainda não respondemos. Outra coisa que se destaca é a maneira pela qual a questão trans continua a invadir tantas outras questões controversas de nossa época.

Os defensores dos direitos gays argumentaram durante anos que qualquer um pode ser gay e que a visão histórica de gays sendo homens efeminados e mulheres masculinizadas é não somente ultrapassada e ignorante, mas também preconceituosa e homofóbica. E então surgiu outra reivindicação de direitos que está tão próxima que até mesmo partilha um acrônimo com "gay". Mas ela sugere algo infinitamente mais prejudicial que a ideia de que certas características comportamentais são típicas de pessoas gays. A reivindicação trans continua a sugerir que pessoas mesmo ligeiramente efeminadas ou que não gostam dos esportes certos não são meramente gays, mas potencialmente habitam o corpo errado e são de fato homens, ou mulheres, por dentro. Dado o número de conotações, é surpreendente que tão poucos homens e mulheres gays tenham objetado a algumas das alegações do movimento trans. Os grupos gays geralmente concordam que direitos trans existem no interior de sua órbita, fazendo parte do mesmo continuum e do mesmo acrônimo. No entanto, muitas das alegações feitas pelos trans não somente vão na contramão das alegações do movimento gay como também as minam profundamente. "Algumas pessoas são gays. Ou possivelmente trans. Ou o contrário. Supere."

Mas não é somente em relação ao movimento gay que o movimento trans segue na contramão. Em vez de "liberar" as intersecções de opressão, como alegam os interseccionalistas, a questão trans simultaneamente enfatiza o máximo possível os propósitos de seu próprio movimento e produz uma verdadeira pilha de contradições lógicas.

Na Faculdade Wellesley em 2014, houve um caso fascinante no qual uma estudante recém-chegada à faculdade exclusivamente feminina alegou que era uma "pessoa de gênero não binário com aspectos masculinos" [*masculine of centre genderqueer person*] que queria ser chamada de "Timothy" e esperava que as pessoas usassem pronomes masculinos. Apesar de ter se candidatado à *alma mater* de Hillary Clinton como mulher, de acordo com os relatos as outras estudantes não tiveram nenhum problema com sua contemporânea de identidade masculina. Até que Timothy anunciou que queria concorrer à coordenaria de assuntos multiculturais, criada para promover a "cultura de diversidade" no *campus*. Era possível que uma "pessoa de gênero não binário com aspectos masculinos" fosse perfeita para a posição. Mas as estudantes de Wellesley sentiram que ter Timothy como coordenador perpetuaria o patriarcado na faculdade. Criou-se uma campanha pela abstenção na eleição. Uma estudante por trás da "campanha de abstenção" disse: "Achei que ele faria um trabalho perfeitamente bom, mas senti que era inapropriado ter um homem branco naquela posição."[29]

De certa maneira, Timothy percorreu todo o ciclo de opressão. De mulher para trans para homem branco e, consequentemente, personificação do patriarcado branco. De minoria para opressor. Se aqueles que fazem a transição de mulheres para homens podem criar uma pilha de problemas, os que fazem a transição de homens para mulheres criam outra, mais obviamente com pessoas que nasceram mulheres. E, nesse caso, ao contrário da parte "G" de LGBT, nem todas as mulheres que sentiram seu território ser invadido ficaram em silêncio. De fato, foi essa parte da nova aliança pelos direitos interseccionais que mais rapidamente saiu do controle.

O DETONADOR FEMINISTA

As mulheres que tropeçaram no detonador trans em anos recentes têm várias coisas em comum, e uma delas é estar à frente de todas as questões relacionadas às mulheres. E isso faz perfeito sentido. Pois, embora uma quantidade significativa das campanhas modernas de direitos seja baseada em pessoas

A LOUCURA DAS MASSAS

que desejam provar que sua causa é uma questão de hardware, o movimento trans força os outros movimentos a ir precisamente na direção oposta. Aqueles que afirmam que ser trans é uma questão de hardware só podem vencer o argumento se persuadirem as pessoas de que ser mulher é uma questão de software. E nem todas as feministas estão dispostas a admitir isso.

A jornalista britânica Julie Bindel tem sido uma das mais consistentes e aguerridas feministas da Grã-Bretanha e do mundo. Como uma das fundadoras do Justice for Women [Justiça para as Mulheres], ela faz campanha desde 1991 para ajudar mulheres que foram presas ou correm o risco de ser presas por assassinar parceiros violentos. Como lésbica assumida e feminista anterior à terceira e à quarta ondas, Bindel jamais manteve suas visões para si mesma. E, no início deste século, ela começou a notar que pessoas que haviam nascido homens e agora exigiam ser vistas e tratadas como mulheres (com ou sem cirurgia) estavam invadindo sua área, incluindo as partes mais compreensivelmente sensíveis.

Em 2002, Bindel ficou especialmente furiosa com notícias vindas do Canadá, onde um tribunal de direitos humanos decidira que uma transexual homem-para-mulher chamada Kimberley Nixon devia ter permissão para se tornar conselheira de vítimas femininas de estupro. De fato, o tribunal decidira que a recusa da organização Rape Relief [Auxílio às Vítimas de Estupro] de Vancouver em permitir que Nixon recebesse treinamento para esse papel violara seus direitos humanos. O tribunal concedeu a Nixon uma reparação de 7.500 dólares por danos a sua "dignidade", a mais alta já concedida até então. A decisão mais tarde foi anulada pelo Supremo Tribunal da Colúmbia Britânica, em Vancouver. Contudo, para uma feminista da geração de Bindel, a ideia de que nem mesmo como vítima de estupro uma mulher podia ter certeza de que outra mulher a estava ajudando era um Rubicão que não podia ser cruzado. Ela soltou a voz nas páginas do *Guardian*, defendendo as irmãs da Vancouver Rape Relief que "não acreditam que uma vagina cirurgicamente construída e seios desenvolvidos com hormônios tornam alguém mulher". Ela prosseguiu: "Ao menos por enquanto, a lei diz que, para sofrer discriminação como mulher, você precisa, bom... ser mulher." Talvez Bindel tivesse consciência do mundo de dor em que estava entrando, talvez não. Porém, no início da década de 2000, era mais fácil caminhar sobre essa mina terrestre do que seria mais tarde. De qualquer modo, ela concluiu sua tirada com um floreio: "Não tenho nenhum problema com homens se livrando de seus genitais, mas isso não os torna mulheres, do mesmo modo que enfiar o cano de um aspirador nas calças não transforma ninguém em homem."[30]

Por essa frase em particular, e pelo artigo como um todo, Bindel sofreria pelo resto da vida. Na primeira fase, o jornal foi inundado de cartas de protesto. Bindel rapidamente se desculpou pelo tom do artigo. Mas, nos anos que se seguiram, ela achou difícil falar em público sem que houvesse esforços para cancelar suas palestras ou sua participação em painéis de discussão. Quando conseguia falar, manifestações e protestos agressivos eram organizados para impedi-la. Mesmo uma década mais tarde, ela foi forçada a cancelar sua participação em um painel da Universidade de Manchester, depois que dezenas de ameaças de estupro e morte contra ela foram relatadas à polícia.

Bindel pode ter sido uma das primeiras feministas de esquerda a tropeçar no detonador trans e sofrer as consequências, mas certamente não foi a última. Em janeiro de 2013, Suzanne Moore enviou à revista de esquerda *New Statesman* um artigo sobre o poder da raiva feminina. O texto tratava das muitas injustiças que ela via contra as mulheres, da condescendência em relação aos membros femininos do Parlamento às atitudes em relação ao aborto e à alegação de que 65% dos cortes no setor público afetavam mulheres. Infelizmente para Moore, em meio a essa tempestade de argumentos, ela incluiu uma alegação sobre as próprias mulheres: "ficamos bravas conosco mesmas por não sermos mais felizes, não sermos amadas adequadamente e não termos o corpo ideal, aquele de uma transexual brasileira."[31] Se algum artigo já teve uma nuvem de fumaça sobre si, foi o de Moore.

No mundo real e no mundo virtual, ficou claro que Moore cometera um erro sério. Entre as acusações mais publicáveis contra ela, estava a de que era "transfóbica". Moore não facilitou as coisas ao responder que, entre outras coisas, não dava a mínima para essa palavra. Pessoas que estavam acostumadas a derrotar mulheres com essa acusação ficaram ainda mais furiosas quando a arma não funcionou. Mesmo assim, a reação foi tão vociferante e furiosa que, horas depois, Moore teve de "esclarecer" suas visões e assegurar aos leitores que não era a figura cheia de ódio que a acusavam de ser.[32] Um

A LOUCURA DAS MASSAS

dia antes, ela era uma feminista progressista de esquerda. Agora era uma reacionária preconceituosa de direita, repleta de ódio. Depois de ser acusada por pessoas trans e outras do mais vil preconceito, Moore anunciou que, para evitar "bullies" e "trolls", sairia das mídias sociais. Uma das pessoas a gostar menos disso foi Julie Burchill. *Enfant terrible* do jornalismo da década de 1980, Burchill desenvolvera reputação não só de estilista literária, como também de pugilista literária. Em sua própria descrição, ver a amiga Suzanne Moore ser perseguida, sob risco de perder seu emprego e seu meio de vida, por uma referência trans feita de passagem, foi demais para ela.

Para Burchill, Moore era não somente uma amiga, mas uma das pouquíssimas mulheres que, como ela, viera de um *background* da classe trabalhadora e fizera sucesso no meio jornalístico. Burchill não permitiria que sua "parceira" fosse derrotada sem ter alguém brigando sujo por ela. Assim, no *Observer* do domingo seguinte, Burchill decidiu ocultar a nuvenzinha de fumaça de Moore em uma nuvem de cogumelo.

Entre muitas outras coisas, Burchill atacou os críticos de Moore por se voltarem contra uma mulher. Em suas palavras, mulheres como ela e Moore haviam passado a vida toda sendo mulheres. Haviam sofrido cólicas menstruais, repudiado os avanços sexuais de estranhos, enfrentado as dores do parto, olhado a menopausa nos olhos e conhecido as delícias da terapia de reposição hormonal. Mulheres como ela e Moore não ouviriam sermões ou seriam xingadas por "caras vestidos de mulher" ou "um punhado de mijões usando perucas ridículas".

A resposta foi instantânea. A ministra do Ministério do Interior britânico encarregada das "Igualdades", Lynne Featherstone, imediatamente declarou que "a arenga de Burchill contra a comunidade transgênica" não fora somente "repulsiva" e "vômito preconceituoso", mas algo "pelo que o *Observer* deveria demiti-la". A ministra também achou que o editor do jornal devia perder o emprego. Devidamente acovardado, o *Observer* publicou um pedido de desculpas e rapidamente retirou a coluna de seu website. No pedido de desculpas escrito pelo editor, explicando por que o jornal "removera" a coluna, John Mulholland escreveu: "Agimos errado e, à luz da mágoa e das ofensas que causamos, peço desculpas e comunico que decidi remover a coluna." Algo muito raro no jornalismo britânico. Cinco anos depois, a própria Burchill citou esse episódio como uma das razões pelas quais sua carreira jornalística terminou "no brejo".[33] Entrementes, embora a mulher que pediu sua demissão, Lynne Featherstone, perdesse seu assento no Parlamento, ela imediatamente recebeu uma sinecura vitalícia na Câmara dos Lordes.

A próxima pessoa a terminar no mesmo brejo que Bindel e Burchill foi talvez a mais famosa feminista de todas. A autora de *The Female Eunuch* [A eunuca] só lidara profundamente com questões trans uma vez em sua carreira. Em seu livro de 1999, *The Whole Woman* [A mulher inteira], Germaine Greer devotara um capítulo de dez páginas ("Damas pantomímicas") à alegação de que pessoas que haviam nascido homens não podiam ser classificadas como mulheres. Embora esse não fosse seu argumento principal, ela citara de passagem a "mutilação" pela qual "os transexuais optam". Ela condenara o fato de que tantos transexuais homens-para-mulheres escolhiam o corpo "profundamente conservador" que ela acreditava reforçar estereótipos. E estava consciente de que, na verdade, nenhum dos procedimentos cirúrgicos discutidos com tanta jovialidade era remotamente simples. Em 1977, a clínica de gênero da Universidade de Stanford dissera que seu procedimento de mudança de sexo em dois estágios exigia, na verdade, uma média de 3,5 cirurgias e que ao menos 50% dos pacientes experimentavam alguma forma de complicação, frequentemente tornando vitalício o relacionamento entre cirurgiões e paciente.[34] Greer também mencionou algo que muito poucas pessoas haviam notado, mas com que os pais cujos filhos alegavam sofrer de disforia de gênero logo começaram a se preocupar: o fato de que o transexual "é identificado como tal apenas por seu próprio roteiro, que pode ser aprendido do mesmo modo que qualquer comportamento sexual e editado como as biografias costumam ser".[35]

Greer não tratou mais do assunto nos anos seguintes. Mas levou somente uma década e meia para que suas visões ficassem firmemente fora da norma aceitável. No fim de 2015, ela deveria fazer uma palestra na Universidade Cardiff sobre o tema "Mulheres e poder: as lições do século XX". Todavia, um número significativo de estudantes não quis ouvir a mais significativa feminista do fim do século XX. Em vez disso, eles fizeram lobby junto à universidade com as palavras de excomunhão de sua época.

As visões de Greer eram "problemáticas". Ela demonstrara "várias vezes suas visões misóginas em relação às mulheres trans". Alguns anos antes,

A LOUCURA DAS MASSAS

teria sido considerado o auge da insanidade chamar Greer de misógina. Mas ali estavam eles, com a organizadora da petição anti-Greer se descrevendo como envolvida em "política esquerdista *queer* feminista". Esses estudantes alegaram que entre os crimes de Greer estavam "continuamente atribuir o gênero errado a mulheres trans e negar totalmente a existência da transfobia". Embora reconhecessem que "o debate em uma universidade deve ser encorajado", eles avisaram que "é perigoso receber uma palestrante com visões tão problemáticas e odiosas em relação a grupos marginalizados e vulneráveis".[36]

Em uma entrevista à BBC sobre a controvérsia, Greer declarou: "Aparentemente, as pessoas decidiram que, como não acho que homens que passaram por uma cirurgia transgênero são mulheres, eu não tenho permissão para falar. Não estou dizendo que as pessoas não devam passar por esse procedimento. O que estou dizendo é que ele não as torna mulheres. Trata-se de minha opinião, não de uma proibição." Além disso, explicou ela, as questões trans não eram algo sobre o que falava muito. "Elas não são minhas questões. Não publiquei nada sobre a questão transgênero em anos." Mas, por ter mencionado o assunto, "jogaram coisas em mim, fui acusada de coisas que nunca fiz ou disse, e as pessoas pareceram não ter nenhuma preocupação com evidências ou difamação". Quando lhe perguntaram se ela faria a palestra na Universidade Cardiff mesmo assim, ela respondeu: "Estou ficando velha para isso. Tenho 76 anos. Não quero ir até lá para gritarem comigo e jogarem coisas em mim. Que se dane. Não é algo assim tão interessante ou recompensador."[37]

Mas insultar Greer e excomungá-la da última versão do feminismo se tornou o rito de passagem de uma geração de mulheres que — soubessem ou não — haviam se beneficiado da trilha aberta por ela. Na revista *Varsity*, da Universidade de Cambridge (a *alma mater* de Greer na década de 1960), Eve Hodgson escreveu um artigo intitulado "Germaine Greer já não pode ser chamada de feminista". De acordo com a autora, "Greer é agora somente uma mulher branca e idosa que se forçou ao exílio. Seus comentários são irreparavelmente danosos, refletindo total falta de preocupação com as vidas trans. Pensando como pensa, ela já não pode ser uma feminista proeminente. Ela já não defende as mesmas coisas que nós".[38] Assim como Peter Thiel já não era gay e Kanye West já não era negro, Germaine Greer já não era feminista.

Com o passar dos anos, ficou claro que essa atitude de desdém pelos predecessores não estava limitada às universidades, tendo se espalhado por toda parte. E a pressuposição de que feministas da geração de Greer tinham de ser vilificadas por suas atitudes sobre os trans se tornou completamente normalizada. Em setembro de 2018, uma mãe e dona de casa do norte da Inglaterra chamada Kellie-Jay Keen-Minshull pagou 700 libras para alugar um outdoor em Liverpool. O outdoor consistia simplesmente em uma definição do dicionário que dizia: "mulher: mulheres, substantivo, fêmea humana adulta." Keen-Minshull disse que alugou o outdoor porque "mulher" era uma palavra que estava "sendo apropriada para significar qualquer coisa". Mas a definição do dicionário não permaneceu lá por muito tempo. Um acadêmico e autoproclamado "aliado da comunidade transgênero" chamado dr. Adrian Harrop disse à polícia que o outdoor era um "símbolo que faz com que as pessoas transgêneros se sintam inseguras".[39] Em uma discussão televisiva subsequente, um apresentador da Sky acusou Keen-Minshull de ser "transfóbica" por causa do outdoor. E, depois de censurá-la por não usar o título de "doutor" ao se referir a ele, Harrop explicou que excluir as mulheres trans da definição de mulher "não é algo apropriado em uma sociedade moderna e progressista".[40] Mesmo sites de notícias conservadores e de direita publicaram matérias sobre as aparências de Keen-Minshull na TV, destacando que ela fora "considerada 'infame'" pelos telespectadores por "insistir" que mulheres trans não eram o mesmo que mulheres.[41]

Mulheres que tentaram manter as fronteiras da feminilidade ao redor das mulheres começaram a convidar a mesma causticidade por toda parte. Durante a Parada do Orgulho de 2018 em Londres, um grupo de manifestantes lésbicas estragou a festa LGBT ao protestar contra o que via como tomada transgênero da celebração. A imprensa gay do Reino Unido acusou essas mulheres ("*terfs*") de preconceito e discurso de ódio, e poucas semanas depois, durante a Parada do Orgulho em Manchester, supostamente houve "muitos vivas" quando um MC gay anunciou que as manifestantes de Londres deveriam ter sido arrastadas pelos "peitos murchos".[42]

Em meio à negação de plataforma de expressão, ameaças e silenciamento, uma questão raramente suscitada é por que feministas de uma tradição particular não deveriam objetar a — ao menos — alguns elementos do emergente argumento trans. Quanto mais mulheres são afastadas por trilhar esse terreno, mais claro se torna o ponto de desacordo. Feministas como Bindel, Greer e Burchill vieram de escolas de feminismo que permanecem preocupadas com os direitos reprodutivos das mulheres, seu direito de escapar de relacionamentos violentos e abusivos, e muito mais. Elas também são mulheres que acreditam em romper os estereótipos sobre o que uma mulher deve ou pode ser. Talvez o mais óbvio ponto de não sobreposição seja o fato de que, de muitas maneiras, o movimento trans não desafia e sim reforça os constructos sociais sobre gênero.

Considere a proeminente youtuber transexual Blaire White, que, ao se tornar mulher (antes de anunciar sua destransição no fim de 2018, a fim de ter filhos), adotou o tipo de corpo de *pinup* que é a fantasia de todo adolescente do sexo masculino: seios proeminentes, cabelo esvoaçante e lábios carnudos fazendo biquinho. Ou considere a outra ponta do espectro arquetípico feminino. Em dezembro de 2015, Julie Bindel finalmente pôde falar na Universidade de Manchester, onde fez parte de um painel com a escritora e ativista trans Jane Fae. Durante a fala de Bindel e em outros momentos do evento, Fae permaneceu sentada, tricotando algo púrpura-rosado. Ela levara o tricô consigo. Ou considere April Ashley, que, em um documentário celebrando seu octogésimo aniversário em 2015, foi mostrada voltando a seus refúgios de infância em Liverpool, onde fora receber as chaves da cidade. Durante o filme, é impossível se livrar da sensação de que Ashley está tentando ser elencada como dublê da rainha.[43] A despeito da vilificação que uma geração particular de feministas recebeu por não embarcar no trem trans, jamais se explicou por que elas deveriam. Sua linguagem pode ser colorida quando atacam esse alvo — como quando atacam outros alvos —, mas as acusações de estarem sendo odiosas e perigosas, de encorajarem a violência e mesmo de não serem feministas se desviam das questões legítimas que elas suscitam. Por que certas feministas deveriam se sentir perfeitamente bem a respeito de homens que se tornam mulheres somente para exibir seus seios perfeitos, imitar a família real ou começar a tricotar?

OS PAIS

O falecido Robert Conquest certa vez delineou três regras da política, a primeira das quais era que "todo mundo é conservador sobre aquilo que conhece bem".

E se pode dizer que os pais conhecem muito bem seus filhos. Uma explicação para o recente surto de questões críticas sobre a natureza do fenômeno trans é o fato de que, em países como os Estados Unidos e a Grã-Bretanha, os pais estão começando a se preocupar com o que está sendo ensinado à próxima geração. Eles também estão preocupados com o que, em alguns casos, já está sendo feito.

Os parentes se preocupam quando ouvem que a psicóloga desenvolvimentista de São Francisco Diane Ehrensaft alegou que um bebê de 1 ano, "considerado menino", que tirou seu macaquinho e o agitou de uma maneira particular estava, na verdade, fazendo uma "comunicação pré-verbal sobre o gênero".[44] Ao contrário de parte da mídia, os pais não comemoram quando uma drag queen de 9 anos assina um contrato como modelo de uma empresa LGBT de moda e diz a outras crianças, em um vídeo viral do YouTube: "Se você quer ser drag queen e seus pais não deixam, você precisa de novos pais."[45] E eles se preocupam quando a escola de seus filhos permite que qualquer um que diga pertencer ao gênero oposto seja reconhecido e tratado como tal. Uma mãe do norte da Inglaterra recentemente descreveu como sua filha de 16 anos se revelou primeiro lésbica e depois trans. Quando os pais compareceram a uma reunião escolar, descobriram que a escola já usava o nome masculino escolhido pela filha e pronomes masculinos para descrevê-la. "A escola estava 'comprometida com a afirmação'."[46]

O conselho dado pelo governo escocês às escolas é que os pais não devem ser informados se os filhos desejarem mudar de gênero. Em outro ponto, o documento "Apoiando os jovens transgêneros" do governo escocês sugere que os alunos possam competir em esportes no gênero com o qual se sentem confortáveis e que os pais não sejam informados se os filhos quiserem partilhar o quarto com membros do sexo oposto durante viagens escolares. Em outros lugares da Grã-Bretanha, pais relataram ter ido a reuniões nas quais um professor usou o gênero "errado" com seu filho, apenas para ouvir: "Ah, você não sabia? Sua filha/seu filho se identifica como menino/menina." Isso acontece em escolas que precisam de permissão dos pais para dar aspirina às crianças.

Os pais também se familiarizaram com o fenômeno conhecido como "agrupamento" [*clustering*]. Em 2018, por exemplo, o "relatório sobre igualdade" de uma escola de Brighton conhecida por seu "clima liberal" tinha 40 alunos entre os 11 e os 16 anos que "não se identificam com o gênero

A LOUCURA DAS MASSAS

apresentado no nascimento". Outros 36 alunos diziam ter gênero fluido, significando que não se identificavam com o gênero designado no nascimento "o tempo todo". Um efeito de tudo isso é que o Reino Unido viu um aumento de 700% das crianças enviadas a clínicas de gênero em somente cinco anos.[47]

É claro que defensores trans como o grupo Mermaids [Sereias] sugerem que o agrupamento e o aumento de encaminhamentos estão ocorrendo porque algumas pessoas simplesmente estão mais conscientes da possibilidade de ser trans do que aconteceria há alguns anos. Mas outras explicações são igualmente possíveis. Uma é a maneira como o movimento trans é retratado na cultura popular, especialmente on-line. Outra é o crescente número de concessões feitas pelas figuras de autoridade a toda e qualquer demanda trans.

Na cultura on-line, não é incomum que a ingestão de hormônios seja transformada em exercício absurdamente fácil e livre de consequências. No YouTube, no Instagram e em outros sites, há incontáveis pessoas que dizem ser trans e sugerem que você também pode ser. Um único vídeo de Jade Boggess (um transexual mulher-para-homem) chamado "Um ano com testosterona" foi visto mais de meio milhão de vezes somente no YouTube.

O vídeo de Ryan Jacobs Flores sobre o mesmo assunto foi visto mais de 3 milhões de vezes. Em tais vídeos, as injeções de testosterona são conhecidas como "T" ou "suco de homem". Algumas das pessoas que estão fazendo a transição em tempo real se tornam celebridades. Não figuras mais velhas, como Caitlyn Jenner, mas estrelas vivazes e animadas como Jazz Jennings.

Nascida menino em 2000, Jennings começou a aparecer na mídia, falando sobre ser transgênero, aos 6 anos. Aos 7, foi entrevistada por Barbara Walters, que, entre outras coisas, perguntou por quem ela se sentia atraída. A promoção de Jennings foi incansável. Quando tinha 11 anos, a *Oprah Winfrey Network* apresentou um documentário sobre ela chamado *I am Jazz* [Eu sou Jazz]. Na adolescência, Jennings recebeu numerosos prêmios da mídia e foi colocada em listas de "pessoas mais influentes". Também houve acordos para promoção de produtos e outras vantagens da fama. A série de documentários *I am Jazz* na TLC está na quinta temporada e continua a tornar Jazz, seus pais e seus irmãos (todos presentes na série) tanto famosos como ricos. A quinta temporada mostra Jazz fazendo 18 anos e indo para sua "cirurgia de confirmação de gênero". Na maca, ela estala corajosamente os dedos e diz: "Vamos lá." Os trechos mostrados no YouTube foram vistos milhões de vezes.

Mas não é somente o elemento de cultura popular que provavelmente está tendo efeitos. Também há a concordância voluntária dos profissionais da área médica. Em séries como *I am Jazz*, fica claro que há profissionais perfeitamente felizes em fazer tudo que puderem para ajudar a transformar alguém que nasceu menino em menina. É tudo parte de uma onda de aceitação que levou o NHS na Inglaterra a assinar o compromisso de que seus profissionais jamais irão "suprimir a expressão de identidade de gênero de um indivíduo".[48] Mas, a despeito de alguns profissionais da área avisando sobre o potencial de "diagnóstico e tratamento excessivos", as pressuposições continuam a ir todas na mesma direção.

A HISTÓRIA DE UMA FAMÍLIA

Essa é a experiência de uma mãe norte-americana cuja família teve de navegar pela jornada trans em anos recentes. Para proteger a identidade da criança, serei deliberadamente vago sobre localizações e detalhes específicos. Mas a família vivia em uma das maiores cidades dos Estados Unidos e só recentemente se mudou para uma localidade mais rural. Foi onde conversei com a mãe da criança, que chamarei de Sarah.

Sarah é, de todas as maneiras, uma mãe comum de classe média. Ela se importa com os filhos e, assim como o marido, trabalha para sustentá-los. Ela descreve sua política como "ligeiramente à esquerda do centro". Há quatro anos, quando tinha 13, sua filha anunciou que era trans e, na verdade, era menino. A filha já fora diagnosticada com uma forma branda de autismo e tinha problemas para ser aceita. Tinha dificuldades para entender sinais conversacionais. Os convites para brincar não eram recíprocos e suas escolhas em termos de moda não eram consideradas acertadas pelas colegas. Com o tempo, a filha de Sarah descobriu que os meninos da escola eram ligeiramente mais receptivos que as meninas. Mas mesmo então ela não conseguiu o grau de aceitação social que queria. "Por que ninguém gosta de mim?", costumava perguntar à mãe. Tentando entender por que não "se encaixava entre as meninas", ela também tentava entender por que não se encaixava entre as crianças de sua idade em geral.

Um dia, ela anunciou que, na verdade, era menino, e que essa era a causa de seus problemas. Sarah perguntou o que lhe dera a ideia de que era trans.

Afinal, para a família, tudo parecera acontecer muito subitamente. A filha disse que tivera a ideia durante uma apresentação na escola. Nesse momento, Sarah ficou sabendo que cerca de 5% dos alunos da escola agora se identificavam como transgêneros. Essa porcentagem incluía uma variedade notavelmente similar de crianças, incluindo aquelas que haviam sido diagnosticadas com formas de autismo e eram impopulares ou tinham problemas para se conectar com os colegas. É claro que a mãe quis saber mais. Se ninguém mais em sua escola tivesse se identificado como trans, ela mesmo assim teria decidido que era menino? A filha de Sarah disse que não, ela não teria feito isso porque "não teria sabido que era uma opção". Não é que ela pensava ser menino, ela era menino. Mas a mãe não conseguia entender isso porque era "cis". Sarah jamais ouvira a palavra "cis", quem dirá ser descrita como uma. A filha lhe disse repetidamente que "as crianças trans sabem quem são".

Sarah decidiu apoiar a filha. Ela concordou em chamá-la por seu novo nome e começou a usar pronomes masculinos. Até mesmo apresentava a filha para os amigos como sendo seu filho. Tentando ser tão solidária quanto possível, mãe e filha até mesmo foram a uma marcha do "orgulho trans" e dançaram ao som de "Born this way", de Lady Gaga. Sarah era tão solidária que comprou a primeira faixa para que a filha pudesse esconder os seios em desenvolvimento. É difícil ver o que mais uma mãe poderia ter feito.

Ao mesmo tempo, e muito compreensivelmente, Sarah começou a ler na internet sobre todo tipo de assunto trans. Era algo novo na vida da família e ela queria conhecer várias visões diferentes a fim de chegar a suas próprias conclusões. Ela admite que suas primeiras impressões sobre o debate on-line não foram boas. Boa parte da leitura crítica era marcada por uma tendência "anti-LGBT". As pessoas que escreviam a respeito frequentemente pareciam ser "preconceituosas ou religiosas". Ela jamais explorara nada disso profundamente. Estava "somente preocupada com minha filha". Assim, foi falar com alguns profissionais, começando com os médicos de gênero.

O primeiro deles disse a ela algo que ecoa o que muitas outras pessoas em sua posição ouviram. Para o médico, "a aceitação dos pais era o primeiro passo para evitar o suicídio". Como no caso de qualquer pai ou mãe, esse era o pior pesadelo imaginável. Ele também disse a Sarah que, como sua filha fora "insistente, persistente e consistente" em suas alegações, isso significava que ela realmente era menino. Sarah ficou preocupada não somente com as palavras dos médicos, mas também com o que sua filha andava dizendo. Sempre que a filha descrevia seus sentimentos de disforia de gênero, a mãe notava que as palavras pareciam "muito ensaiadas". E dizer que eram manipulativas é um eufemismo. Em determinado estágio, a filha apresentou uma lista de demandas que incluíam chantagem e ameaças, a menos que obtivesse o que queria.

Sua filha tinha 13 anos e 6 meses quando anunciou que era trans. Aos 14 anos e 6 meses, iniciou terapia. Aos 15, ouviu que começaria a tomar o bloqueador de puberdade Lupron. Em cada estágio, enfatizava-se que era "insultante" o fato de a mãe questionar os sentimentos da filha, e que ser trans era como ser autista. "As pessoas autistas sabem quem são", garantiram a ela. Questionar isso era "capacitismo". Vários terapeutas foram abordados e, finalmente, mãe e filha retornaram ao primeiro. Quando Sarah expressou preocupação com as escolhas sendo oferecidas à filha pela profissão, especificamente a ideia de usar bloqueadores de puberdade, ouviu como resposta: "Você tem uma escolha entre os bloqueadores de puberdade e o hospital." Assim, aos 17 anos e 6 meses, sua filha anunciou que queria fazer a transição.

Sarah, é claro, perguntou à filha se ela realmente queria fazer isso. E enfatizou a irreversibilidade do caminho que a filha estava escolhendo. A transição era ainda mais irreversível que os hormônios. E se — perguntou Sarah à filha —, após escolher a transição, ela sentisse que precisava revertê--la? E se, depois da mudança, decidisse que não a queria? A resposta da filha foi: "Daí eu me mato." Embora nenhum pai deva ignorar tal ameaça, parece haver um padrão nela, como alegou Germaine Greer muito antes. E não somente entre os jovens, mas entre alguns profissionais da área médica que fazem pressão no mesmo sentido.

Em 2015, por exemplo, a médica Michelle Forcier, professora da Escola de Medicina da Universidade Brown, e diretora dos serviços de gênero e saúde sexual do Grupo Lifespan Physician em Providence, Rhode Island, foi entrevistada pela NBC. Quando lhe perguntaram se crianças de 3 ou 4 anos sabiam o que queriam, Forcier respondeu: "Dizer que crianças de 3 e 4 anos não entendem gênero é não dar muito crédito a nossas crianças." Quando lhe perguntaram qual era o dano de esperar um pouco pela transição, ela respondeu: "O maior dano é não fazer nada." Mas qual era o risco de esperar?

A LOUCURA DAS MASSAS

Sua resposta: "O risco de esperar é o suicídio. O risco de esperar é fugir de casa. É o vício. É o bullying e a violência. É a depressão e a ansiedade."[49] Joel Baum, diretor do grupo Gender Spectrum, foi ainda mais sombrio. A pais que temiam autorizar o uso de hormônios pelos filhos, ele disse: "Você pode escolher entre ter netos e não ter mais um filho, seja porque ele não vai mais se relacionar com você, seja porque vai escolher um caminho mais perigoso."[50]

O problema em apresentar a escolha dessa maneira — da maneira mais catastrofista possível — é não deixar espaço para discussão ou discordância. No momento em que uma criança diz que acha pertencer ao sexo oposto, ela deve ser recebida somente com aceitação e, desse momento em diante, seguir um conjunto de passos que mudarão sua vida e que cada vez mais profissionais parecem querer encorajar, com o mínimo possível de resistência.

Mas histórias como a de James e da filha de Sarah estão cheias de guinadas sugestivas. Assim como James poderia jamais ter considerado tentar se tornar mulher se não estivesse em um meio no qual drags e trans eram comuns, a filha de Sarah admitiu que poderia jamais ter considerado a possibilidade de ser menino se não fosse por outros alunos de sua escola fazendo as mesmas alegações. Tudo isso nos leva ao ponto crucial da questão. Mesmo que algumas pessoas realmente sofram de disforia de gênero, e mesmo que, para algumas, a cirurgia seja a melhor opção, como elas podem ser diferenciadas de pessoas a quem tais ideias foram sugeridas, mas que, mais tarde, descobrem ter tomado a decisão errada?

Entre os mais pragmáticos e também mais prováveis argumentos para a eventual desaceleração da atual debandada trans está a crescente possibilidade de uma avalanche de processos. Embora o NHS tenha se exposto a essa eventualidade, o potencial de futuras ações legais bem-sucedidas na Grã-Bretanha nem ao menos se aproxima dos Estados Unidos. Ao passo que o serviço de saúde da Grã-Bretanha luta para satisfazer a crescente demanda por cirurgias de redesignação de gênero, nos EUA há não somente um movimento, mas também um incentivo comercial para promovê-las. Um dos sinais de que o movimento trans é uma área na qual as demandas sociais começam a atrair oportunidades comerciais está na extraordinária leveza com que ativistas trans — incluindo alguns cirurgiões — falam sobre uma cirurgia modificadora de vidas. Alguns dos exemplos exigem um estômago forte.

A PROFISSÃO

Veja o exemplo da dra. Johanna Olson-Kennedy. Vista como líder de seu campo, ela é diretora médica do Centro de Saúde e Desenvolvimento de Jovens Transgêneros do Hospital Infantil de Los Angeles. Trata-se da maior clínica juvenil transgênero nos EUA e é uma das quatro beneficiárias do fundo, financiado pelos contribuintes, do Instituto Nacional de Saúde para um estudo de cinco anos sobre o impacto de bloqueadores de puberdade e hormônios em crianças. Um estudo para o qual, aliás, não há grupo de controle.

Durante sua carreira, a dra. Olson-Kennedy admitidamente prescreveu hormônios para crianças de somente 12 anos. E, em um artigo do *Journal of the American Medical Association* intitulado "Reconstrução peitoral e disforia peitoral em menores e jovens adultos transmasculinos: comparações entre coortes não cirúrgicas e pós-cirúrgicas",[51] ela diz que várias garotas de somente 13 anos receberam hormônios do sexo oposto por menos de seis meses antes de passarem pela cirurgia. Isso significa que garotas de somente 12 anos receberam drogas com a capacidade de transformar suas vidas. Além disso, os relatórios mostram que, em 2017, crianças de somente 8 anos se tornaram elegíveis para tais tratamentos.

As declarações públicas da dra. Olson-Kennedy são notáveis em sua insistência, convicção e, pode-se dizer, dogmatismo. Ela criticou publicamente a ideia de avaliações de saúde mental para crianças que dizem querer mudar de sexo. Comparando essas crianças com aquelas que sofrem de diabetes, ela afirmou: "Não envio alguém para o terapeuta antes de prescrever insulina."[52] Ela foi uma importante proponente da ideia de que qualquer desafio à decisão da criança pode colocar em risco o relacionamento entre profissional e paciente: "Estabelecer um relacionamento terapêutico envolve honestidade e uma sensação de segurança que pode ser comprometida se os jovens acreditarem que aquilo que merecem e de que necessitam (potencialmente bloqueadores, hormônios ou cirurgia) pode lhes ser negado de acordo com as informações que fornecem ao terapeuta."[53] Olson-Kennedy é cética em relação à ideia de que crianças de 12 ou 13 anos podem não estar em posição de tomar uma decisão informada e irreversível. Ela disse que "jamais encontrei alguém que tomou bloqueadores e não quis fazer a transição hormonal mais tarde". Ao defender esse argumento, enfatizou:

A LOUCURA DAS MASSAS

Quando tomamos a decisão de avançar na intervenção médica, seja na forma de supressores da puberdade ou de hormônios do sexo oposto, a pessoa mais importante nessa decisão é a criança ou o jovem. Alguns centros usam testes psicométricos muito mais técnicos que analisam vários fatores do desenvolvimento psiquiátrico da criança. Não praticamos esse modelo em nossa clínica.[54]

Em outro momento, todavia, ela disse ter encontrado um pequeno número de pacientes que interromperam o tratamento ou lamentaram a transição, mas acrescentou que isso não deveria influenciar as atitudes de outras pessoas que desejavam a transição. Um problema, em sua opinião, é que tais decisões importantes às vezes eram tomadas por "profissionais (em geral cisgêneros) que determinam se os jovens estão ou não prontos". Olson-Kennedy acredita que esse é "um modelo falido".[55]

A despeito de as orientações da Sociedade Endócrina (a principal e mais antiga organização no campo da endocrinologia e do estudo do metabolismo em todo o mundo) declararem que há "mínima experiência publicada" sobre tratamento hormonal para pessoas "antes dos 13 anos e 6 meses ou 14 anos de idade",[56] Olson-Kennedy e seus colegas parecem extraordinariamente confiantes sobre o que estão fazendo. Um exemplo é sua indiferença não somente a seus oponentes, mas também à irreversibilidade das ações que encorajam crianças a iniciar. Durante uma apresentação gravada em segredo, ela fala de algo que "precisa dizer". É uma resposta aos críticos que pensam que crianças não têm a habilidade de fazer escolhas tão fundamentais e transformadoras. Sacudindo os braços e perdendo a calma com esse ponto de vista intransigente, Olson-Kennedy comenta que as pessoas se casam com menos de 20 anos e escolhem as faculdades que querem frequentar, e que essas também são "escolhas transformadoras" feitas na adolescência que, na maioria dos casos, dão certo. Passamos tempo demais focando nas coisas ruins, diz ela. "O que sabemos é que os adolescentes têm capacidade de tomar decisões lógicas e racionais." Isso é indisputável. Mas é a casualidade com que ela defende o argumento seguinte que é vagamente surpreendente. "Veja a questão da cirurgia peitoral", diz ela. "Se você quiser seios em um momento posterior de sua vida, você pode consegui-los."[57]

Mesmo? Onde? Como? As pessoas são como blocos de Lego nos quais novas peças podem ser encaixadas, desencaixadas e substituídas à vontade? A cirurgia é tão isenta de dor, sangue, trauma e cicatrizes que qualquer um pode ter seios a qualquer momento e viver feliz com suas novas aquisições? Uma transformação homem-para-mulher bastante típica não envolve somente cirurgias para modificar os genitais e os seios, mas também para retirar ossos do queixo, do nariz e da testa, envolvendo procedimentos nos quais a pele é removida de todo o rosto. E então há implantes de cabelo, terapias da fala e muito mais.[58] Uma mulher que busque se tornar homem tem uma aproximação de pênis construída a partir de pele de outras partes do copo. Os braços do paciente frequentemente são esfolados para fazer isso, sem garantia de sucesso. E tudo isso custa dezenas — frequentemente centenas — de milhares de dólares. É necessário um nível específico de mendacidade para descrever tudo isso como muito fácil.

E fica pior. Em fevereiro de 2017, uma organização chamada WPATH fez sua conferência USPATH em Los Angeles. WPATH significa "World Professional Association for Transgender Health" [Associação Profissional Mundial de Saúde Transgênero]. E aquela era a "Inaugural United States Professional Association for Transgender Health Scientific Conference" [Conferência Inaugural da Associação Profissional de Saúde Transgênero dos Estados Unidos].[59] Uma parte do simpósio foi chamada de "Fora do binário: cuidados para adolescentes e jovens não binários". Nessa sessão, a dra. Olson-Kennedy falou a uma sala cheia de pessoas que claramente já concordavam com ela. Mas, assim como o fato de que concordavam com algumas de suas pressuposições, também ficou claro quão jovens eram os "adolescentes e jovens" do título.

Olson-Kennedy descreveu, por exemplo, como certa vez tivera de lidar com uma criança de 8 anos que (de modo claramente risível para a médica) fora "designada menina ao nascer": "Essa criança entrou no meu consultório" e seus pais estavam confusos. A filha era "completamente masculina", incluindo "cabelo curto e roupas de menino. Mas frequentava uma escola muito religiosa. E, no banheiro das meninas — que era o que ela usava —, as pessoas se perguntavam: 'Por que há um menino no banheiro das meninas? Isso é um problema.' Então a criança se dizia: 'Isso não está funcionando para mim, quero me matricular na escola como menino.'" Olson-Kennedy contou

A LOUCURA DAS MASSAS

a história no estilo de uma anedota hilária, incluindo impressões sobre os pais confusos e as atitudes malucas daqueles em torno, que claramente não entendiam o que a médica e sua plateia viam como absolutamente óbvio. Algumas "crianças" que iam até seu consultório aparentemente tinham grande "clareza" e "articulação" sobre seu gênero, e ela apenas "endossava isso". Aquela "criança" aparentemente não "organizara ou pensara realmente sobre todas essas diferentes possibilidades". Embora Olson-Kennedy conte a história de uma menina de 3 anos que aparentemente disse a mãe que se sentia um menino, o que ela diz que a criança não disse, a plateia entende e ri. Em certo momento, ela conta como perguntara à "criança" (do exemplo anterior) se ela era menino ou menina e vira "confusão" em seu rosto ao responder: "Sou menina, porque tenho esse corpo." Olson-Kennedy acrescenta: "Foi assim que essa criança aprendeu a falar sobre seu gênero, baseada em seu corpo." Ela então fala da ideia brilhante que teve "bem ali, naquele momento". Ela perguntara à criança se ela gostava de biscoitos Pop-Tarts. A criança de 8 anos dissera que sim. Então ela perguntara o que ela faria se encontrasse um biscoito de morango em uma embalagem de "biscoito de canela". Seria um biscoito de morango ou de canela? "A criança disse: 'Dã, um biscoito de morango.' Então eu disse: 'Entãããão...'" A plateia ri e começa a aplaudir. Olson-Kennedy continua: "E a criança se virou para a mãe e disse: 'Acho que sou menino coberto por um corpo de menina.'" Nesse momento, a plateia arrulha e murmura, apreciando o momento. E Olson-Kennedy conclui: "A melhor coisa foi que a mãe se levantou e abraçou a criança. Foi uma experiência maravilhosa." Antes que outros membros da plateia possam se levantar e contar suas próprias histórias comoventes, ela continua: "Eu me preocupo quando elas dizem coisas como 'Eu sou' *versus* 'Eu gostaria de ser', porque acho que há muitas coisas que ocorrem contextualmente na maneira como as pessoas entendem e manifestam gênero. Então não acho que eu tenha transformado aquela criança em menino." A plateia ri à mera sugestão. "Acho que dar àquela criança uma linguagem para falar sobre seu gênero foi realmente importante."[60]

Uma das coisas estranhas sobre tudo isso, sobre a reação da plateia durante a conferência USPATH, é que Olson-Kennedy não está falando para uma assembleia de "profissionais", mas para uma congregação. Um conjunto fixo de ideias está sendo discutido. Um conjunto fixo de virtudes está sendo celebrado. E um conjunto fixo de hipóteses está sendo apresentado e sendo ignorado como risível. A plateia não ouve e faz perguntas, como durante uma conferência acadêmica ou profissional. Ela celebra, ri, funga e aplaude de uma maneira que, mais que qualquer outra coisa, se parece com uma reunião de renascimento cristão.

Ou algum tipo de clube de comédia. Olson-Kennedy pergunta à pessoa seguinte na fila de apresentações: "Você é da área médica?" Ouve-se um "Uhum". "Ok", responde ela, aparentemente não disposta a ceder o microfone, "eis algo que aprendi por ser casada com alguém da saúde mental". Nesse momento, o médico responde, com a voz rouca: "Fale mais a respeito." Há uma grande explosão de aplausos, assobios e risos de apreciação pelo que parece ter sido algum tipo de hilária insinuação. Quando finalmente se faz silêncio, o médico (que é de Iowa), diz: "Eu só queria partilhar o que faço em meu consultório quando encontro alguém pela primeira vez. Eu digo a ele: 'Se você tivesse uma varinha mágica ou uma daquelas coisas de *Star Trek* que permitem que você faça o que quiser, o que você gostaria que acontecesse? O que eu posso fazer?' Dessa maneira, sei para onde ele quer ir e quais podem ser as ferramentas." Ordinariamente, se uma criança diz que gostaria de agitar uma varinha e mudar algo, ela abre os olhos e percebe que a varinha e as palavras mágicas não funcionaram. Somente no mundo da ideologia trans os adultos dizem às crianças que a varinha pode ser agitada, os desejos podem ser concedidos e, se elas realmente quiserem, os adultos podem fazer a mágica acontecer.

Além disso, a piada na qual esse participante tomou parte com a dr. Olson-Kennedy não é tão engraçada quanto a plateia da conferência US-PATH pareceu pensar. Porque o "alguém da saúde mental" com quem ela é casada tem algumas práticas bastante extraordinárias.

Aydin Olson-Kennedy trabalha no Centro de Gênero de Los Angeles. Sua biografia explica que, além de ser "assistente social licenciado" e "profissional de saúde mental", e de estar envolvido em "obras de advocacia", Aydin Olson-Kennedy também fez a transição. Como diz o centro, "ele traz uma perspectiva única a sua carreira como homem transgênero que, em certa época, também precisou de serviços médicos e de saúde mental". Em tal situação, a questão de onde medicina, cuidados, assistência social e advocacia se cruzam é muito pertinente.

Como parte de sua transformação em "ele", Aydin fez uma mastectomia dupla, uma cirurgia que quase sempre deixa cicatrizes. Mas talvez sua escolha de passar por tal cirurgia seja uma das razões pelas quais ele parece feliz em recomendá-la a outros. Os casos conhecidos incluem o de uma menina de 14 anos com histórico de problemas psicológicos. Mais chocante ainda é o caso de uma criança norte-americana que sofria de síndrome de Down. A menina — conhecida como Melissa — sofria de uma variedade de problemas físicos e mentais, e supostamente também de leucemia. Por razões complicadas, a mãe parecia estar em busca de outro diagnóstico para a filha. Uma conclusão a que chegou — com ajuda — foi a de que a filha era trans. Entre aqueles que apoiaram essa alegação e o resultante pedido de transição da menina estava Aydin Olson-Kennedy. De fato, ele pediu que outras pessoas trans fizessem doações para que a criança com síndrome de Down pudesse fazer uma mastectomia dupla.[61] Como se a questão toda não fosse suficientemente complicada, ambos os Olson-Kennedy são registrados como consultores da Endo Pharmaceuticals, que, entre outras coisas, é fabricante de testosterona.

PARA ONDE ISSO VAI?

Se "L", "G" e "B" são elementos incertos do alfabeto LGBT, a última dessas letras é a mais incerta e desestabilizadora de todas. Se gay, lésbica e bi são pouco claros, trans ainda está muito próximo de um mistério, e é o que traz as consequências mais extremas. Não é que existam demandas por direitos iguais: poucas pessoas, se alguma, deixariam de ter acesso a direitos iguais. São as preconcepções e pressuposições as causas do problema. A demanda de que todo mundo concorde em usar novos pronomes de gênero e se acostume a pessoas do sexo oposto no mesmo banheiro é relativamente frívola em meio a todo o espectro de demandas. Muito mais séria é a demanda de que crianças sejam encorajadas na direção de intervenções médicas em uma questão tão incrivelmente obscura — e a idade na qual tais crianças são encorajadas dessa maneira vai continuar diminuindo. No fim de 2018, uma médica de gênero no País de Gales foi condenada no tribunal por oferecer serviços de saúde ilegais. Sua clínica oferecia hormônios modificadores de sexo para crianças de somente 12 anos.[62]

Além disso, por que suas idades não continuariam diminuindo, se as alegações sendo feitas são apoiadas por tanta retórica ameaçadora, chantagem e catastrofismo? Qualquer um que mencione inconvenientes ou preocupações sobre a transição é considerado odioso, está encorajando a violência contra pessoas trans ou as encorajando a se machucar. Isso sugere que a única coisa que as pessoas não trans podem fazer é ficar em silêncio sobre a questão, a menos que seja para corroborá-la. Essa posição já levou à invenção de novos conceitos, que fluem de partes dos movimentos feminista e trans, como a ideia de que algumas pessoas são "não binárias" ou de "gênero fluido". Um filme da BBC chamado *Things Not to Say to a Non-Binary Person* [Coisas que não se deve dizer a uma pessoa não binária] mostra jovens falando sobre quão "restritiva" e simplista é a ideia de ser macho ou fêmea. Como pergunta um deles: "O que é um homem e o que é uma mulher?"[63] A sensação esmagadora ao ver esses jovens no filme, e outros que fazem as mesmas alegações, é de que eles na verdade estão dizendo: "Olhe para mim!"

Será esse também o caso de alguns jovens que se dizem trans? Quase certamente sim. Todavia, não há maneira clara de saber a quem isso se aplica e a quem pode não se aplicar, ou quem deveria ser encorajado a gravitar na direção da intervenção médica e quem deveria ser fortemente urgido a permanecer longe dela. Mesmo Johanna Olson-Kennedy admitiu que a maioria dos indivíduos que se identificam como transgêneros não apresenta qualquer distúrbio do desenvolvimento sexual.

A iniciativa de apresentar hormônios e cirurgia sob uma luz radicalmente simplista certamente persuadirá várias pessoas de que seus problemas podem ser facilmente solucionados se solucionarem esse mal-entendido fundamental. Pode ter funcionado para Jazz Jennings até agora, e pode ter funcionado para Caitlyn Jenner. Mas não solucionou os problemas de Nathan Verhelst, se é que alguma coisa poderia ter feito isso. O problema atual não é a disparidade, mas a certeza — a espúria certeza com que uma questão incrivelmente obscura é apresentada como se fosse a mais clara e mais bem entendida de todas.

CONCLUSÃO

Os defensores da justiça social, da política identitária e da interseccionalidade sugerem que vivemos em sociedades racistas, sexistas, homofóbicas e transfóbicas. Sugerem que essas opressões estão interligadas e que, se aprendermos a ver a partir dessa teia e desfazê-la, finalmente poderemos lhe pôr um fim. Depois disso, algo acontecerá. Não está claro precisamente o quê. Talvez a justiça social seja um estado que, uma vez atingido, permaneça estável. Talvez requeira atenção constante. É pouco provável que descubramos.

Primeiro porque as opressões interligadas não se ligam de maneira organizada, rangendo hedionda e ruidosamente umas contra as outras e no interior de si mesmas. Elas produzem atrito, em vez de diminuí-lo, e aumentam as tensões e as loucuras das massas mais do que produzem paz de espírito. Este livro focou em quatro das questões mais consistentemente suscitadas em nossas sociedades e que se tornaram não somente o produto básico das notícias diárias, mas também a fundação de toda uma nova moralidade social. Mencionar os dilemas das mulheres, dos gays, das pessoas de diferentes *backgrounds* raciais e dos trans se tornou não somente uma maneira de demonstrar compaixão, mas também a demonstração de uma forma de moralidade. É a forma prática dessa nova religião. "Lutar" por essas questões e exaltar sua causa se tornou uma maneira de demonstrar que você é uma boa pessoa.

É claro que existe algo aí. Permitir que as pessoas vivam sua vida da maneira que quiserem é uma ideia que revela algumas das mais preciosas conquistas de nossas sociedades — conquistas que ainda são perturbadoramente raras. Ainda há 73 países no mundo nos quais é ilegal ser gay, e oito nos quais ser gay é punível com a morte.[1] Em países do Oriente Médio e da África, negam-se às mulheres alguns dos direitos mais básicos

A LOUCURA DAS MASSAS

de todos. Explosões de violência interracial ocorrem em um país após o outro. Em 2008, 20 mil pessoas voltaram para Moçambique, vindas da África do Sul, depois que levantes de sul-africanos contra moçambicanos deixaram dezenas de feridos e milhares de desabrigados. Em nenhum lugar do mundo o direito das pessoas trans de tentarem viver sua vida da maneira que desejarem é mais protegido pela lei que no Ocidente desenvolvido. Todas essas coisas podem ser celebradas como realizações que ocorreram por causa do sistema legal e da cultura de direitos. Mas há um paradoxo aqui: os países mais avançados em todas essas realizações são apresentados como estando entre os piores. Talvez seja apenas uma versão da máxima de Daniel Patrick Moynihan sobre os direitos humanos: a de que as alegações de violação ocorrem na proporção exatamente inversa das violações de direitos humanos em um país. Não se ouve falar de tais violações em países não livres. Somente uma sociedade muito livre permitiria — e mesmo encorajaria — tais infinitas alegações sobre suas próprias iniquidades. Do mesmo modo, só é possível apresentar uma faculdade de artes liberais nos Estados Unidos ou um jantar em Portland como à beira do fascismo se as pessoas que se queixam estiverem tão longe do fascismo quanto possível.

Mas esse espírito de acusação, reivindicação e rancor se disseminou com uma velocidade notável. E não está relacionado somente à chegada das novas tecnologias, embora só tenhamos uma década na era do smartphone e do Twitter. Mesmo antes disso, algo dera errado na linguagem dos direitos humanos e na prática do liberalismo. É como se, em algum estágio, o aspecto inquiridor do liberalismo tivesse sido substituído por um dogmatismo liberal que insiste que estão estabelecidas questões que não estão, que são conhecidas questões que não são e que temos uma ideia muito boa sobre como estruturar uma sociedade ao longo de linhas inadequadamente argumentadas. É por isso que os produtos dos direitos agora são apresentados como bases dos direitos, mesmo com essas bases formando entidades tão instáveis. Seria bom se esse liberalismo pudesse injetar uma dose de humildade na qual a certeza prevalece. Pois essa forma de liberalismo dogmático e vingativo pode, entre outras coisas, minar e mesmo pôr fim a toda era liberal. Afinal, não está claro se as populações

CONCLUSÃO

majoritárias continuarão a aceitar as alegações que lhes dizem para aceitar e a se intimidar com os xingamentos que recebem se não aceitar.

As falhas nessa nova teoria da — e justificativa para a — existência precisam ser identificadas por causa da dor incomensurável que continuarão a causar se o trem interseccional continuar correndo. A metafísica que uma nova geração está ingerindo e todo o resto está sendo forçado a engolir tem muitos pontos de instabilidade e está ancorada no desejo de expressar certeza sobre coisas que não sabemos, e de ignorar e relativizar coisas que de fato sabemos. As fundações são que qualquer um pode se tornar gay, as mulheres podem ser melhores que os homens, as pessoas podem se tornar brancas, mas não negras, e qualquer um pode mudar de sexo. Qualquer um que não se encaixe nisso é um opressor. E absolutamente tudo deve ser transformado em política.

Há contradições e confusões aqui para durar uma vida inteira. Não somente em certos pontos, mas nos fundamentos absolutos. O que homens e mulheres, gays ou heterossexuais, devem concluir das alegações dos que gostariam de atribuir a crianças gêneros diferentes daqueles com que nasceram? Por que uma jovem que exibe características molecas deveria ser vista como transexual mulher-para-homem pré-cirurgia? Por que um garotinho que gosta de se vestir de princesa deveria ser um transexual homem-para-mulher à espera de se revelar? Os especialistas em gênero que fazem alegações sobre as pessoas que são biscoitos na embalagem errada podem ser aqueles cujas habilidades de leitura da embalagem estão erradas. Estima-se que, no caso de cerca de 80% das crianças diagnosticadas com o que agora é chamado de disforia de gênero, esse problema se resolverá sozinho durante a puberdade. Ou seja, elas se sentirão à vontade com o sexo biológico identificado quando nasceram. A maioria dessas crianças crescerá e se tornará gay ou lésbica.[2] Como as mulheres lésbicas e os homens gays deveriam se sentir sobre o fato de que, décadas depois de serem aceitos por quem são, uma nova geração de crianças que cresceriam para se tornar gays ou lésbicas está ouvindo que seus traços femininos as tornam mulheres e seus traços masculinos as tornam homens? E como as mulheres devem se sentir a respeito? Após anos estabelecendo quais são seus direitos como mulheres, ouvir quais são esses direitos — incluindo seu direito de falar — de pessoas que nasceram homens?

A LOUCURA DAS MASSAS

ESSAS ALEGAÇÕES NÃO SE INTERSECCIONAM, ELAS ENLOUQUECEM

Contrariamente às alegações dos defensores da justiça social, essas categorias não interagem bem umas com as outras. A matriz de opressão não é um grande cubo mágico esperando que cada canto seja alinhado pelos cientistas sociais. Ela consiste em um conjunto de demandas que não funcionam juntas, e certamente não nesse tom.

Em 2008, a revista *Advocate* fazia campanha contra a Proposta 8, que anularia a possibilidade de casamento gay no estado da Califórnia. Em sua tentativa de defender o casamento homossexual, a primeira página da revista gay mais proeminente dos Estados Unidos dizia: "Gay é o novo negro." A alegação não caiu bem entre os negros norte-americanos. Não mais que o subtítulo: "O último grande conflito pelos direitos civis." Mesmo a adição daquela velha escapatória jornalística, o ponto de interrogação, não diminuiu o criticismo.[3] Como disse um crítico, o argumento "gay é o novo negro" era ofensivo — entre muitas outras razões listadas — por causa "da completa desconexão entre o 'casamento' de pessoas do mesmo sexo e as leis antimiscigenação".[4] Sempre que parece que tais controvérsias e comparações serão superadas e todas as reivindicações de direitos existirão em harmonia, surgem conflitos similares.

Às vezes, isso acontece porque alguém faz a pergunta errada. Após o caso Rachel Dolezal, o jornal filosófico feminista *Hypatia* publicou o artigo de uma acadêmica chamada Rebecca Tuvel. Ela suscitou uma questão interessante. Comparando o tratamento concedido a Rachel Dolezal ao tratamento concedido a Caitlyn Jenner, ela questionou se, como "aceitamos a decisão dos indivíduos transgêneros de mudarem de sexo, não deveríamos aceitar também a decisão de indivíduos transraciais de mudar de raça?". A pergunta não foi bem aceita. Em termos de consistência lógica, Tuvel tinha um argumento muito bom: se as pessoas podem se autoidentificar, por que esse direito deveria parar na fronteira da raça, e não na fronteira do sexo? Porém, em termos das convenções morais atuais, ela não poderia estar em posição pior. Ativistas negros, entre outros, mobilizaram-se contra o artigo. Uma petição foi organizada contra Tuvel, uma carta aberta foi assinada e uma das editoras associadas do *Hypatia* esteve entre aqueles que a denun-

CONCLUSÃO

ciaram. A publicação foi acusada de permitir que "acadêmicos brancos e cis" apresentassem argumentos que exacerbavam "a transfobia e o racismo".[5]

Os efeitos colaterais no mundo desse pouco conhecido jornal feminista foram tais que, muito rapidamente, o *Hypatia* se desculpou por ter publicado o artigo, a editora pediu demissão e toda a direção foi substituída. Tuvel afirmou que escrevera "de uma posição de apoio àqueles com identidades não normativas e de frustração em relação às maneiras pelas quais os indivíduos que as habitam são tão frequentemente trucidados, envergonhados e silenciados".[6] Mas a "extensão do raciocínio" que ela afirmou ser seu único propósito claramente não foi bem recebida. Se Rebecca Tuvel tivesse visto Rachel Dolezal em *The Real*, em 2015, ela teria uma resposta para sua pergunta. As mulheres de cor naquele programa deixaram claro que o transracialismo de Dolezal não era aceitável, porque uma pessoa que cresceu branca não pode entender como se sente uma pessoa que nasceu negra. Ela não teve as mesmas experiências.[7] Esse era o argumento que as feministas de segunda onda defendiam, ao mesmo tempo, sobre os transexuais. Mas o argumento que funcionou para a raça não funcionou para as mulheres.

Às vezes, o problema se desenvolve porque alguém faz uma pergunta errada ou desconfortável. E, outras vezes, porque a pessoa que está sendo apresentada para deixar tudo bonito e organizado se mostra um ser humano confuso e complexo.

Em outubro de 2017, a revista britânica *Gay Times* anunciou seu primeiro editor BME, Josh Rivers (isso aconteceu quando BME [Black and Minority Ethnic, minoria étnica negra] ainda não fora substituído pelo mais longo e agora mais aceitável acrônimo BAME [Black Asian and Minority Ethnic, minoria étnica negra e asiática]). Rivers durou três semanas. Logo após o anúncio, o *Buzzfeed* decidiu vascular o histórico dele no Twitter e descobriu mais uma pessoa com um longo registro on-line de apostas com a sorte. Entre 2010 e 2015, Rivers fizera vários comentários para seus 2 mil seguidores que o *Buzzfeed* avisou que "chocariam muitos leitores".

Rivers não era muito antirracista. De fato, ele parecia ter um problema particular com judeus e não gostava muito de asiáticos. Outros — incluindo africanos e, particularmente, egípcios — eram descritos de maneiras ainda piores. Ele chamou os homens egípcios de "estupradores gordos, fedorentos,

A LOUCURA DAS MASSAS

peludos, encrenqueiros e atrasados". Rivers não gostava de pessoas gordas, de pessoas da classe trabalhadora e das que chamava de "retardadas". As lésbicas eram outro alvo de sua considerável ira. E suas visões sobre os transexuais eram especialmente pouco esclarecidas. Em 2010, ele dissera a uma pessoa: "Olhe aqui, traveco. 1) Você parece um viciado; 2) VOCÊ É UM TRAVECO; 3) Sua peruca não merece menção. Baixe os olhos, querido."[8] Esse tuíte recebeu um alerta de outra publicação gay que escreveu sombriamente sobre todo o caso. Os leitores foram avisados de que ele era "particularmente horrível".[9]

A *Gay Times* realizou uma rápida "investigação" e, 24 horas depois, anunciou que seu primeiro editor BME seria demitido imediatamente e todos os seus artigos seriam removidos do website. A revista "não tolera tais visões e continuará a se esforçar para honrar e promover a inclusão".[10] Algumas semanas depois, Rivers se desculpou pelo conteúdo de seus tuítes e explicou sua própria interpretação desses eventos durante uma entrevista. A reação a seus tuítes fora "racializada": "o feedback branco tem sido 'Hahaha! Hahaha!'. É simples assim. Negro e branco!"[11] Para ele, as críticas a seus tuítes racistas eram, em si mesmas, racismo.

Decepções similares se acumulam em todas as direções. Quando transexuais homens-para-mulheres têm permissão de participar de esportes para mulheres, os resultados frequentemente vão contra a ideia de paridade entre os sexos. Em outubro de 2018, o campeonato feminino mundial no UCI Masters Track World Championship na Califórnia foi vencido pela transexual homem-para-mulher Rachel McKinnon. A mulher que McKinnon venceu no terceiro lugar, Jen Wagner-Assali, chamou a vitória de McKinnon de "injusta", e exigiu uma mudança nas regras da organização internacional de ciclismo. Mas a ideia de que transexuais homem-para-mulher ameaçam de qualquer maneira a participação das mulheres nos esportes foi considerada "transfóbica" pela vencedora.[12]

E a discussão continuou. Quando Hannah Mouncey teve problemas para ser selecionada para a equipe australiana de handebol feminino, ela disse que isso enviava às mulheres e meninas uma mensagem terrível sobre seus corpos. De acordo com Mouncey, a mensagem era: "Se você é grande demais, você não pode jogar. Isso é incrivelmente perigoso e retrógrado."

CONCLUSÃO

Mouncey era a única mulher transgênero na equipe, e a disparidade de tamanho não era pequena. A foto da equipe australiana de handebol feminino com Mouncey parece a foto de uma equipe de handebol feminino com um jogador muito grande de rúgbi ao fundo. Trata-se de mais "tamanhismo"? É retrógrado notar? E quanto a comentar a vantagem que alguém que nasceu homem — como Laurel (nascida Gavin) Hubbard — tem em competições femininas de levantamento de peso na categoria mais de 90 quilos?

Em 2018, Mack Beggs, de 18 anos, conquistou o título de luta livre do Texas na divisão feminina de 50 quilos pelo segundo ano consecutivo. Beggs está fazendo a transição de mulher para homem e tomando doses de testosterona. Os textos da imprensa sobre suas vitórias tenderam a focar nas vaias de alguns espectadores quando outra oponente feminina foi derrotada, como se preconceito e mesquinharia fossem o real problema aqui. Porém, uma notável autoilusão está sendo mantida. Afinal, no mundo esportivo, descobrir que alguém ingeriu testosterona é razão para impedi-lo de competir — a menos, é claro, que a pessoa que ingeriu testosterona esteja fazendo a transição para o sexo oposto. Nesse caso, a sensibilidade supera a ciência. Como sempre, as coisas ficam piores.

Um preceito não somente do feminismo, mas de qualquer sociedade decente e civilizada é que homens não devem bater em mulheres. E então o mundo desvia os olhos da descoberta de que, em vários esportes de contato, pessoas que nasceram homens agora regularmente batem em mulheres. Nas lutas de Mixed Martial Arts (MMA), essa controvérsia vem se construindo há vários anos. O caso de Fallon Fox é o mais famoso. Depois de ter nascido homem, se casado, sido pai e servido na Marinha, Fox se revelou transexual em 2013, competindo como mulher no início de sua carreira. Como explicou uma endocrinologista certificada (a dra. Ramona Krutzik), as vantagens de Fox incluem a densidade óssea acumulada em seu tempo como homem, a massa muscular daqueles mesmos anos e a marca da testosterona no cérebro, que não se apaga depois da ingestão de androgênicos ou da cirurgia. Tudo isso poderia dar a Fox não somente uma vantagem física, mas também uma vantagem em termos de agressividade.[13]

Como observou o especialista em MMA Joe Rogan em seu podcast, "há uma diferença gigantesca entre a potência que um homem e uma mulher

A LOUCURA DAS MASSAS

podem gerar [...]. Há diferença no formato dos quadris, na largura dos ombros, na densidade dos ossos, no tamanho dos punhos". E esse é um esporte no qual o objetivo é muito claro: "Meter a porrada na pessoa à sua frente." No entanto, até mesmo o questionamento de se alguém com vantagens físicas por ter nascido homem deveria ter permissão para bater em mulheres ao vivo diante de uma plateia produz as mais intensas objeções. Como disse Rogan mais tarde: "As pessoas vieram para cima de mim com mais força do que em qualquer outra ocasião na minha vida. Nunca achei que passaria por uma situação na qual eu diria 'Ei, não acho que um cara deveria poder ter seu pênis removido e então meter a porrada em mulheres' e as pessoas responderiam 'Seu comportamento é inaceitável'. Mas foi isso, literalmente, que aconteceu."[14]

Se a crescente consciência sobre as diferenças entre as pessoas deveria revelar algum grande sistema de justiça ou permitir que todos ficassem livres de preconceitos interligados, então, mesmo nesse estágio bastante inicial, o processo produziu mais problemas que soluções e exacerbou mais que aliviou. As guerras de elenco continuam a inverter a cegueira racial e tornar todo mundo obcecado com raça, ao passo que ignorar outras características se tornou parte do problema. Por toda parte, surge a convicção de que as pessoas não podem retratar o que não são. Tendo sobrevivido aos ataques por interpretar a consciência de uma mulher asiática no interior de uma androide branca em *A vigilante do amanhã* (2017), Scarlett Johansson teve o azar de, no ano seguinte, ser convidada a interpretar um chefão do crime da década de 1970 em *Rub & Tug*. Mas o personagem que deveria interpretar fora trans na vida real e a atriz Johansson estaria somente personificando uma mulher trans; em razão das críticas, ela recusou o papel. Mesmo os lugares que suscitaram questões sobre a direção dessa jornada se viram na linha de fogo. O website de notícias financeiras *Business Insider* originalmente publicou um artigo de opinião defendendo Johansson por ser "injustamente criticada por fazer seu trabalho", mas rapidamente o removeu quando a reação contra Johansson se intensificou.[15] No mesmo ano, houve pedidos para boicotar um filme estrelado pelo ator gay Matt Bomer. Os pedidos de boicote vieram não de alguma igreja periférica, mas de pessoas reclamando que

CONCLUSÃO

um "ator branco cis" — mesmo sendo gay como Bomer — interpretar uma mulher trans era uma "afronta" à "dignidade das mulheres trans".[16]

Se, em algumas ocasiões, alegou-se afronta, em outras ela foi suprimida quando deveria ter sido expressada. Em fevereiro de 2018, quando o primeiro-ministro do Canadá Justin Trudeau falava aos estudantes e respondia perguntas na Universidade MacEwan, em Edmonton, uma jovem polidamente fez uma pergunta na qual se referiu, de passagem, a *mankind* [humanidade]. O primeiro-ministro canadense a interrompeu, balançando a mão de maneira desdenhosa. "Gostamos de dizer *people-kind*, não necessariamente *mankind*, porque é mais inclusivo", explicou ele, obtendo vigorosos aplausos da plateia. Contudo, subsequentemente, ninguém explicou por que um poderoso homem branco constranger uma jovem mulher dessa maneira não era considerado *mansplaining*.

Os grupos identitários que as pessoas formam nem sempre funcionam. Em 2017, um grupo de estudantes da Universidade de Cornell chamado "Estudantes negros unidos" enviou seis páginas de demandas às autoridades universitárias. Elas incluíam as óbvias, a saber, que todos os professores recebessem treinamento sobre "sistemas de poder e privilégio" e que as pessoas negras que haviam sido "afetadas diretamente pelo holocausto africano nos Estados Unidos" e pelo "fascismo norte-americano" recebessem mais investimento. Porém, uma das demandas era que a universidade prestasse mais atenção aos "norte-americanos negros que estão há várias gerações (mais de duas) neste país". Isso deveria distingui-los dos estudantes de primeira geração vindos da África ou do Caribe.[17] O grupo mais tarde se desculpou, sob pressão, por fazer essa demanda. Mas a mensagem era clara. Existe uma hierarquia de opressão e vitimização mesmo no interior de cada grupo identificável. Não somente as regras não são claras, como os preconceitos subjacentes tampouco são claros e podem surgir de maneiras e em lugares extraordinários.

O PROBLEMA DA IMPOSSIBILIDADE

Como cultura, entramos em uma área repleta de problemas de impossibilidade. De algumas das mulheres mais famosas do planeta, ouvimos que as mulheres têm o direito de ser sexy sem ser sexualizadas. Algumas das mais proeminentes figuras culturais do mundo nos mostraram que, para nos opormos ao racismo, precisamos nos tornar um pouquinho racistas. Agora todo um conjunto de impossibilidades similares está sendo exigido de maneira igualmente não conciliatória.

Houve um belo exemplo em *This Week* da BBC em outubro de 2017, quando um artista e escritor conhecido pelo monônimo Scottee foi ao programa discutir seu curta-metragem político. Como autodescrito "grande e gordo *queer* feminino", ele se queixou de ser "vítima da masculinidade, de certa maneira, por causa da agressão que sofro diariamente". Embora não tivesse respostas para o problema, ele insistiu que "as pessoas *queer*, trans, não binárias" não deveriam ser as responsáveis por acabar com a "masculinidade tóxica". Isso tinha de vir de dentro, argumentou. Os homens "têm de reconhecer seu privilégio, e eu quero que eles entreguem o poder e quero que entreguem alguma plataforma. Acho que deveríamos tentar o matriarcado. Tentamos o patriarcado por muito tempo. Não funcionou".[18] Evitando a pressuposição nuclear de que "não funcionou" por um momento, havia algo ainda maior encarando o telespectador. Era o fato de que uma das principais queixas daquele exuberantemente vestido e autodeclarado "grande e gordo *queer* feminino" em relação à sociedade em que vivia era ser tão frequentemente ridicularizado. Eis outra demanda paradoxal, impossível. Uma pessoa que escolhe ser ridícula sem ser ridicularizada.

Outras demandas impossíveis podem ser encontradas por toda parte, como as exibidas na Faculdade Estadual Evergreen e na Universidade de Yale e enfatizadas por Mark Lilla no painel da Rutgers (onde um membro da plateia insistiu com Kmele Foster que "não precisava de fatos"). Naquela ocasião, Lilla forneceu um insight sobre um dos enigmas centrais de nossa época. Ele disse: "Você não pode dizer simultaneamente às pessoas 'Você precisa me entender' e 'Você não pode me entender'." Evidentemente, muitas pessoas fazem essas duas demandas simultaneamente. Mas não deveriam e, ao fazer isso, precisariam se dar conta de que suas demandas contraditórias não podem ser atendidas.

Então, é claro, há a questão de como ordenar, priorizar e determinar a hierarquia da opressão. Laith Ashley é um dos mais proeminentes modelos

CONCLUSÃO

transgêneros do mundo. O transexual mulher-para-homem recebeu grande publicidade e fez prestigiadas sessões de fotos de moda para marcas e revistas importantes. Em uma entrevista televisiva de 2016, Cathy Newman, do Channel 4, perguntou se, nos dois anos desde que fizera a transição de mulher para homem, ele enfrentara alguma discriminação. Ashley respondeu que não, mas diminuiu a decepção da entrevistadora acrescentando que ativistas transgêneros e outros conhecidos seus nos movimentos pelos direitos transgêneros "disseram" que, na verdade, ele ganhara certo privilégio masculino. Como ele explicou aos telespectadores, "ganhei certo privilégio masculino. E, embora seja uma pessoa de cor, tenho a pele clara e, em certo sentido, correspondo ao padrão de beleza estética da sociedade. Por essa razão, não necessariamente enfrentei muita discriminação".[19] Assim, ele avançara dois passos na hierarquia por se tornar homem, recuara dois passos por ser uma pessoa de cor e avançara um passo por ser uma pessoa de cor de pele clara. E então chegara à parte negativa de ser atraente. Como alguém pode descobrir onde está no âmbito opressor/oprimido quando há tantos privilégios concorrentes em sua biografia? Não surpreende que Ashley parecesse preocupado e modesto ao citar essa lista. Isso é autoanálise suficiente para destruir a autoconfiança de qualquer um. Mas uma versão dessa autoanálise impossível está sendo sugerida por muitas pessoas hoje, quando, na verdade, não há maneira de saber como realizar essa tarefa com justiça em relação a outra pessoa, quem dirá em relação a nós mesmos. Qual o sentido de um exercício que não pode ser feito?

E para onde iremos em seguida? Um dos prazeres de anos recentes tem sido observar pessoas que se acham boas defensoras das fronteiras liberais descobrirem que um de seus pés tocou um dos detonadores. Em certa noite de sábado de 2018, David Roberts, do *Vox*, estava alegremente se candidatando ao comitê de virtude pública do Twitter. Em um tuíte, ele escreveu: "Às vezes, penso nos norte-americanos suburbanos, sedentários, cardíacos, devoradores de fast-food e viciados em carros, assistindo à TV em seus castelos suburbanos, casualmente julgando os refugiados que andaram milhares de quilômetros para fugir da opressão e [...] isso me deixa zangado." Ao publicar o tuíte, ele deve ter pensado: "Soa bem. Atacar os norte-americanos, defender os migrantes, o que poderia dar errado?" Um membro mais cauteloso da nova mídia poderia ter se perguntado se era prudente soar tão desdenhoso em relação às pessoas que moravam nos subúrbios. Mas, na verdade, não foi a suburbiofobia de Roberts que fez com que ele passasse o restante da noite de sábado tentando freneticamente salvar sua carreira em dezenas de tuítes de resgate. A coisa que causou reação instantânea nas próprias massas que ele esperava impressionar foi o fato de ele estar *fat-shaming* [estigmatizando os obesos], o que era "problemático".

Em seu décimo sétimo tuíte tentando se redimir de seu crime, Roberts se viu reduzido a implorar: "*Fat-shaming* é real, está por toda parte, é injusto e não quero fazer parte disso." Em seguida, ele se desculpou sinceramente por estar somente "meio consciente" e culpou sua criação.[20] O potencial para alegações de ofensa e humilhação e para novas posições na hierarquia da queixa, baseadas em critérios sempre mutáveis, é infinito. Mas como essas queixas são organizadas? Uma pessoa branca gorda é igual a uma pessoa de cor magra? Ou há diferentes escalas de opressão que todo mundo deveria conhecer, mesmo que ninguém tenha explicado as regras, porque as regras não são criadas por pessoas racionais, e sim pelas debandadas das massas?

Talvez, em vez de enlouquecer tentando solucionar um enigma que não pode ser solucionado, devêssemos tentar encontrar maneiras de sair desse labirinto impossível.

E SE AS PESSOAS NÃO FOSSEM OPRIMIDAS?

Talvez, em vez de buscar e ver opressão por toda parte, pudéssemos começar a sair do labirinto observando os vários "grupos de vítimas" que não são oprimidos e até mesmo contam com vantagens. Por exemplo, os estudos demonstraram que gays e lésbicas consistentemente ganham mais, em média, que suas contrapartes heterossexuais.[21] Há várias razões possíveis, incluindo o fato de que a maioria deles não tem filhos e pode trabalhar mais horas no escritório, o que beneficia tanto a eles quanto a seus empregadores. Isso é uma vantagem gay? Em que estágio os heterossexuais podem alegar que estão sendo injustamente prejudicados no local de trabalho? As pessoas gays deveriam "recuar um passo" para

CONCLUSÃO

permitir que seus contemporâneos heterossexuais tivessem melhores oportunidades profissionais?

Em anos recentes, as disparidades de salário entre grupos raciais foram consistentemente usadas como armas. Embora se cite com frequência que a renda média dos hispano-americanos é menor que a dos negros norte--americanos e que a renda dos negros norte-americanos é menor que a dos brancos norte-americanos, nunca há muito foco no grupo que ganha mais que todo mundo.[22] Nos Estados Unidos, a renda média dos homens asiáticos é consistentemente mais alta que a de qualquer outro grupo, incluindo os norte-americanos brancos. Deveria haver uma tentativa de nivelar esse número reduzindo em alguns pontos percentuais a renda dos homens asiáticos? Talvez pudéssemos nos livrar dessa mania tratando as pessoas como indivíduos, com base em suas habilidades, e não tentando impor cotas de equidade a toda empresa e instituição.

Como as alegações mais extremadas continuam a ser ouvidas, as pessoas tendem a acreditar nelas e seus cenários sombrios. Por exemplo, uma pesquisa realizada em 2018 pela Sky descobriu que a maioria dos britânicos (sete em cada dez) acredita que as mulheres recebem menos que os homens exatamente na mesma função. A "diferença salarial em função do gênero" ocorre entre rendas médias durante toda a vida profissional, levando-se em consideração diferenças de carreira, criação de filhos e escolhas de estilo de vida feitas por homens e mulheres. Mas a "diferença salarial" se tornou uma discussão tão comum nas notícias e mídias sociais que a maioria das pessoas a interpretou como evidência de uma diferença que não existe, como foram levadas a acreditar. É ilegal pagar menos às mulheres para desempenhar as mesmas tarefas que os homens desde 1970 no Reino Unido e 1963 nos Estados Unidos. Um resultado dessa confusão é que embora sete em cada dez pessoas na pesquisa achassem que as mulheres recebiam menos que os homens para realizar precisamente as mesmas tarefas, quase exatamente a mesma porcentagem (67%) achava que o feminismo fora longe demais ou tão longe quanto deveria ir.[23] Essa descoberta pode ser a epítome da confusão de nossos tempos. Vemos opressão onde ela não existe e não temos ideia de como responder a ela.

A LOUCURA DAS MASSAS

AS IMPORTANTES DISCUSSÕES QUE EVITAMOS

Um dos aspectos negativos de retratar a vida como um interminável jogo de soma zero entre diferentes grupos que lutam pelo status de oprimidos é que isso rouba tempo e energia de diálogos e raciocínios necessários. Por exemplo, por que, após todas essas décadas, as feministas e outros foram incapazes de abordar mais plenamente o papel da maternidade no feminismo? Como a autora feminista Camille Paglia tem sido tipicamente honesta o suficiente para admitir, a maternidade permanece uma das questões não resolvidas do feminismo. E esse não é um assunto menor, que possa ser ignorado ou tratado superficialmente. Como escreveu a própria Paglia, "a ideologia feminista jamais lidou honestamente com o papel da mãe na vida humana. Seu retrato da história como opressão masculina e vitimização feminina é uma grande distorção dos fatos".[24]

Se tivesse de nomear três heroínas da feminilidade no século XX, Paglia diz que selecionaria Amelia Earhart, Katharine Hepburn e Germaine Greer: três mulheres que "simbolizam a nova mulher do século XX". Todavia, como ela indica, "nenhuma dessas mulheres teve filhos. Eis um dos grandes dilemas enfrentados pelas mulheres no fim do século. A retórica feminista de segunda onda culpa os homens, especificamente o 'patriarcado', pela condição feminina [...] O foco exclusivo do feminismo foi em um mecanismo social externo que tinha de ser destruído ou reformado. Ele falhou em levar em consideração a conexão intrínseca das mulheres com a natureza, ou seja, com a procriação". Ou por que, "nessa era de mulheres com carreiras, tem havido difamação ou desvalorização do papel da maternidade".[25]

A desonestidade sobre isso leva a pressuposições, desonestidades e feias e misantrópicas noções sobre o propósito das mulheres se imbuindo na cultura. Em janeiro de 2019, a CNBC publicou uma matéria com a manchete "Você pode economizar meio milhão de dólares se não tiver filhos".[26] A matéria dizia: "Suas amigas podem dizer que ter filhos as tornou mais felizes. Elas provavelmente estão mentindo." Então citava problemas mais importantes, como "responsabilidades, tarefas domésticas e, é claro, custos extras".[27] E eis como *The Economist* recentemente escolheu escrever sobre o que chamou de "raízes da diferença salarial baseada em gênero", que, segundo a revista, estavam na infância. Um dos principais fatores para

CONCLUSÃO

que mulheres recebam em média menos que os homens durante suas vidas profissionais é o fato de ser elas que engravidam. Segundo *The Economist*, "ter filhos diminui os ganhos da mulher ao longo da vida, um resultado conhecido como 'penalidade dos filhos'".[28] É difícil imaginar quem poderia ler essa frase, quem dirá escrevê-la, sem estremecer. Se assumimos que o propósito primário da vida é ganhar tanto dinheiro quanto possível, então é possível que ter um filho constitua uma "penalidade" para a mulher e, consequentemente, a impeça de ter mais dinheiro em sua conta bancária ao morrer. Em contrapartida, se escolher pagar essa "penalidade", ela pode ser afortunada o bastante para se engajar no papel mais gratificante que um ser humano pode ter.

Algo no ponto de vista de *The Economist* é amplamente partilhado e vem se disseminando há décadas. De um lado, as mulheres têm sido — copiosamente — poupadas da necessidade de ter filhos se não os quiserem, a fim de perseguir outras formas de obter significado e propósito em suas vidas. Mas não é difícil para essa reorientação de propósito fazer com que o propósito humano original e definidor pareça não ser um propósito. O escritor agrário norte-americano Wendell Berry notou isso há quase quarenta anos, numa época que já era, segundo ele, "ruim para a maternidade". Todo o conceito de maternidade passara a ser visto de maneira negativa: "um tipo de labuta biológica, dizem alguns, usando mulheres que poderiam estar fazendo coisas melhores." E então Berry chegou à verdade central:

> Todos temos de ser usados para alguma coisa. E, embora eu jamais vá ser mãe, fico feliz em ser usado pela maternidade e aquilo a que ela leva, assim como, na maior parte do tempo, fico feliz em pertencer à minha mulher, a meus filhos e vários bois, ovelhas e cavalos. É uma excelente maneira de ser usado.[29]

Essa não é uma maneira melhor de pensar na maternidade e na vida? Em um espírito de amor e perdão, e não em um registro infindável de ressentimento e ganância?

A LOUCURA DAS MASSAS

O QUE REALMENTE ESTÁ ACONTECENDO

No entanto, se a ausência de discussão séria e as contradições inatas fossem suficientes para impedir essa nova religião de justiça social, ela sequer teria começado. As pessoas que esperam que esse movimento perca fôlego por causa de suas contradições inerentes esperarão muito tempo. Primeiro porque estão ignorando a subestrutura marxista de grande parte desse movimento e sua disposição de correr na direção da contradição, em vez de notar todos esses conflitos de pesadelo e se perguntar se eles não dizem algo sobre a natureza da jornada.

Porém, a outra razão pela qual a contradição não é suficiente é o fato de nada no movimento interseccional de justiça social sugerir que ele realmente queira solucionar qualquer um dos problemas em que alega estar interessado. A primeira dica está na descrição parcial, tendenciosa, sub-representativa e injusta de nossas sociedades. Poucas pessoas acham que um país não pode ser melhorado, mas apresentá-lo como tomado pelo preconceito, pelo ódio e pela opressão é, no melhor dos casos, parcial e, no pior, um prisma claramente hostil pelo qual ver a sociedade. É uma análise expressada não na maneira de um crítico esperando melhorar, mas na de um inimigo ávido para destruir. Há sinais dessa intenção por toda parte.

Considere o exemplo trans. Havia razões para nos demorarmos na questão difícil e pouco discutida de pessoas que nascem intersexuais. Não se tratava de lascívia, mas de apresentar um argumento. Como observou Eric Weinstein, qualquer um genuinamente interessado em tratar da estigmatização e da infelicidade sentidas pelas pessoas em corpos errados teria começado por tratar da questão intersexo. Teria visto nela a questão mais claramente instrumental de todas, uma questão que foi terrivelmente sub-representada. Teria aumentado a consciência sobre a situação de tais pessoas, a fim de obter mais reconhecimento e mais entendimento sobre como lidar com uma questão que realmente requer apoio médico e psicológico. Os defensores da justiça social poderiam ter feito isso.

Mas não fizeram. Em vez disso, decidiram forçar vigorosamente a causa trans e adotar a parte mais difícil de toda a questão ("Eu sou quem digo ser e você não pode provar o contrário"): "Vidas trans importam"; "Algumas

CONCLUSÃO

pessoas são trans. Supere". Por toda parte, com uma cansativa previsibilidade, as pessoas que sempre se queixaram de todos os aspectos do Estado patriarcal, hegemônico, supremacista cis, homofóbico, institucionalmente racista e sexista decidiram adotar a questão trans. Elas alegaram especificamente que se um homem diz ser uma mulher e não faz nada a respeito, então sim, ele é mulher e é transfóbico sugerir o contrário. O padrão é claro. Por que, em suas primeiras semanas no Congresso, Alexandria Ocasio-Cortez organizou um levantamento de fundos para o grupo britânico de direitos trans Mermaids, que defende a introdução de terapia hormonal para crianças?[30] Por que essas pessoas estão dispostas a defender, organizar e argumentar pela parte mais dura do caso?

Em 2018, houve um debate na Câmara dos Comuns sobre questões trans. Durante a discussão, foi citado o caso de Karen White. Tratava-se de um homem condenado por estupro, mas que passara a se identificar como mulher. Embora não tivesse passado pela cirurgia de redesignação de gênero, ele pedira para ser colocado em uma prisão feminina e (com seu corpo masculino) atacara sexualmente quatro prisioneiras. Durante o debate, uma parlamentar do Partido Democrata Liberal, Layla Moran, resumiu perfeitamente o extremismo do modo de pensar trans. Quando lhe perguntaram se ela dividiria um vestiário com alguém com corpo masculino, Moran respondeu: "Se essa pessoa fosse uma mulher trans, sim, dividiria. Não vejo qual é o problema. Quanto a ter ou não barba [uma questão que também foi suscitada], ouso dizer que algumas mulheres têm barba. Há várias razões para nosso corpo reagir de maneira diferente aos hormônios. O corpo humano pode assumir muitas formas. Eu vejo alguém por sua alma e como pessoa. Não ligo se tem um corpo masculino."[31]

Nenhuma pessoa ou movimento sensato esperando obter uma coalizão com o intuito de criar um movimento viável para defender os direitos das pessoas trans faria tal alegação. Eles não alegariam rotineiramente que as pessoas trans simplesmente são trans quando dizem ser. Não diriam que um homem barbado não é um problema no vestiário porque "ouso dizer que algumas mulheres têm barba". E não afirmariam ser capazes de ver a alma de alguém e reconhecer se a pessoa é homem ou mulher. Essas alegações são insanas e — como muitas outras no debate trans — enlou-

A LOUCURA DAS MASSAS

quecem qualquer um que precise ouvi-las, em especial aqueles pressionados a aceitá-las ou tomá-las como verdadeiras.

Um movimento tentando defender as alegações trans começaria com o intersexo e se moveria, com enorme cuidado, pelo espectro das outras afirmações, analisando-as com precisão científica. Ele não iria diretamente para a parte mais difícil, e insistiria que ela é verdadeira e que todo mundo deve acreditar que é verdadeira. Não é isso que se faz quando se tenta construir uma coalizão ou um movimento. É isso que se faz quando não se quer criar consenso. É isso que se faz quando se busca causar divisão.

Depois que nota essa jogada contraintuitiva, você a vê em todas as questões. Por exemplo, existem várias diferenças salariais. Existe, como indicado por Jordan Peterson, diferença salarial entre pessoas muito dispostas e pouco dispostas a ceder. Mas essa diferença existe tanto entre homens como entre mulheres. Uma mulher inflexível ganhará mais que um homem flexível. E vice-versa. Assim, se alguém está preocupado com as diferenças salariais, por que não se demorar nessa? Por que não criar uma interminável e vingativa campanha exigindo que as pessoas mais dispostas a ceder recebam mais e as pessoas indispostas a ceder recuem? Porque isso não se encaixa no objetivo, que não é defender os direitos salariais das mulheres, mas sim usá-las como calço para outra coisa.

Em cada uma das questões destacadas neste livro, o propósito dos defensores da justiça social tem sido consistentemente tomar cada uma delas — gays, mulheres, raça, trans —, apresentá-la como reivindicação de direitos e torná-la tão incendiária quanto possível. Seu desejo não é curar, mas dividir; não aplacar, mas inflamar; não amainar, mas incendiar. Também nisso a última parte de uma subestrutura marxista pode ser entrevista. Se não pode governar uma sociedade — ou fingir governá-la, ou tentar governá-la e destruir tudo —, você pode fazer outra coisa. Em uma sociedade que está consciente de suas falhas e, embora imperfeita, permanece sendo a melhor opção, você semeia dúvidas, divisões, animosidades e medos. Mais efetivamente, pode tentar fazer com que as pessoas duvidem de tudo. Faça-as questionar se a sociedade em que vivem é boa. Se as pessoas realmente são tratadas com justiça. Se realmente existem agrupamentos como homens e mulheres. Faça-as duvidarem de tudo. E então se apresente como tendo as respostas: o grande, todo abrangente e

CONCLUSÃO

interligado conjunto de respostas que levará todo mundo a um lugar perfeito, cujos detalhes serão fornecidos em um post futuro.

Talvez eles consigam. Talvez os defensores da nova religião usem os gays, as mulheres, aqueles com cores diferentes de pele e os indivíduos trans como conjunto de aríetes para voltar as pessoas contra as sociedades em que foram criadas. Talvez consigam fazer todo mundo se voltar contra o "patriarcado masculino, branco e cis" antes que os interligados "grupos de vítimas oprimidas" se destruam. É possível. Mas qualquer um interessado em evitar esse pesadelo deveria estar buscando soluções.

SOLUÇÕES

Muitas pessoas já encontraram maneiras de lidar com a corrente dos tempos e desenvolveram estratégias mais ou menos espertas para navegá-la. Há opções abertas a todos. Enquanto escrevia este livro, aprendi sobre o comportamento de um tipo de choco (molusco) que esconde suas intenções, tornando o jogo de acasalamento ainda mais complexo do que já é. O choco está entre as criaturas mais hábeis em termos de mimetismo sexual. O choco--gigante-australiano, *Sepia apama*, tem uma complicada taxa operacional macho-fêmea, capaz de chegar a onze machos por fêmea. Como a fêmea rejeita 70% dos machos, a competição entre eles é especialmente alta, que se agrava pela tendência dos chocos de protegerem sua consorte. Os consortes conseguem 64% dos acasalamentos. Por essa razão, os outros machos desenvolveram várias estratégias para ter alguma chance de impregnar uma fêmea, e uma delas é imitar seu comportamento. Os machos menores escondem seu quarto braço, que é sexualmente dimórfico, desenvolvem um padrão de pele similar ao da fêmea pretendida e até mesmo movem os braços para imitar uma fêmea pondo ovos. Essa estratégia se mostrou imensamente efetiva. Em um caso observado, de cinco chocos machos que usaram o método, somente um foi recusado. Outro foi pego no flagra pelo consorte da fêmea. Mas os outros três conseguiram o que queriam.[32]

O choco suscitou em mim um flash de reconhecimento, especificamente em relação aos muitos homens que adotam táticas similares. Um dia após a posse do presidente Donald Trump, em janeiro de 2017, houve grandes manifestações em Washington e outras cidades. A Marcha das Mulheres focou nas observações passadas do presidente sobre o sexo feminino e incluiu muitos manifestantes usando *pussy hats* [gorros cor-de-rosa]. Cartazes diziam "Don't DICKtate to my pussy" ["Não dê ordens à minha vagina", com *dick* sendo gíria para pênis]. Durante uma festa em Washington após a marcha, um colega jornalista notou o comportamento de alguns jovens presentes. Entre as bandas, cervejas e copos de plástico, as garotas conversavam, empolgadas, sobre a marcha e seu papel nela. Os garotos enfatizavam intensamente seu apoio à marcha e explicavam que também eram feministas. Um deles "assentiu gravemente" enquanto uma garota atraente recitava todas as crenças corretas de uma feminista moderna. Quando ela se retirou por um momento, ele se virou para o amigo e sussurrou: "Cara, isso é espetacular! Todas essas garotas bêbadas e comovidas na mesma cidade!"[33] Não sei se a tática funcionou para ele. Mas ele não pode ter sido o único a desenvolver uma estratégica de choco para atravessar o período em que se encontra. Contudo, as estratégias do choco, entre outras, são maneiras de sobreviver em um ambiente natural horrível. Uma ambição melhor seria tentar modificar o ambiente.

PERGUNTE "COMPARADO A QUÊ"

Uma maneira de começar seria perguntar, mais regular e assiduamente, "comparado a quê?". Quando as pessoas tentam resumir as sociedades atuais como patriarcados monstruosos, racistas, sexistas, homofóbicos e transfóbicos, a pergunta precisa ser feita. Se isso não funcionou ou não está funcionando, qual é o sistema que funcionou ou funciona? Perguntar isso não significa que os elementos de nossa sociedade não possam ser melhorados ou que não devamos tratar da injustiça quando a virmos. Mas falar sobre nossas sociedades em tom hostil, assumindo o papel de juiz, jurado e executor, exige que algumas perguntas sejam feitas ao acusador.

Muito frequentemente, a dissecação de nossa decaída social se baseia na suposição de uma era pré-lapso, antes da invenção das máquinas, do vapor ou do mercado. Essas suposições são muito profundas, começando com a ideia de que nascemos em um estado de virtude do qual o mundo injustamente nos

CONCLUSÃO

arranca. Jean-Jacques Rousseau representou famosamente esse pensamento em passagem como esta, do Livro II de *Emílio ou Da educação* (publicado em inglês em 1763): "os primeiros movimentos da natureza humana são sempre corretos. Não existe perversidade original no coração humano. Não se pode encontrar nele nenhum vício sobre o qual não seja possível dizer como e de onde surgiu. Em relação aos outros, ele deve responder somente ao que a natureza lhe pede, e então fará somente coisas boas."[34] As pessoas que acreditam nessa linha de pensamento precisam encontrar um culpado para as falhas, as próprias e as das pessoas a sua volta, uma vez que todas nasceram em tal estado de graça. Inevitavelmente, tal raciocínio se transforma na crença de que sociedades mais simples ou mais antigas de algum modo forneciam um exemplo para o qual deveríamos retornar.

Assim, com exceção da culpa histórica, os ocidentais passaram a incorporar a ideia de que as sociedades "primitivas" viviam em um estado especial de graça do qual não desfrutamos hoje, como se, em tempos mais simples, houvesse dominância feminina, mais paz e menos homofobia, racismo e transfobia. Há uma imensa quantidade de suposições não embasadas nessa crença. É difícil quantificar quanta homofobia ou racismo seria evidente em várias tribos. E talvez houvesse mais harmonia e direitos trans do que suspeitamos. Contudo, com frequência os fatos sugerem o contrário. Em seu livro *War Before Civilization: The Myth of the Peaceful Savage* [Guerra antes da civilização: o mito do selvagem pacífico], L. H. Keeley analisa as porcentagens de mortes masculinas em conflitos em várias tribos da América do Sul e da Nova Guiné. As mortes violentas variavam entre 10% e 60% da população masculina. Em contraste, a porcentagem de homens mortos em conflitos violentos nos EUA e na Europa no século XXI apresenta um único dígito.[35] Se há evidência de que as sociedades passadas eram infinitamente mais tolerantes em relação às diferenças sexuais e biológicas que o Ocidente do século XXI, então o ônus da prova cabe àqueles que fazem essas alegações.

É claro que a comparação pode estar sendo feita não com outra sociedade ao longo da história, mas com outra sociedade hoje. Há pessoas que agem como apologistas do regime revolucionário em Teerã e gostam de citar os níveis de transexualidade naquele país como prova de que se trata de um regime progressista. Isso, claro, requer que o ouvinte ignore o fato de se tratar de um país no qual, até hoje, homens culpados de atos homossexuais são enforcados em público, frequentemente em cima de guindastes, a fim de que o máximo de pessoas possa assistir. Em que outro país os direitos humanos estão em estágio mais avançado que na Grã-Bretanha e nos Estados Unidos? Se este país existe, então não há nenhum prejuízo — e somente vantagens para todos — em ouvirmos a respeito. Talvez uma das razões para as pessoas, especialmente as neomarxistas, serem evasivas sobre as comparações precisas que estão fazendo seja o fato de que essas comparações (com Venezuela, Cuba, Rússia) revelariam o profundo ponto cego de sua ideologia e as verdadeiras razões para a representação negativa do Ocidente.

Entretanto, mais frequentemente, a pergunta "comparado a quê?" mostrará somente o fato de que a utopia com a qual nossa sociedade está sendo comparada ainda não existe. Se esse é o caso, e as monstruosas alegações sobre nossas sociedades estão sendo feitas em comparação com uma sociedade que ainda não foi criada, então certa dose de humildade e muito questionamento podem ser necessários. Aqueles que alegam que nossa sociedade é tipificada pelo preconceito e acreditam saber consertar todo e qualquer mal social precisam ter certeza de que seus mapas são muito claros. Se não forem, há razão para suspeitar de um projeto cujos estágios iniciais são apresentados como ciência rigorosa, mas se parecem mais com uma defesa da magia.

A VÍTIMA NEM SEMPRE ESTÁ CERTA, É AGRADÁVEL OU MERECE ELOGIO — E PODE NÃO SER UMA VÍTIMA

Em sua biografia de Franklin D. Roosevelt (2000), H. W. Brands faz uma observação sobre a poliomielite do trigésimo segundo presidente. Esperava-se que os homens da geração de Roosevelt, escreve ele, "enfrentassem o infortúnio com estoicismo. O destino era mais voluntarioso naquela época. Quando todo mundo era vítima, uma hora ou outra, ninguém ganhava simpatia por usar a vitimização como insígnia".[36] Tais reflexões sugerem a possibilidade de que o número extraordinário de alegações de vitimização em anos recentes possa não indicar o que os interseccionalistas e os proponentes da justiça social acham que indica. Em vez de demonstrar

CONCLUSÃO

excesso de opressão em nossas sociedades, a abundância de tais alegações pode, na verdade, revelar ausência dela. Se as pessoas estivessem tão oprimidas, será que teriam tempo ou disposição para ouvir toda pessoa que sente necessidade de contar que a palestra de uma romancista durante um festival literário a aborreceu ou que é intolerável comprar burrito de alguém da etnia errada?

Vitimização, em vez de estoicismo ou heroísmo, tornou-se algo avidamente divulgado, e mesmo buscado, em nossa sociedade. Ser vítima é ter vencido de alguma maneira, ou ao menos contar com uma vantagem inicial na grande corrida de opressão da vida. Na raiz desse curioso desenvolvimento, está um dos mais importantes e errôneos julgamentos dos movimentos de justiça social: o de que pessoas oprimidas (ou que podem alegar ser oprimidas) são de alguma maneira melhores que as outras, que há certa decência, pureza ou bondade advindas de ser parte de tal grupo. Na verdade, o sofrimento, em si e por si mesmo, não torna ninguém melhor. Uma pessoa do sexo feminino, gay, negra ou trans pode ser tão desonesta, falsa e rude quanto qualquer outra.

Há a sugestão, no movimento de justiça social, de que, quando a interseccionalidade fizer seu trabalho e a matriz de hierarquias concorrentes finalmente for destruída, haverá uma era de fraternidade. Mas a explicação mais provável para as motivações humanas no futuro é a de que as pessoas continuarão, em ampla medida, a se comportar do mesmo modo que se comportaram ao longo da história, exibindo os mesmos impulsos, fragilidades, paixões e invejas que impulsionaram nossa espécie até aqui. Não há razão para assumir que, se todas as injustiças sociais forem eliminadas e todo empregador finalmente tiver a diversidade correta de pessoas em sua empresa (separadas em gênero, orientação sexual e raça), todos os diretores de recursos humanos abandonarão seus cargos. Parece ao menos possível que salários de seis dígitos continuem a ser tão difíceis de conseguir quanto agora e que aqueles que conseguiram chegar a eles apresentando uma interpretação hostil da sociedade não desistam deles mesmo que seu trabalho esteja terminado. Mais provável é que essa classe assalariada saiba que esse enigma é insolúvel e que ela conseguiu um emprego vitalício. Ela permanecerá nesse papel enquanto conseguir, até que se reconheça que

A LOUCURA DAS MASSAS

sua solução para os males da sociedade não é de modo algum uma solução, mas somente um convite à loucura em vasta e custosa escala, tanto para o indivíduo quanto para a sociedade como um todo.

PODEMOS NOS INCLINAR NA DIREÇÃO DA GENEROSIDADE?

Quando explicou o uso de "MatemTodosOsHomens" e "pessoas brancas" de maneira derrogatória, Ezra Klein disse que, ao ler tais palavras, sentiu-se "inclinado [...] à generosidade". Assim, pôde interpretar "MatemTodosOsHomens" como significando "gostaríamos que o mundo não fosse tão ruim para as mulheres" e CancelemOsBrancos" como crítica "à estrutura de poder e à cultura dominantes".[37] Por que ele se sentiu inclinado à generosidade nesses casos? Parece — como vimos no caso de "o falante, não a fala" — que pessoas altamente politizadas estão dispostas a interpretar as observações mais extremadas de sua tribo política sob uma luz generosa e tolerante, lendo as observações de qualquer um no campo oposto sob a luz mais negativa e hostil possível.

O espírito de generosidade não pode ser ampliado? Se as pessoas fossem capazes de sentir alguma generosidade ao interpretar as observações alheias, mesmo aquelas do lado oposto, seria possível desacelerar o entrincheiramento. O problema é que as mídias sociais não encorajam isso. Elas encorajam exatamente o oposto. Não serem capazes de se encontrar, e não terem nenhuma necessidade de se encontrar, faz com que as pessoas intensifiquem suas posições (e atitudes) e seu ultraje. Quando alguém está frente a frente com outras pessoas, é mais difícil reduzi-las a algo que disseram ou privá-las de todas as suas características, com exceção de uma.

Durante suas viagens pelos Estados Unidos na década de 1830, Alexis de Tocqueville observou a importância das assembleias no país, especificamente, o fato de os cidadãos se reunirem para solucionar problemas antes que qualquer outra autoridade fosse necessária. Em *Da democracia na América*, ele atribuiu grande poder a essa habilidade de reunião e observou que a contestação face a face é não somente a melhor maneira de chegar a uma solução como, em tais interações, "as opiniões são expressadas com uma força e uma vivacidade que a escrita jamais poderia obter".[38] Embora tudo no desenvolvi-

CONCLUSÃO

mento das novas mídias esteja afastando as pessoas dos encontros face a face, ela permanece sendo o melhor fórum disponível para construir confiança nos outros. Para inclinar-se na direção da generosidade, você precisa partir da suposição básica de que essa generosidade não será abusada, e a melhor, se não única maneira de fazer isso, é a interação pessoal. Sem ela, a vida se parecerá cada vez mais com um catálogo de rancores históricos fáceis de encontrar e eminentemente aptos a serem reavivados. Assim, a inclinação à generosidade em relação não somente aos aliados, mas também aos oponentes ostensivos pode ser um dos primeiros passos para fora da loucura. Eu não gosto especialmente das ideias do (dr.) Michael Davidson sobre ser gay, mas, se tivesse decidido que ele e seu *Vozes dos silenciados* só deveriam ser vistos sob a luz mais negativa possível, eu não meramente não teria necessidade de ouvi-lo. Eu também não quereria viver na mesma sociedade que ele. No entanto, vivemos na mesma sociedade e temos de encontrar uma maneira de conviver. É a única opção, porque, de outro modo, se chegarmos à conclusão de que falar e ouvir respeitosamente é fútil, a única ferramenta que nos restará será a violência.

RECONHEÇA PARA ONDE PODEMOS ESTAR INDO

Em 1967, somente um ano antes de sua morte, Martin Luther King Jr. fez um de seus maiores discursos em Atlanta, Geórgia. Intitulado "Para onde iremos daqui?", ele incluía um pedido notável. "Permaneçamos insatisfeitos até o que dia em que ninguém gritará 'poder branco', ninguém gritará 'poder negro', mas todos falarão sobre o poder de Deus e o poder dos homens."[39] Entre os muitos aspectos deprimentes dos anos recentes, talvez o mais preocupante seja a facilidade com que a raça voltou a ser uma questão, suscitada por pessoas que ou não percebem o perigo do jogo que estão jogando, ou sabem precisamente o que estão fazendo, o que é imperdoável. Algumas das consequências inevitáveis já emergiram e deveriam ter representado avisos claríssimos.

Por exemplo, quem teria esperado, há somente uma geração, que seria aceitável para uma revista liberal fazer a pergunta "Os judeus são brancos?" Não estamos falando da *National Geographic* de um século atrás, mas da *The*

Atlantic de 2016.[40] A pergunta surgiu por causa da disputa de onde os judeus se situam na hierarquia de opressão que está sendo organizada. Eles devem ser vistos como no alto da escala de opressão ou como se beneficiando de privilégios? Eles se beneficiam ou não do privilégio branco? Quando tais perguntas começam a ser feitas, alguém se surpreende que as pessoas comecem a encontrar respostas feias? Em 2017, no *campus* da Universidade de Illinois, em Urbana, surgiram panfletos oferecendo uma resposta. Eles apresentavam uma pirâmide hierárquica na base da qual estavam os 99% oprimidos pelos supostos 1% no topo. Mas o panfleto perguntava se o 1% no topo, oprimindo todo mundo, era composto de "homens brancos heterossexuais" ou "judeus". Os autores pareciam saber a resposta, argumentando que os judeus estavam entre os principais detentores de "privilégio" e concluindo que "pôr fim ao privilégio branco começa com pôr fim ao privilégio judeu".[41] Aqueles que se engajam em intermináveis afirmações de "privilégio" estão absolutamente seguros de que seu movimento e sua análise não debandarão em direções como essa? Estão certos de que, após liberar e mesmo encorajar o ressentimento, tal sentimento básico não correrá solto? Quais são suas barreiras para impedir isso? E, se eles não possuem tais barreiras, talvez pudéssemos retornar à visão de Martin Luther King. Talvez pudéssemos ter como objetivo retirar a raça de todo e qualquer debate e discussão e transformar nossa obsessão cada vez maior com ela no retorno da aspiração à cegueira racial.

DESPOLITIZANDO NOSSA VIDA

O objetivo da política identitária parece ser politizar absolutamente tudo. Transformar todo aspecto da interação humana em uma questão política. Interpretar cada ação e relacionamento de nossa vida ao longo das linhas que supostamente foram escavadas por nossas ações políticas. Os chamados para gastar nosso tempo descobrindo nosso lugar e o lugar dos outros na hierarquia da opressão são convites não somente para uma era de olhar para o próprio umbigo, mas também para transformar cada relacionamento humano em uma calibração de poder político. A nova metafísica inclui o chamado para encontrarmos propósito nesse jogo; para lutarmos, batalharmos, fazermos campanha e nos "aliar" às pessoas a fim de chegarmos à terra

CONCLUSÃO

prometida. Em uma era sem propósito e um universo sem significado claro, esse chamado para politizar tudo e então lutar por isso tem um atrativo indubitável. Isso dá um tipo de sentido à vida.

Porém, de todas as maneiras que as pessoas podem achar para dar sentido a sua vida, a política — quem dirá a política em tal escala — é uma das mais infelizes. A política pode ser um aspecto importante de nossa vida, mas, como fonte de sentido pessoal, é desastrosa. Não somente porque as ambições que persegue quase sempre são frustradas, mas também porque encontrar sentido na política instila nela paixões — incluindo a raiva — que pervertem toda a empreitada. Se duas pessoas discordam sobre algo importante, elas podem discordar à vontade se for somente uma questão de chegar à verdade ou à opção mais favorável. Mas, se uma das partes descobrir que todo sentido de sua vida reside em algum aspecto dessa discordância, as chances de um resultado amigável se desvanecem, e a probabilidade de se encontrar qualquer verdade diminui.

Uma das maneiras de nos distanciarmos da loucura de nosso tempo é reter o interesse pela política, mas não nos basear nela como fonte de sentido. O chamado deveria ser para que as pessoas simplificassem sua vida, não para enganar a si mesmas devotando sua vida a uma teoria que não responde a nenhuma questão, não faz predições e é facilmente falseável. O sentido pode ser encontrado em todo tipo de lugar. Para a maioria dos indivíduos, é encontrado no amor pelas pessoas e pelos lugares a sua volta: nos amigos, na família e nos seres amados, na cultura, nos lugares e no deslumbramento. Um senso de propósito é encontrado em descobrirmos o que é significativo em nossa vida, e então nos reorientarmos para o mais perto possível desses centros de sentido. É um desperdício de vida nos desgastar na política identitária, na justiça social (e suas manifestações) e na interseccionalidade.

Certamente, podemos ter como objetivo viver em uma sociedade na qual ninguém seja impedido de fazer tudo que pode fazer por causa de alguma característica pessoal designada pelo acaso. Se alguém tem competência para fazer algo e o desejo de fazer algo, nada sobre sua raça, sexo ou orientação sexual deveria detê-lo. Porém, minimizar a diferença não é o mesmo que fingir que ela não existe. Assumir que sexo, sexualidade e cor da pele nada significam seria ridículo. Mas assumir que significam tudo será fatal.

POSFÁCIO

Guerras culturais, como todas as guerras, podem cozinhar em fogo baixo por algum tempo e então explodir novamente em questão de dias. Quando *A loucura das massas* foi lançado, em setembro de 2019, esperei a imediata excomunhão de qualquer sociedade polida ainda existente. Mas não houve repreensões. Como no caso do predecessor deste livro, *The Strange Death of Europe* [A estranha morte da Europa], caminhei sobre alguns dos maiores campos minados de nosso tempo e, mesmo assim, ainda estou vivo.

E não somente vivo. Este livro, como o anterior, tornou-se imediatamente um best-seller, e mesmo as críticas foram majoritariamente justas. É verdade que houve alguma cautela, como se fosse necessário manter certo nível de negação plausível. Mas, de modo geral, a recepção foi calorosa e os argumentos do livro foram tratados com seriedade.

Tudo isso sugere que a reação aos extremos da ideologia "consciente" [woke] pode estar a caminho. E também que as águas em que entramos quando criticamos essa ideologia talvez não sejam tão geladas quanto imaginamos. Elas podem ser frias, mas será que a queda de temperatura não é ocasionalmente exagerada? As pessoas passam tanto tempo falando de "cancelamento" que talvez raramente se perguntem "Qual é a pior coisa que pode acontecer?" ou simplesmente "E o que vem depois?".

Mas é fácil ser jovial a respeito. Para algumas pessoas, a resposta a essas perguntas permanece sendo "Muita coisa". A habilidade de dizer a verdade e sobreviver parece depender — entre outras coisas — de sua linha de trabalho. A "cultura do cancelamento" certamente existe, e a essa altura já ficou claro como ela funciona. Ela opera mais efetivamente quando consegue se instalar em uma hierarquia acima de um indivíduo vacilante, amedrontado ou vulnerável à pressão da multidão. As universidades se tornaram o exemplo clássico disso tudo. Em 2019, a dispensa de Noah Carl e do professor Jordan Peterson (nesse caso, a retirada do convite para ser professor visitante) pela Universidade de Cambridge demonstrou amplamente como multidões de ativistas mal informados podem pressionar uma instituição venerável e obrigá-la a ir contra os únicos princípios que justificam sua existência. Afinal, se uma universidade permite que não especialistas julguem especialistas e privilegia pessoas que não leem em detrimento das que leem, para que ela serve?

O problema é mais amplo, claro. No Reino Unido, vimos casos como o de Brian Leach, funcionário dos supermercados ASDA que foi demitido (embora subsequentemente readmitido em função da publicidade negativa) por compartilhar um vídeo de Billy Connolly. Quando Billy Connolly conta uma piada de mau gosto, ele consolida sua posição como tesouro nacional. Mas quando um funcionário de supermercado compartilha a mesma piada nas mídias sociais, ele pode ficar desempregado. Enquanto não descobrirmos precisamente quais são as regras, não surpreende que muitas pessoas permaneçam paralisadas.

O mesmo efeito pode ser visto no caso de Harry Miller, ex-policial que teve de passar um ano de sua vida nos tribunais depois que um oficial britânico apareceu em seu local de trabalho para lhe dizer que alguns comentários que ele havia feito e retuitado sobre pessoas trans correspondiam ao que a polícia chamava de "incidente não criminoso de ódio". Depois que Miller iniciou uma ação legal bem-sucedida contra a polícia, soube-se que, nos últimos anos, haviam sido registrados 120 mil "incidentes não criminosos de ódio", que podiam surgir na verificação de antecedentes criminais de uma pessoa e impedir que ela conseguisse um emprego. Também se descobriu que o curso de formação de policiais aconselhara que qualquer ação percebida como sendo motivada por hostilidade pela religião, raça ou identidade de alguém fosse registrada, "independentemente de haver ou não evidências que identifiquem um elemento de ódio".

Algumas pessoas afirmam que o alcance da ideologia "consciente" é superestimado, mas é difícil exagerar os potenciais problemas de uma sociedade na qual a polícia se tornou literalmente uma polícia do pensamento, e a ausência de evidências é vista como irrelevante para o registro de um

POSFÁCIO

crime. No último ano, regularmente recebi mensagens e fui abordado por pessoas que trabalham no setor público, no Serviço Nacional de Saúde e em empresas privadas e públicas, contando como seus departamentos de RH tentaram impor as ortodoxias atuais e como elas submergiram suas próprias visões sob a ideologia de nossa era. Mas há esperança, e talvez o caso Miller e outros exponham um excesso que precisa urgentemente de correção.

Entre os mais interessantes desenvolvimentos desde que este livro foi publicado, está o dogma com o qual lidei ao fim dele. Em meu capítulo sobre transgêneros, mencionei o detonador feminista: os lugares nos quais algumas mulheres corajosas haviam esbarrado, intencionalmente ou não, na questão trans. Esse número cresceu de forma significativa no último ano. E suas fileiras foram engrossadas pela polida mas firme insistência de J. K. Rowling no fato de que mulheres existem, não podem ser apagadas e não devem ser chamadas (como fez o autor de uma manchete) de "pessoas que menstruam". Hoje um número considerável de pessoas, em grupos cada vez mais organizados, insiste que o sexo biológico não pode ser ignorado e não é imaterial. Nesse e em outros sentidos, a reação convencional contra os extremos da ideologia trans já começou, sem sombra de dúvidas. Mas, com o perdão do leitor por assinalar meu próprio "privilégio", nesse último ano ficou cada vez mais claro que existe um padrão nas atitudes dos ativistas trans mais desagradáveis. Pois foram as feministas que não concordam com todas as alegações da ideologia trans que se transformaram, ultrajantemente, em alvos de protestos, de remoção de plataforma e de insultos.

No início do ano, cerca de um quinto da força de trabalho do *The Guardian* assinou uma petição para o próprio editor opondo-se ao direito de Suzanne Moore de escrever uma coluna para o jornal. O crime de Moore foi que ela admiravelmente retornou da rixa trans descrita aqui e, como outras heroínas feministas, continuou não disposta a abandonar pacificamente a biologia. Do mesmo modo, os ataques a J. K. Rowling por seus comentários incontroversos foram tão desproporcionais que ficou claro que havia algo em jogo. Em seu caso, não houve somente uma campanha por parte dos ativistas usuais. A imprensa gay se uniu contra ela, a maioria dos atores que ela ajudou a transformar em milionários a denunciou e houve ameaça de greve entre a equipe de sua própria editora, a Hachette.

A LOUCURA DAS MASSAS

Quanto mais penso a respeito, mais me dou conta de que só pode haver duas razões para as feministas críticas da questão trans enfrentarem problemas com os quais não me deparo. A primeira é a possibilidade de eu ter me expressado mais cuidadosamente e com mais simpatia por certas partes da causa trans, embora, de modo algum, por toda ela. A segunda é que, independentemente do que eu escreva, os extremistas intuem (com razão) que os protestos não me incomodam nem um pouco. Mas suspeito de uma terceira possibilidade. Como disse à escritora Lionel Shriver, em um grande evento organizado pela *Spectator* alguns meses após a publicação deste livro, não consigo deixar de pensar que, por trás do desejo dos ativistas trans de protestarem durante eventos nos quais mulheres estão falando, há todo um conjunto de crenças muito feias e — sim — provavelmente misóginas. Entre elas, a de que as mulheres podem ser mais facilmente intimidadas que os homens (caso em que prestaram muito pouca atenção ao caráter e à força delas). Ou que os ativistas trans percebem as críticas do sexo feminino como especialmente perigosas a sua causa (uma visão que os islamistas adotaram, em um contexto diferente, em relação a críticas como Ayaan Hirsi Ali). Ou que talvez, ao transformar as mulheres em alvos, os ativistas trans estejam lidando com um coquetel de emoções que inclui a inveja (embora não se limite a ela).

Como previsto neste livro, o número de casos legais contra os que defendem a ideia de "crianças trans" e pedem intervenção médica e cirúrgica para elas já começou a crescer. No Reino Unido, um jovem orientado durante a transição pela conhecida Clínica Tavistock recebeu permissão para iniciar uma ação legal contra ela. Histórias de temores expressados por membros da equipe da clínica, em particular, são uma lembrança de uma das verdades que este livro tentou indicar: em nossa época, estão sendo feitas coisas que não seriam feitas se nós nos tivéssemos permitido continuar a pensar.

Outro aspecto da encruzilhada trans que progrediu desde a primeira publicação deste livro foi a divisão no interior do grupo LGBT ou "pessoas do alfabeto", como Dave Chappelle as chamou em um especial de humor da Netflix lançado mais ou menos na mesma época que *A loucura das massas*. Chappelle notou que o carro no qual os LGBs viajavam pareceu desacelerar ou sair do caminho desde que os Ts embarcaram. Nessa e em outras inter-

POSFÁCIO

venções de grande visibilidade, notei a crescente consciência de que, embora as pessoas trans obviamente mereçam a mesma dignidade e entendimento que todo mundo, o T tem muito pouca relação com o L, o G ou o B.

Pois, como tentei indicar, mesmo as batalhas certas não são todas iguais e, a essa altura, deveria estar claro que o debate T não se segue, sem solução de continuidade, aos debates LGB. Simplificando, o movimento pelos direitos homossexuais jamais disse "Estamos aqui, somos homossexuais e, como resultado, não existe sexo biológico". Ou "Estamos aqui, somos homossexuais e, como resultado, vemos pênis e vaginas como constructos sociais impostos". O movimento fez reivindicações de direitos, mas não exigiu que o restante da sociedade alterasse fundamentalmente seu entendimento da biologia, digamos, para acomodá-los. E essas são, de fato, as reivindicações feitas pelos extremistas trans de hoje. Ainda mais preocupante, eles conseguiram persuadir uma parte mentalmente maleável da população a concordar. Até recentemente, não havia necessidade de uma expressão como "gênero designado no nascimento" em vez de "sexo". Mas note o trabalho nessa expressão agora comum, sugerindo que a criança poderia ter alegremente nascido no gênero que queria se não fosse por algum médico preconceituoso e heteronormativo presente na sala de parto.

O fato de que tais ideias perturbadoras já não estão confinadas a algum obscuro canto ideológico pode ser provado por sua aceitação na política mainstream. Em outubro de 2019, os candidatos democratas à presidência americana participaram de uma "assembleia LGBT", um evento que, ao menos para mim, parecia uma fuga do hospício. Não somente por causa do ativista negro trans que se recusou a deixar a apresentadora Don Lemon (negra e homossexual) falar porque ela o superava no jogo das queixas identitárias, mas também porque Elizabeth Warren (entre outros) reagiu somente com um "viva!" e aplausos sempre que um pai ou uma mãe aparecia com uma "criança trans". Não foi melhor no Reino Unido. Em fevereiro de 2020, Dawn Butler, parlamentar e secretária de Estado para as Mulheres e a Igualdade, alegou em uma discussão em um estúdio de TV que "as crianças nascem sem sexo". Antes de criticar o entrevistador por sequer mencionar anatomia, Butler comentou cansadamente: "Falar sobre pênis e vaginas não ajuda a conversa." Como se essas coisas fossem muito ultrapassadas.

A LOUCURA DAS MASSAS

Experimentei um pouco dessa loucura na semana em que este livro foi publicado. Por coincidência, foi a mesma semana em que o fenômeno da música pop Sam Smith se revelou uma "pessoa não binária". O que aconteceu depois de ter se revelado gay (em 2014) e *genderqueer* (em 2017). Até hoje, ainda não me explicaram o que significa "não binário", para além da insistência de que se trata de alguém que não se identifica exclusivamente nem com o gênero feminino, nem com o masculino. Tampouco encontrei uma explicação para a diferença entre *genderqueer* e não binário. De fato, ainda está de pé a oferta de uma recompensa em dinheiro para qualquer um que possa me dizer, satisfatoriamente, a diferença entre se revelar "não binário" e simplesmente dizer "olhem para mim". Mas, novamente, o ponto interessante não foram as ações de Smith, mas a reação das pessoas responsáveis pela mídia. O website da BBC, por exemplo, imediatamente cedeu à demanda e começou a destruir a língua inglesa, chamando Smith de "they" ("eles", no plural).* Durante uma participação no programa *Today*, da BBC, mencionei que essa não era uma concessão desejável. Outra convidada me censurou por não fazer à língua inglesa aquilo que Smith exigia que se fizesse, embora, para meu grande deleite, ela tenha demonstrado a complexidade dessa questão ao repetidamente se referir a Smith como "ele".

O episódio gerou outro ponto de interesse pessoal: dois dos veículos homossexuais de maior destaque remanescentes nos Estados Unidos e no Reino Unido imediatamente publicaram matérias sobre minha participação no programa da BBC, descrevendo-me respectivamente como "escritor britânico de direita" e "jornalista conservador". Ambas afirmaram que eu fora "epicamente corrigido", sendo culpado de usar os pronomes de gênero errados, e "habilmente calado". Nenhuma dessas matérias caça-clique teve o menor interesse para mim. O que me interessou foi o fato de nenhuma delas revelar aos leitores que sou gay. Nesse sentido, gostei de ser incluído na lista de pessoas que cito no livro e cujos traços de caráter foram apagados porque elas possuem as visões políticas "erradas".

---

* Em inglês, "they/them". São os pronomes de gênero neutro propostos para identificação de pessoas que se declaram não binárias, mas também são os pronomes usados para a terceira pessoa do plural. [*N. do E.*]

POSFÁCIO

Agora ficou claro por que a questão trans adquiriu tanta força. Para além de alguns profissionais que precisam de uma nova causa, a questão foi claramente impulsionada pelo medo disseminado de cometermos erros em relação aos direitos trans, do mesmo modo que nossas sociedades foram lentas em reconhecer o racismo, o machismo e a homofobia. Nesse sentido, a questão se enquadra no aspecto do argumento mais amplo que chamei de "correção excessiva": a loucura que vivemos é uma reação exagerada ao fato de já ter havido preconceito no passado, e a melhor maneira de lidar com isso é exagerar por algum tempo, a fim de chegar mais rapidamente à igualdade. O que essa atitude fez, na realidade, foi meramente dizer a alguns grupos da sociedade que eles são menos valiosos que outros: que os homens não são tão inteligentes quanto as mulheres, que as pessoas brancas devem ser mais depreciadas que as negras e que a heterossexualidade é meio tediosa e constrangedora.

Publicar este livro e discuti-lo com representantes de todas as tendências deixou algo claro para mim. Em uma era de divisão política profissional, não estou especialmente interessado em encontrar argumentos para dividir ainda mais as pessoas. Mas estou muito interessado nos esforços e princípios sobre os quais podemos concordar. Parece-me que uma grande, senão esmagadora, porcentagem da população concorda sobre uma aspiração comum: que ninguém competente seja impedido de realizar tudo de que é capaz em razão de alguma característica em relação à qual não tem escolha. Assim, nenhuma mulher, pessoa não branca ou pessoa não heterossexual deve ser impedida de participar de uma profissão ou chegar ao topo por causa de seu sexo, raça ou sexualidade. Essa é uma aspiração das maiorias em ambos os lados da divisão política. Embora, por conveniência política de curto prazo, algumas pessoas finjam o contrário, as únicas questões remanescentes são sobre as melhores maneiras de garantir que essa aspiração se torne ou permaneça uma realidade.

Para certa porção da esquerda política, a resposta está nas cotas, nas caçadas vingativas contra qualquer um que não concorde com a nova ortodoxia e em alegações sobre a natureza humana que provavelmente são falsas. Alguns de nós acham que essa metodologia tem pouca probabilidade de realizar nossa aspiração comum e muita probabilidade de causar ainda mais divisão e, finalmente, uma reação muito severa. Isso posto, a direita política precisa de uma explicação própria para como essa aspiração pode ser realizada e — uma vez realizada — mantida. A narrativa conservadora tende a ser, nesta e em outras questões, a de que a resposta está no indivíduo. Um proponente dessa narrativa pode indicar, por exemplo, que o atual presidente americano nomeou figuras abertamente homossexuais para mais cargos importantes que qualquer outro presidente republicano ou democrata. Ele pode mostrar que o gabinete britânico é o mais etnicamente diversificado da história. Mas tudo isso traz seus próprios problemas, inclusive por chamar a atenção e perpetuar precisamente a sociedade obcecada com cor da pele, sexo e sexualidade que gostaríamos de deixar para trás. A proposta conservadora para enfrentar quaisquer obstáculos remanescentes ao potencial de um indivíduo é pouco clara, e pode permanecer assim. O que ficou evidente no último ano, porém, foi a urgência de encontrar soluções para as divisões extremas que a política identitária criou em nossas sociedades. No começo de 2020, quando fomos atingidos pela crise da Covid-19, algumas pessoas — incluindo eu mesmo — se perguntaram se a política identitária encontrara um hiato natural. Afinal, com o mundo inteiro à beira de uma catástrofe e todo mundo tendo queixas reais, esperava-se que o apetite para ouvir pessoas com queixas histriônicas ou inventadas diminuísse. No início da crise, Sam Smith postou fotos suas chorando em sua mansão por causa da quarentena e obteve menos apoio do que obviamente esperava. (Embora um gracejo on-line tenha sugerido que ao menos "eles" tinham "eles mesmos" como companhia.) Mas, de modo geral, essas e outras tentativas de continuar pressionando questões marginais em face de uma pandemia global diminuíram.

Mas não por muito tempo. Primeiro, houve tentativas de racializar o vírus, com jornalistas e políticos no Reino Unido e nos Estados Unidos indicando consistentemente a taxa de mortalidade mais alta entre minorias étnicas. É claro que pode haver muitas razões para isso, incluindo questões de saúde (e genéticas) subjacentes. Mas, quase uniformemente, as estatísticas foram apresentadas como mais uma evidência de racismo nessas sociedades. Ao mesmo tempo em que ocorreu a proibição semioficial de se referir ao vírus como chinês ou de Wuhan, pareceu haver um esforço orquestrado

POSFÁCIO

para sugerir que as sociedades democráticas ocidentais são tão racistas que não podem sequer importar um vírus sem transformá-lo em vírus racista. Em outros lugares, houve esforços para vender a ideia de que o vírus atacava desproporcionalmente as mulheres. Quando as estatísticas mostraram que o maior número de fatalidades era do sexo masculino, os mesmos observadores disseram que, embora os homens morressem mais, as mulheres sofriam com mais intensidade. Em tais exemplos, é possível detectar a morbidez subjacente a nossas sociedades livres, incapazes de enfrentar uma pandemia sem olhar para ela através dessas agora familiares lentes divisoras.

Mesmo assim, passei a acreditar que, embora os ativistas e os verdadeiros crentes, que só possuem essas lentes para olhar o mundo, pudessem se apegar ainda mais às suas crenças, a tolerância do público em geral para tais ativistas diminuiria. Ninguém poderia esperar a violenta erupção e o intenso entrincheiramento que ocorreriam em seguida.

Quando a quarentena global estava em seu terceiro mês, surgiu um vídeo mostrando um policial de Minnesota abordando e matando um homem negro desarmado chamado George Floyd. Minnesota explodiu, assim como cidade após cidade nos Estados Unidos e então no mundo. Países nos quais ainda era ilegal se reunir subitamente permitiram que milhares de pessoas protestassem — e, em muitos casos, criassem tumulto, saqueassem lojas e atacassem a polícia —, tudo em nome da justiça racial. Muitas lições podem ser aprendidas com esse episódio, como a extrema velocidade com que uma questão em um país — nesse caso, a polícia nos EUA — pode se disseminar e se tornar uma situação política e social em todos os outros. Com tal intensidade que, embora muitos participantes do movimento Black Lives Matter tenham tentado se manifestar pacificamente, seus protestos consistentemente levaram à violência, e lugares tão distantes quanto Estocolmo e Bruxelas foram tomados por tumultos e saques.

Outra lição foi a facilidade com que uma causa justa (a oposição às ações do policial de Minnesota) foi passada pelo prisma divisor descrito no capítulo sobre "raça" e efetivamente imposta a sociedades inteiras. Nos dias após o assassinato de George Floyd, houve ataques a estátuas e monumentos em todo o Reino Unido, incluindo a estátua do escravagista e filantropo local Edward Colston, em Bristol, por uma multidão que a derrubou e começou a pular sobre ela. Em Londres, o cenotáfio aos mortos das duas guerras mundiais foi danificado, assim como a estátua de Winston Churchill, que terminou temporariamente embalada como medida de proteção. Nos EUA, houve múltiplos ataques a estátuas dos pais fundadores. Da noite para o dia, os textos de Robin DiAngelo, autora de *White Fragility* [Fragilidade branca], e outros descritos neste livro não somente se tornaram conhecidos, como foram sugeridos como leitura compulsória. Expressões como "culpa branca" receberam seu maior impulso até então, saindo das margens da academia americana e infiltrando-se na cultura como um todo. Políticos e outras figuras públicas ocidentais foram obrigados a se curvar. Corporações começaram uma corrida para demonstrar lealdade ao Black Lives Matter e enfatizar seu compromisso com o projeto de "igualdade" e de "diversidade". Empresas, da Patreon aos sorvetes Ben & Jerry's, começaram a sugerir que seu principal objetivo na vida era lutar contra o racismo, apresentado como risco de saúde pública tão sério e urgente que superava até mesmo o medo de disseminação do vírus da Covid-19. Nesse momento, ficou claro quais são as verdadeiras causas sagradas de nossas sociedades. Logo depois, comédias e filmes antigos — e alguns muito recentes — começaram a desaparecer dos serviços de streaming, figuras governamentais como o prefeito de Londres anunciaram auditorias em todo o estatuário público e a exigência de que a Grã-Bretanha e outros países ocidentais trabalhassem para responder por seu passado colonial.

As consequências de tudo isso ainda não se manifestaram integralmente. Mas a resposta excessiva ao Black Lives Matter pode marcar o retorno de uma política identitária branca, exatamente do tipo contra o qual eu e outros alertamos. A morte de George Floyd foi usada não apenas como base para uma demanda por reformas no serviço policial americano, mas como ataque ao que vem sendo chamado de "cultura branca" em geral.

Para alguns de nós, isso é profundamente sinistro. Colocamos nossas esperanças na ideia de que uma cultura universal pudesse ser celebrada e disponibilizada para todos. Se a maioria da população é induzida a sentir que quase tudo em sua cultura e história está sendo não somente criticado, mas também atacado, é possível que, nos anos vindouros, a política racial se intensifique, em vez de diminuir. É isso que me preocupa mais que tudo:

POSFÁCIO

a maneira pela qual pedidos de justiça foram transformados em pedidos de vingança histórica; a maneira pela qual os pedidos para que a raça desaparecesse como questão foram subvertidos pelos "antirracistas" e a raça se tornou a questão central através da qual se deve entender toda a sociedade; e a maneira pela qual (como digo neste livro) o conteúdo de um discurso pode ter importância secundária e, no fim das contas, nenhuma importância quando comparado à identidade do discursante.

Minha geração foi criada para ser indiferente à cor. Agora nos dizem que não focar o tempo todo na raça nos torna racistas. Isso não me parece progresso. Mas veremos. Comecei este ano esperando que as mensagens divisoras da política identitária, da "justiça social" e da interseccionalidade começassem a recuar perante o peso de suas próprias contradições e das consequências de seus exageros. Essa esperança parece ter sido vã. Por mais malsucedida e inadequada que tal escola de pensamento possa ser, haverá tentativas de estender sua agenda para todo o mundo ocidental, com força, energia e determinação inacreditáveis. E tudo com a disposição de exercer uma vingança considerável. Este livro pode não ser suficiente para impedir isso, mas, ao menos, posso dizer que ele explica as origens do mundo no qual, aparentemente, vamos mergulhar de cabeça.

Douglas Murray
julho de 2020

AGRADECIMENTOS

Este é meu segundo livro pela Bloomsbury e, novamente, foi um enorme prazer trabalhar com todo mundo de lá. Eu me beneficiei particularmente do apoio, dos conselhos e da orientação editorial de Robin Baird-Smith e Jamie Birkett, entre outros, no escritório de Londres. Gostaria particularmente de agradecer a meu agente, Matthew Hamilton, da The Hamilton Agency.

O título do livro vem de uma obra do jornalista escocês Charles Mackay, *Ilusões populares e a loucura das massas*. Acho que ele teria permitido o roubo, dada a decepcionante prevalência do fenômeno que descreveu há 180 anos.

Vários livros atrás, aprendi a ser cauteloso em relação a agradecer a quaisquer pessoas (quem dirá a todas) que contribuíram de alguma forma com meu trabalho. Não porque não sou grato a elas, mas porque fico relutante em compilar uma lista de pessoas que, subsequentemente, podem ser consideradas culpadas. Esse é especialmente o caso neste livro. Mesmo assim, sou imensamente grato pelas muitas conversas que tive com pessoas dos quatro continentes durante a pesquisa e a escrita desta obra. E gostaria de agradecer muito sinceramente a todos os meus maravilhosos familiares e amigos.

Mas há uma pessoa que citarei pelo nome, porque, além de surgir muitas vezes neste livro, várias ideias apresentadas aqui foram aprimoradas pelos testes de sua mente extraordinária. De todas as pessoas que me beneficiaram ao discutir esses temas, ninguém abriu mais minha mente que Eric Weinstein. Fico feliz em creditar qualquer uma de minhas melhores ideias e observações a ele, insistindo que as piores são todas originais.

Douglas Murray
julho de 2019

NOTAS

INTRODUÇÃO

1. Ver Jean-Francois Lyotard (tradução de Geoff Bennington e Brian Massumi), *The Postmodern Condition: A Report on Knowledge*, Manchester University Press, 1984, p. xxiv, 37.
2. Jaron Lanier, *Ten Arguments for Deleting your Social Media Accounts Right Now*, Henry Holt, 2018, p. 26.
3. Coleman Hughes em conversa com Dave Rubin, *The Rubin Report*, YouTube, 12 de outubro de 2018.
4. "Hunger strikers died for gay rights, claims Sinn Fein senator Fintan Warfield", *Belfast Telegraph*, 15 de agosto de 2016.
5. Ver gráfico em https://twitter.com/EricRWeinstein/status/1066934424804057088.
6. Ver Greg Lukianoff e Jonathan Haidt, *The Coddling of the American Mind: How Good Intentions and Bad Ideas are Setting up a Generation for Failure*, Allen Lane, 2018, p. 5-7 e seguintes.
7. "American Psychological Association guidelines for psychological practice with boys and men", agosto de 2018: https://www.apa.org/about/policy/boys--men-practice-guidelines.pdf.
8. Ver "Views of racism as a major problem increase sharply, especially among Democrats", Samantha Neal, *Pew Research Center*, 29 de agosto de 2017.
9. Ekow N. Yankah, *The New York Times*, 11 de novembro de 2017.
10. Helen Pidd, "Women shun cycling because of safety, not helmet hair", *The Guardian*, 13 de junho de 2018.
11. Tim Hunt entrevistado por Robin McKie, "I've been hung out to dry", *The Observer*, 13 de junho de 2015. Ele teve problemas por causa das seguintes palavras: "Vou contar qual é meu problema com as garotas. Três coisas acontecem

A LOUCURA DAS MASSAS

quando elas estão no laboratório. Você se apaixona por elas, elas se apaixonam por você e, quando você as critica, elas choram."

12. Ver o diálogo entre o senador Katy Gallagher e o senador Mitch Fifield no Senado australiano em 11 de fevereiro de 2016.

13. Ver, por exemplo, essa *thread*: https://twitter.com/HarryTheOwl/status/1088144870991114241.

14. Entrevista de Rep Debbie Dingell na CNN, 17 de novembro de 2017.

15. Kenneth Minogue, *The Liberal Mind*, Liberty Fund, Indianápolis, 2000, p. 1.

CAPÍTULO 1. GAYS

1. *Good Morning Britain*, ITV, 5 de setembro de 2017.

2. John Stuart Mill, *On Liberty*, Penguin, 2006, p. 60-1.

3. "Nicky Morgan says homophobia may be sign of extremism", BBC News, 30 de junho de 2015.

4. Robert Samuels, *Washington Post*, 29 de agosto de 2016.

5. "Desert Island Discs: Tom Daley felt 'inferior' over sexuality", website da BBC News, 30 de setembro de 2018.

6. "Made in Chelsea's Ollie Locke to become Ollie Locke-Locke", website da BBC News, 1º de outubro de 2018.

7. *The New York Times* (edição internacional), 16 de outubro de 2017, p. 15-17.

8. Ver, por exemplo, Russell T. Davies, "A Rose by any other name", *The Observer*, 2 de setembro de 2001.

9. Ver "Generation Z — beyond binary: new insights into the next generation", *Ipsos Mori*, 6 de julho de 2018.

10. São eles: B. S. Mustanski, M. G. Dupree, C. M. Nievergelt *et al.*, "A genome--wide scan of male sexual orientation", *Human Genetics*, 116 (2005), p. 272-8; R. Blanchard, J. M. Cantor, A. F. Bogaert *et al.*, "Interaction of fraternal birth order and handedness in the development of male homosexuality", *Hormones and Behavior*, 49 (2006), p. 405-14; J. M. Bailey, M. P. Dunne e N. G. Martin, "Genetic and environmental influences on sexual orientation and its correlates in an Australian twin sample", *Journal of Personality and Social Psychology*, 78 (2000), p. 524-36.

11. Declaração do Royal College of Psychiatrists sobre orientação sexual, Position Statement PS02/2014, abril de 2014 (https://www.rcpsych.ac.uk/pdf/PS02_2014. pdf).

NOTAS

12. Ibid.
13. Website da Associação Americana de Psicologia, "Sexual Orientation & Homosexuality" (http://www.apa.org/topics/lgbt/orientation.aspx), acessado em agosto de 2018.
14. Bruce Bawer, *A Place at the Table: The Gay Individual in American Society*, Touchstone, 1994, p. 82.
15. Seth Stephens-Davidowitz, *Everybody Lies: What the Internet Can Tell Us About Who We Really Are*, Bloomsbury, 2017, p. 112-16.
16. "This is why straight men watch porn", *Pink News*, 19 de março de 2018.
17. "Majority in U.S. Now Say Gays and Lesbians Born, Not Made", *Gallup*, 20 de maio de 2015.
18. Ver a discussão desse episódio em Alice Dreger, *Galileo's Middle Finger: Heretics, Activists, and One Scholar's Search for Justice*, Penguin, 2016, p. 182-3.
19. "Attitudes towards homosexuals and evolutionary theory", em *Ethology and Sociobiology*. Há um útil resumo do diálogo entre Gallup e Archer feito por Jesse Bering em *Scientific American*, 9 de março de 2011.
20. Aristóteles, *Ética a Nicômaco*, Livro 7, capítulos 5-6. Incidentalmente, entre as traduções recentes, a edição da Cambridge University Press (2014) usa "sodomia", ao passo que a edição da Oxford University Press (2009) usa "pederastia".
21. Ver, por exemplo, "What are the most cited publications in the social sciences (according to Google Scholar)?", Elliott Green, *LSE blogs*, 12 de maio de 2016.
22. Michel Foucault, *The History of Sexuality, Volume 1 — The Will to Knowledge* [*História da Sexualidade, Volume 1 — A Vontade de Saber*], tradução de Robert Hurley, Penguin, 1998, p. 43.
23. David Halperin, "Historicising the sexual body: sexual preferences and erotic identities in the pseudo-Lucianic *Erotes*", em Domna C. Stanton (ed.), *Discourses of Sexuality: From Aristotle to AIDS*, University of Michigan Press, 1992, p. 261. Ver também Andrew Sullivan, *Virtually Normal: Na Argument about Homosexuality*, Picador, 1996.
24. Foucault, *The History of Sexuality* [*História da Sexualidade*], p. 156.
25. Hunter Madsen e Marshall Kirk, *After the Ball: How America Will Conquer its Fear and Hatred of Gays in the' 90s*, Doubleday, 1989.
26. Ver Paul Berman, *A Tale of Two Utopias: The Political Journey of the Generation of 1968*, W. W. Norton & Company Ltd, 1996, p. 154-5.
27. Bawer, *A Place at the Table*, p. 191.
28. Ibid., p. 193.

A LOUCURA DAS MASSAS

29. Ibid., p. 220-1.
30. Andrew Sullivan, *Virtually Normal: An Argument about Homosexuality*, Picador, 1996, p. 204.
31. Berman, *A Tale of Two Utopias*, p. 160-1.
32. @TheEllenShow, Twitter, 25 de outubro de 2017, 17h53.
33. *Daily Telegraph*, 14 de fevereiro de 2018.
34. Stop Funding Hate, Twitter, 16 de fevereiro de 2018.
35. "Children of same-sex couples happier and healthier than peers, research shows", *Washington Post*, 7 de julho de 2014.
36 *Sunday Morning Live*, BBC1, 27 de outubro de 2010.
37. "Study identifies predictors of relationship dissolution among same-sex and heterosexual couples", The Williams Institute, UCLA School of Law, 1º de março de 2018.
38. *Pink News*, 25 de março de 2018.
39. Bawer, *A Place at the Table*, p. 188.
40. "Sir Ian McKellen: Brexit makes no sense if you're gay", *Daily Telegraph*, 10 de junho de 2016.
41. Jim Downs, "Peter Thiel shows us there's a difference between gay sex and gay", *Advocate*, 14 de outubro de 2016.
42. "Bret Easton Ellis goes on Twitter rampage after GLAAD media awards ban", *Entertainment Weekly*, 22 de abril de 2013.
43. "How straight people should behave in gay bars", *Pink News*, 30 de novembro de 2018.
44. "In the reign of the magical gay elves", Bret Easton Ellis, *Out*, 13 de maio de 2013.
45. Ovídio, *Metamorphoses*, tradução de A. D. Melville, Oxford University Press, 1998, p. 60-1.
46. Daniel Mendelsohn, *The Elusive Embrace: Desire and the Riddle of Identity*, Alfred A. Knopf, 1999, p. 73-5.

INTERLÚDIO: AS FUNDAÇÕES MARXISTAS

1. "The social and political views of American professors", artigo preliminar de Neil Gross (Harvard) e Solon Simmons (George Mason), 24 de setembro de 2007.
2. Ver https://www.racialequitytools.org/resourcefi les/mcintosh.pdf.
3. Ernesto Laclau e Chantal Mouffe, "Socialist strategy: Where next?", *Marxism Today*, janeiro de 1981.

NOTAS

4. Ernesto Laclau e Chantal Mouffe, *Hegemony and Socialist Strategy* (2ª edição), Verso, 2001, p. 133.
5. Ibid., p. 141.
6. Ibid.
7. Ibid., p. 159-60.
8. Laclau e Mouffe, "Socialist strategy: Where next?"
9. Laclau e Mouffe, *Hegemony and Socialist Strategy*, p. 1.
10. "What happens to #MeToo when a feminist is the accused?", *The New York Times*, 13 de agosto de 2018.
11. Steven Pinker, *The Blank Slate: The Modern Denial of Human Nature*, Penguin, 2003, p. X.
12. Judith Butler, "Further reflections on conversations of our time", *Diacritics*, v. 27, n. 1, primavera de 1997.
13. Considere, por exemplo, Sheldon Lee Glashow, "The standard mode", *Inference: International Review of Science*, v. 4, n. 1, primavera de 2018.
14. Ver https://www.skeptic.com/reading_room/conceptual-penis-socialcontruct--sokal-style-hoax-on-gender-studies.
15. "Hoaxers slip breastaurants and dog-park sex into journals", *The New York Times*, 4 de outubro de 2018.
16. "American Psychological Association guidelines for psychological practice with boys and men", APA, agosto de 2018, p. 10.

CAPÍTULO 2. MULHERES

1. Steven Pinker, *The Blank Slate: The Modern Denial of Human Nature*, Penguin, 2003, p. 346-50.
2. Ibid., p. 350.
3. Vídeo de AccessOnline.com, "Rosario Dawson talks grabbing Paul Rudd's 'package' onstage at the 2011 Independent Spirit Awards", 27 de fevereiro de 2011.
4. *The Late Show* com Stephen Colbert, CBS, 20 de março de 2018.
5. *Huffington Post*, 11 de maio de 2007.
6. Conferência RSA, 28 de fevereiro de 2014.
7. Mayim Bialik, "Being a feminist in Harvey Weinstein's world", *The New York Times*, 13 de outubro de 2017.
8. *The Late Late Show* com James Corden, CBS, 8 de fevereiro de 2016.

A LOUCURA DAS MASSAS

9. Ver "Loud and proud! Brand releases sets of $9.99 plastic stick-on NIPPLES that are sold in two sizes — 'cold' and 'freezing'", *Mail Online (FeMail)*, 4 de abril de 2017.
10. "The hottest new trend is camel toe underwear and we're all over it", *Metro*, 24 de fevereiro de 2017.
11. *VICE News*, entrevista com o dr. Jordan Peterson, 7 de fevereiro de 2018.
12. Christine Lagarde, "Ten years after Lehman — lessons learned and challenges ahead", blog do FMI, 5 de setembro de 2018.
13. BBC *Question Time*, 19 de março de 2009.
14. Relatório "When women thrive", Mercer, outubro de 2016.
15. "Wall Street rule for the MeToo era: avoid women at all costs", *Bloomberg*, 3 de dezembro de 2018.
16. United States Office of Personnel Management, "Government-wide Inclusive Diversity Strategic Plan", julho de 2016.
17. Ver https://implicit.harvard.edu/implicit.
18. Ver "Can we really measure implicit bias? Maybe not", *Chronicle of Higher Education*, 5 de janeiro de 2017; "Unconscious bias: what is it and can it be eliminated?", *The Guardian*, 2 de dezembro de 2018.
19. Ver, por exemplo, Odette Chalaby, "Your company's plan to close the gender pay gap probably won't work", *Apolitical*, 22 de maio de 2018.
20. "Smaller firms should publish gender pay gap, say MPs", *BBC News*, 2 de agosto de 2018.
21. Susan Faludi, *Backlash: The Undeclared War Against Women*, Vintage, 1992, p. 16-17.
22. Marilyn French, *The War Against Women*, Hamish Hamilton, 1992, p. 1-2.
23. Ibid., p. 5-6.
24. Ibid., p. 7.
25. Ibid., p. 9.
26. Ibid., p. 14.
27. Ibid., p. 121-55.
28. Ibid., p. 159 e seguintes.
29. Ibid., p. 210-11. Incidentalmente, o tema "as mulheres são a personificação da paz" tem uma estirpe significativa. Ver, por exemplo, *Woman and Labour* (1911), de Olive Schreiner.
30. Ver, por exemplo, Christina Hoff Sommers, *Who Stole Feminism? How Women Have Betrayed Women*, Simon & Schuster, 1995, p. 11-12.
31. Laurie Penny (@PennyRed) no Twitter, 6 de fevereiro de 2018: https://twitter.com/PennyRed/status/960777342275768320.

NOTAS

32. Sama El-Wardany, "What women mean when we say 'men are trash'", *Huffington Post*, 2 de maio de 2018.
33. Ezra Klein, "The problem with Twitter, as shown by the Sarah Jeong fracas", *Vox*, 8 de agosto de 2018.
34. Georgia Aspinall, "Here are the countries where it's still really difficult for women to vote", *Grazia*, 6 de fevereiro de 2018.
35. Prefácio de Dylan Jones na revista *GQ*, dezembro de 2018.
36. "APA issues first ever guidelines for practice with men and boys", American Psychological Association, janeiro de 2019.
37. "We are a nation of hidden feminists", comunicado de imprensa da Fawcett Society, 15 de janeiro de 2016.
38. "Only 7 per cent of Britons consider themselves feminists", *The Telegraph*, 15 de janeiro de 2016.
39. YouGov/*Huffington Post*, Pesquisa Omnibus, conduzida em 11-12 de abril de 2013.
40. "Men with muscles and money are more attractive to straight women and gay men — showing gender roles aren't progressing", *Newsweek*, 20 de novembro de 2017.

INTERLÚDIO: O IMPACTO DA TECNOLOGIA

1. James Thurber, *My Life and Hard Times* (1933), reimpressão da Prion Books Ltd, 2000, p. 33-44.
2. Ver o caso dos meninos da Covington Catholic High School em janeiro de 2019.
3. Jon Ronson, *So You've Been Publicly Shamed*, Riverhead Books, 2015.
4. Barrett Wilson (pseudônimo), "I was the mob until the mob came for me", *Quillette*, 14 de julho de 2018.
5. Tess Townsend, "Google is still mostly white and male", *Recode*, 29 de junho de 2017.
6. Relato privado de discussões envolvendo uma grande companhia tecnológica em Bruxelas, 5 de fevereiro de 2019.
7. Ver "Twitter 'bans women against trans ideology', say feminists", BBC News, 30 de maio de 2018.
8. Meghan Murphy, "Twitter's trans-activist decree", *Quillette*, 28 de novembro de 2018.
9. "Twitter has banned misgendering or 'deadnaming' transgender people", *The Verge*, 27 de novembro de 2018.

A LOUCURA DAS MASSAS

10. Jack Conte entrevistado por Dave Rubin em "The Rubin Report", YouTube, 31 de julho de 2017.
11. Vídeo do Google em https://developers.google.com/machine-learning/fairnessoverview.

CAPÍTULO 3. RAÇA

1. Anne Helen Petersen, "Ten long years of trying to make Armie Hammer happen", *Buzzfeed*, 26 de novembro de 2017.
2. *"Call Me By Your Name* star Armie Hammer leaves Twitter after 'bitter' *Buzzfeed* article", *Pink News*, 28 de novembro de 2017.
3. Ashley Lee, "Why Luca Guadagnino didn't include gay actors or explicit sex scenes in 'Call Me By Your Name' (Q&A)", *The Hollywood Reporter*, 8 de fevereiro de 2017.
4. "White privilege' lessons for lecturers", *The Sunday Times*, 11 de março de 2018.
5. Ver a gravação no YouTube, em https://www.youtube.com/watch?v=LTnDpoQLNaY.
6. Ver "Campus argument goes viral as Evergreen State is caught in racial turmoil", *Vice News*, 16 de junho de 2017; https://www.youtube.com/watch?v=2cMYfxOFBBM.
7. Ver gravação no YouTube em https://www.youtube.com/watch?v=BzrPMetGtJQ.
8. Ver gravação no YouTube em https://www.youtube.com/watch?v=RZtuDqbfO5w.
9. Ver gravação no YouTube em https://www.youtube.com/watch?v=Pf5fAiXYr08&t=1941s.
10. Faculdade Estadual Evergreen, reunião do conselho, 12 de julho de 2017, no YouTube, em https://www.youtube.com/watch?v=yL54iN8dxuo.
11. *Vice News*, 16 de junho de 2017.
12. Ver a gravação integral no YouTube em https://www.youtube.com/watch?v=hiMVx2C5_Wg.
13. Ver o vídeo no YouTube em https://www.youtube.com/watch?v=V6ZVEVufWFI.
14. Nicholas A. Christakis, "Teaching inclusion in a divided world", *The New York Times*, 22 de junho de 2016.
15. "Identity politics: the new radicalism on campus?", painel da Universidade Rutgers, publicado no YouTube, 13 de outubro de 2017, em https://www.youtube.com/watch?v=2ijFQFiCgoE.
16. Michael Harriot, "'Diversity of thought' is just a euphemism for 'white supremacy'", *The Root*, 12 de abril de 2018.

NOTAS

17. A carta de 17 de abril de 2017 pode ser vista em http://archive.is/Dm2DN.
18. Andrew Sullivan, "We all live on campus now", *New York*, 9 de fevereiro de 2018.
19. *National Geographic*, abril de 2018.
20. David Olusoga, "National Geographic's righting of its racist wrongs is well meant but slow in coming", *The Guardian*, 1º de abril de 2018.
21. Emily Lakdawalla, Twitter, 13 de fevereiro de 2018.
22. *The Root*, feed do Twitter, 22 de novembro de 2018.
23. *Vice*, Twitter, 6 de dezembro de 2018.
24. Mathieu Murphy-Perron, "Let Nora Loreto have her say", *National Observer*, 11 de abril de 2018.
25. Crítica de *Dumbo* feita pela *Vice*, 13 de junho de 2018. Incidentalmente, a versão on-line foi modificada depois de ampla ridicularização on-line.
26. Eliana Dockterman, "Altered Carbon takes place in the future. But it's far from progressive", *Time*, 2 de fevereiro de 2018.
27. "Sierra Boggess pulls out of BBC West Side Story Prom over 'whitewashing'", website da BBC News, 25 de abril de 2018.
28. Ritu Prasad, "Serena Williams and the trope of the 'angry black woman'", *BBC News* on-line, 11 de setembro de 2018.
29. Carys Afoko, "Serena Williams's treatment shows how hard it is to be a black woman at work", *The Guardian*, 10 de setembro de 2018.
30. O vídeo (de uma série de outros vídeos) está disponível no YouTube, produzido por Soyheat (postado em 23 de setembro de 2016).
31. Ver Andy Ngo, "Would you like some strife with your meal?", *Wall Street Journal*, 31 de maio de 2018.
32. Robby Soave, "White-owned restaurants shamed for serving ethnic food: it's cultural appropriation", *Reason*, 23 de maio de 2017.
33. Dawn Butler no Twitter, 18 de agosto de 2018.
34. "Teenager's prom dress sparks cultural appropriation debate", *Independent*, 30 de abril de 2018.
35. Lovia Gyarke, "Lionel Shriver shouldn't write about minorities", blog do *New Republic*, setembro de 2016.
36. Yassmin Abdel-Magied, "As Lionel Shriver made light of identity, I had no choice but to walk out", *The Guardian*, 10 de setembro de 2016.
37. *The Atlantic*, 7 de maio de 2018.
38. O artigo original foi capturado on-line aqui: http://eprints.lse.ac.uk/44655/1/__ Libfile_repository_Content_LSE%20Review%20of%20Books_May%202012_

A LOUCURA DAS MASSAS

week%204_blogs.lse.ac.uk-Intellectuals_versus_society_ignorance_and_ wisdom.pdf.

39. Aidan Byrne, "Book Review: Intellectuals and Society by Thomas Sowell", *LSE Review of Books*, 26 de maio de 2012.

40. *The View*, ABC, 15 de junho de 2015.

41. MSNBC, 17 de junho de 2015.

42. "Benedict Cumberbatch apologises after calling black actors 'coloured'", *The Guardian*, 26 de janeiro de 2015.

43. Tuítes de Sarah Jeong em 23 de dezembro de 2014; 25 de novembro de 2015; 31 de dezembro de 2014; 18 de novembro de 2014; 1º de abril de 2014.

44. Tuítes de Sarah Jeong em 28 de novembro de 2014.

45. Tuítes de Sarah Jeong em 24 de julho de 2014.

46. Declaração do *New York Times*, 2 de agosto de 2018.

47. Citado em Zack Beauchamp, "In defence of Sarah Jeong", *Vox*, 3 de agosto de 2018.

48. Ezra Klein, "The problem with Twitter, as shown by the Sarah Jeong fracas", *Vox*, 8 de agosto de 2018.

49. Ta-Nehisi Coates, *The Beautiful Struggle: A Memoir*, Spiegel & Grau, 2008, p. 6.

50. Ibid., p. 70.

51. Ibid., p. 74-5.

52. Ibid., p. 168.

53. Ibid., p. 177.

54. Ta-Nehisi Coates, *Between the World and Me*, The Text Publishing Company, 2015, p. 86-7.

55. Dr. Cornel West no Facebook, *AlterNet*, em https://www.alternet.org/2017/12/ cornel-west-ta-nehisi-coates-spat-last-thing-we-need-right-now/.

56. Para alguns exemplos disso, ver Kyle Smith, "The hard untruths of Ta-Nehisi Coates", *Commentary*, outubro de 2015.

57. "Leak: The Atlantic had a meeting about Kevin Williamson. It was a liberal self-reckoning", *Huffington Post*, 5 de julho de 2018.

58. Reni Eddo-Lodge, *Why I'm no Longer Talking to White People about Race*, Bloomsbury, 2017, p. 14-15.

59. Fotografia via Martin Daubney no Twitter, 21 de janeiro de 2018.

60. O artigo mais tarde recebeu um novo título: "How white women use strategic tears to silence women of colour", 7 de maio de 2018.

61. Ver *The Tab*, 2016.

NOTAS

62. Ver "Asian Americans suing Harvard say admissions files show discrimination", *The New York Times*, 4 de abril de 2018.

63. Ver Malcolm W. Browne, "What is intelligence, and who has it", *The New York Times*, 16 de outubro de 1994.

64. Crítica de *The Bell Curve* feita por Steven J. Rosenthal em https://msuweb.montclair.edu/~furrg/steverbc.html.

65. Douglas Murray em conversa com Jordan Peterson, *UnHerd*, YouTube, 4 de setembro de 2018.

66. David Reich, "How genetics is changing our understanding of race", *The New York Times*, 23 de março de 2018.

67. Pete Shanks, "Race and IQ yet again", Center for Genetics and Society, 13 de abril de 2018.

68. Sam Harris, podcast "Waking up" com Charles Murray, 23 de abril de 2017.

69. Ezra Klein, "Sam Harris, Charles Murray and the allure of race science", *Vox*, 27 de março de 2018.

70. Diana Soriano, "White privilege lecture tells students white people are 'dangerous' if they don't see race", *The College Fix*, 6 de março de 2019.

INTERLÚDIO: SOBRE O PERDÃO

1. Quinn Norton no Twitter, 27 de julho de 2013.

2. Ibid., 4 de setembro de 2009.

3. Quinn Norton, "The New York Times fired my Doppelganger", *The Atlantic*, 27 de fevereiro de 2018.

4. "Labour, Work, Action", em *The Portable Hannah Arendt*, Penguin, 2000, p. 180-1.

5. W. H. Auden. "In Memory of W. B. Yeats", em *The English Auden: Poems, Essays and Dramatic Writings 1927-1939*, editado por Edward Mendelson, Faber, 1986, p. 242-3.

6. "Manchester University students paint over Rudyard Kipling mural", *The Guardian*, 19 de julho de 2018.

7. Ver "Toby Young quotes on breasts, eugenics, and working-class people", *The Guardian*, 3 de janeiro de 2018.

8. Toby Young, "Confessions of a porn addict", *The Spectator*, 10 de novembro de 2001.

9. *The Times*, 6 de janeiro de 2018.

A LOUCURA DAS MASSAS

10. *The Evening Standard*, 5 de janeiro de 2018.
11. Ver Toby Young, "The public humiliation diet", *Quillette*, 23 de julho de 2018.
12. "Conor Daly loses Lilly Diabetes sponsorship over remark his father made over 30 years ago", Associated Press, 25 de agosto de 2018.
13. Mateus 18:21-2.
14. "Lewis Hamilton apologises for 'boys don't wear dresses' remark", BBC News, 26 de dezembro de 2017.
15. *GQ*, agosto de 2018.

CAPÍTULO 4. TRANS

1. "Moeder van Nathan spreekt: 'Zijn dood doet me niks'", *Het Laatste Nieuws*, 2 de outubro de 2013.
2. "Mother of sex change Belgian: 'I don't care about his euthanasia death'", *Daily Telegraph*, 2 de outubro de 2013.
3. Por exemplo, ver *The Sunday Times*, 25 de novembro de 2018, p. 23.
4. Em relação à consulta pública da Lei de Reconhecimento de Gênero (2018).
5. Ver "Schools tell pupils boys can have periods too in new guidelines on transgender issues", *Daily Mirror*, 18 de dezembro de 2018.
6. Ver https://www.congress.gov/bill/115th-congress/senate-bill/1006.
7. Alice Dreger, *Galileo's Middle Finger: Heretics, Activists, and One Scholar's Search for Justice*, Penguin, 2016, p. 21.
8. Ibid., p. 20.
9. Ibid., p. 6.
10. "Masculine Women, Feminine Men", letra de Edgar Leslie, música de James V. Monaco, 1926.
11. Jan Morris, *Conundrum*, Faber and Faber, 2002, p. 1.
12. Ibid., p. 42.
13. Ibid., p. 119.
14. Ibid., p. 122.
15. Ibid., p. 123.
16. Ibid., p. 127.
17. Ibid., p. 134.
18. Ibid., p. 138.
19. Ibid., p. 128.
20. Ibid., p. 143.

NOTAS

21. Dreger, *Galileo's Middle Finger*, p. 63.
22. "Criticism of a gender theory, and a scientist under siege", *The New York Times*, 21 de agosto de 2007.
23. Dreger, *Galileo's Middle Finger*, p. 69.
24. Andrea Long Chu, "My new vagina won't make me happy", *The New York Times*, 24 de novembro de 2018.
25. Ver Anne A. Lawrence, *Men Trapped in Men's Bodies: Narratives of Autogynephilic Transsexualism*, Springer, 2013.
26. Capa da revista *Time*, 9 de junho de 2014.
27. "Stonewall to start campaigning for trans equality", *The Guardian*, 16 de fevereiro de 2015.
28. *New York Post*, 16 de julho de 2015.
29. "When women become men at Wellesley", *The New York Times*, 15 de outubro de 2014.
30. Julie Bindel, "Gender benders, beware", *The Guardian*, 31 de janeiro de 2004.
31. Suzanne Moore, "Seeing red: the power of female anger", *The New Statesman*, 8 de janeiro de 2013.
32. Ver Suzanne Moore, "I don't care if you were born a woman or became one", *The Guardian*, 9 de janeiro de 2013.
33. Julie Burchill, "The lost joy of swearing", *The Spectator*, 3 de novembro de 2018.
34. Germaine Greer, *The Whole Woman*, Doubleday, 1999, p. 66.
35. Ibid., p. 74.
36. "Germaine Greer defends views on transgender issues amid calls for cancellation of feminism lecture", ABC News, 25 de outubro de 2015.
37. Ibid.
38. Eve Hodgson, "Germaine Greer can no longer be called a feminist", *Varsity*, 26 de outubro de 2017.
39. "Woman billboard removed after transphobia row", website da BBC News, 26 de setembro de 2018.
40. Debate entre Kellie-Jay Keen-Minshull e Adrian Harrop, *Sky News*, 26 de setembro de 2018.
41. "Blogger accused of transphobia for erecting a billboard defi ning 'woman' as 'adult human female' is branded 'disgraceful' by This Morning viewers — as she insists trans women do not fit the criteria", *Mail Online*, 28 de setembro de 2018.
42. Julie Bindel, "Why woke keyboard warriors should respect their elders", *UnHerd*, 24 de outubro de 2018.

A LOUCURA DAS MASSAS

43. Ver "April Ashley at 80", festival Homotopia, no YouTube, em https://www.youtube.com/watch?v=wX-NhWb47sc.

44. Ver o vídeo de dois minutos aqui: https://vimeo.com/185149379.

45. O caso de "Lactatia" Nemis Quinn Melancon Golden é descrito, entre outros lugares, em "Nine-year-old drag queen horrifically abused after modelling for LBGT fashion company", *Pink News*, 9 de janeiro de 2018.

46. "The school was already calling her 'him'", *The Sunday Times*, 25 de novembro de 2018.

47. "Trans groups under fire for 700% rise in child referrals", *The Sunday Times*, 25 de novembro de 2018.

48. Ibid.

49. Entrevista de Michelle Forcier na NBC, 21 de abril de 2015: https://www.nbcnews.com/nightly-news/video/one-doctor-explains-the-journey-for-kidswho--are-transitioning-431478851632?v=railb&.

50. Ver https://vimeo.com/185183788.

51. Maio de 2018.

52. Jesse Singal, "When children say they're Trans", *The Atlantic*, julho/agosto de 2018.

53. Johanna Olson-Kennedy, "Mental health disparities among transgender youth: rethinking the role of professionals", *JAMA*, maio de 2016.

54. "Deciding when to treat a youth for gender re-assignment", Kids in the House (s/d).

55. Singal, "When children say they're Trans".

56. Wylie C. Hembree, Peggy T. Cohen-Kettenis, Louis Gooren, Sabine E. Hannema, Walter J. Meyer, M. Hassan Murad, Stephen M. Rosenthal, Joshua D. Safer, Vin Tangpricha, Guy G. T'sjoen, "Endocrine treatment of gender--dysphoric/gender-incongruent persons: An Endocrine Society clinical practice guideline", *The Journal of Clinical Endocrinology & Metabolism*, v. 102, n. 11, 1º de novembro de 2017.

57. Vídeo em https://archive.org/details/olson-kennedy-breasts-go-and-get-them.

58. Para uma dessas descrições, ver Susan Faludi, *In the Darkroom*, Metropolitan Books, 2016, p. 131.

59. Ver http://uspath2017.conferencespot.org/.

60. Áudio disponível aqui: https://vimeo.com/226658454.

61. Muitas das capturas de tela e outros materiais desse caso podem ser encontrados aqui: http://dirtywhiteboi67.blogspot.com/2015/08/ft m-top-surgery-forsky--tragic-story-in.html.

NOTAS

62. "GP convicted of running transgender clinic for children without licence", *The Telegraph*, 3 de dezembro de 2018.

63. "Things not to say to a non-binary person", BBC Three, 27 de junho de 2017.

CONCLUSÃO

1. Número do Fórum Econômico Mundial, junho de 2018.

2. Ver "Do trans kids stay trans when they grow up?", *Sexology Today* (www.sexologytoday.org), 11 de janeiro de 2016.

3. *Advocate*, 16 de novembro de 2008.

4. Voddie Baucham, "Gay is not the new black", The Gospel Coalition, 19 de julho de 2012.

5. Carta aberta a *Hypatia*: https://archive.is/lUeR4#selection-131.725-131.731.

6. "Philosopher's article on transracialism sparks controversy (Updated with response from author)", *Daily Nous*, 1º de maio de 2017.

7. *The Real*, KPLR, 2 de novembro de 2015.

8. Patrick Strudwick, "The newly appointed editor of *Gay Times* has been fired for posting dozens of offensive tweets", *Buzzfeed*, 16 de novembro de 2017.

9. "*Gay Times* fires 'Jews are gross' editor who sent vile tweets", *Pink News*, 16 de novembro de 2017.

10. Declaração da *Gay Times* no Twitter, 16 de novembro de 2017.

11. Josh Rivers entrevista Lee Gray, "The Gray Area", YouTube, 8 de junho de 2018.

12. "Transgender women in sport: Are they really a 'threat' to female sport?", BBC Sport, 18 de dezembro de 2018.

13. Stephie Haynes, "Dr. Ramona Krutzik, M.D. discusses possible advantages Fallon Fox may have", *Bloody Elbow*, 20 de março de 2013.

14. Conversa entre Joe Rogan, Maajid Nawaz e Sam Harris, *Joe Rogan Experience* 1107, YouTube, 18 de abril de 2018.

15. "Business insider deletes opinion piece defending Scarlett Johansson's role as trans man in new film", *Pink News*, 9 de julho de 2018.

16. "Trans activists call for boycott of film starring Matt Bomer as transgender sex worker", *Pink News*, 15 de abril de 2018.

17. William A. Jacobson, "Cornell Black Students group issues a 6-page list of demands", blog *Legal Insurrection*, 27 de setembro de 2017.

18. *This Week*, BBC, 26 de outubro de 2017.

19. Laith Ashley entrevistada no Channel 4 News, 13 de abril de 2016.

A LOUCURA DAS MASSAS

20. "Vox writer navel-gazes his way into a hole over fat-shaming", *The Daily Caller*, 5 de novembro de 2018.

21. Ver, por exemplo, Marieka Klawitter, "Meta-analysis of the effects of sexual orientation on earnings", 19 de dezembro de 2014 (https://onlinelibrary.wiley.com/doi/abs/10.1111/irel.12075).

22. Ver United States Department of Labor, Bureau of Labor Statistics, em https://www.bls.gov/opub/ted/2017/median-weekly-earnings-767-for-women-937-for--men-in-third-quarter-2017.htm.

23. Pesquisa Sky realizada em 14-16 de fevereiro de 2018. Resultados em https://interactive.news.sky.com/100Women_Tabs_Feb2018.pdf.

24. Camille Paglia, *Free Women, Free Men: Sex, Gender, Feminism*, Canongate, 2018, p. 133.

25. Ibid., p. 131-2.

26. CNBC no Twitter, 24 de janeiro de 2019.

27. "Here's how much you save when you don't have kids", CNBC, 17 de agosto de 2017.

28. *The Economist*, feed do Twitter, 17 de novembro de 2018.

29. Wendell Berry, "A Few Words for Motherhood" (1980), *The World-Ending Fire*, Penguin, 2018, p. 174-5.

30. Ver Madeleine Kearns, "The successful, dangerous child sex-change charity", *National Review* on-line, 23 de janeiro de 2019.

31. Câmara dos Comuns, Hansard, 21 de novembro de 2018.

32. Ver "Transient sexual mimicry leads to fertilization", *Nature*, 20 de janeiro de 2005.

33. Freddy Gray, "Nigel Farage's groupies party in DC", *The Spectator*, 28 de janeiro de 2017.

34. Jean-Jacques Rousseau, *Emílio ou Da Educação*, tradução de Allan Bloom, Basic Books, 1979, p. 92-3.

35. L. H. Keeley, *War Before Civilisation: The Myth of the Peaceful Savage*, Oxford University Press, 1996, p. 90. Ver também o gráfico resultante em Steven Pinker, *The Blank Slate: The Modern Denial of Human Nature*, Penguin, 2003, p. 57.

36. H. W. Brands, *Traitor to His Class: The Privileged Life and Radical Presidency of Franklin Delano Roosevelt*, Doubleday Books, 2008, p. 152.

37. Ezra Klein, "The problem with Twitter, as shown by the Sarah Jeong fracas", *Vox*, 8 de agosto de 2018.

NOTAS

38. Alexis de Tocqueville, *Demoracy in America*, tradução de Harvey C. Mansfield e Delba Winthrop, University of Chicago Press, 2000, p. 181.

39. Martin Luther King Jr, "Where do we go from here?", discurso realizado durante a XI Convenção Anual SCLC, Atlanta, Geórgia, 16 de agosto de 1967.

40. Emma Green, "Are Jews white?", *The Atlantic*, 5 de dezembro de 2016.

41. "Anti-Semitic flyers attacking 'Jewish privilege' appear to UIC", Campus Reform, 17 de março de 2017.

ÍNDICE

A

Abdel-Magied, Yassmin, 164-165
academia: e racismo, 136-139
aconselhamento para vítimas de estupro, 228
Act Up, grupo, 46
Advocate (revista gay norte-americana), 54-55, 167, 252
Afoko, Carys, 159-160
agrupamento [*clustering*], 235
alcoolismo, 38
Allen, Woody, 78
Angelou, Maya, 196
Anonymous (coletivo ativista), 192
antirracismo, 136-139, 141, 151, 175, 183
APA, *ver* Associação Americana de Psicologia
Applebaum, Barbara, 137-138
apropriação cultural, 160-166
  comida, 161-162
  romances, 163-164
  roupas, 163
Archer, John, 41
Arendt, Hannah, 194-195
Aristófanes, 57
Aristóteles: *Ética a Nicômaco*, 42

Ashley, April, 210, 234
Ashley, Laith, 258-259
assédio sexual, 76-84
  culpabilização da vítima, 82
  de homens por mulheres, 78-81, 82-84
  de mulheres por homens, 81
  no local de trabalho, 86-88
Associação Americana de Psicologia, 12, 20
  remoção da homossexualidade como transtorno, 34
  sobre a masculinidade tradicional, 73, 114-115
  sobre a orientação sexual, 34-35
  ativismo no *campus*, 142-151
    Faculdade Claremont McKenna, Califórnia, 150
    Faculdade Estadual Evergreen, Washington, 142-146
    Universidade Yale, Connecticut, 146-149
ativismo, 120
  ativismo de justiça social, 122
  ativismo no *campus*, 142-151

A LOUCURA DAS MASSAS

Atlantic, The (revista), 180-181, 192, 273-274

Auden, W. H.: "Em memória de W. B. Yeats", 196

autoginecofilia, 212-216

B

Bacha posh, tradição (Afeganistão), 204

Bailey, J. Michael, 213-215

Baldwin, James, 180, 181

balé, 29-30

Barrymore, Drew, 79-80, 84

Baskerville, Stephen, 21, 23

Battle, Kathleen, 157

Baum, Joel, 240

Bawer, Bruce, 46, 48, 53

BBC
  controvérsia esportiva, 159
  manchete, 28
  Promenade Concerts, 157-159

Beauchamp, Zack, 175

Beggs, Mack, 255

Benjamin, Harry, 209

Bennett, Mikaela, 158

Berman, Paul, 49

Berry, Wendell, 263

Bialik, Mayim, 81-83

Bindel, Julie, 228-229, 234

bissexualidade, 33, 44

Black, Dustin Lance, 51, 56

Blanchard, Ray, 213-214

bode expiatório, 192-193

Boggess, Jade, 236

Boggess, Sierra, 157-158, 159

Boghossian, Peter, 72-73

Bomer, Matt, 256-257

Bonilla-Silva, Eduardo, 141, 183

Brands, H. W., 270

Bridges, George,144-145

Britton, Fern, 92

bullying, 39, 111, 120, 158

Burchill, Julie, 230-231, 234

Burou, Georges, 210

Business Insider (website de notícias financeiras), 256

Butler, Dawn, 162

Butler, Judith, 64, 69, 70, 71

Buzzfeed, 139-140, 253

Byrne, Aidan, 169-170

C

calcinhas pata de camelo, 86

capitalismo, 61, 66

casamento homossexual, 252

catastrofismo, 141, 142-151

cegueira racial, 141

choco: e mimetismo sexual, 267-268

Christakis, Erika, 146, 148

Christakis, Nicholas, 147-148

Chu, Andrea Long, 215

cirurgias de mudança de sexo, 204, 209--211, 220-221, 231

Clinton, Hillary, 27

Coates, Ta-Nehisi, 168, 178-182

colapso do contexto, 192

Colbert, Stephen, 79-81

comediantes do sexo feminino, 30

comemoração das grandes festas (Stonewall), 49

comportamento do macho alfa, 93

ÍNDICE

comunidade LGBT, 27, 37, 44-45, 55, 246

comunidade LGBTQI, 164

comunidade LGTQ, 11-12

comunidade negra: divisão na, 166-169

confiança: mulheres e, 93-94

Conquest, Robert, 234

Conte, Jack, 124-125

Corden, James, 82-83

Cowell, Roberta (antes Robert), 207-208

Cox, Laverne, 217

Crenshaw, Kimberlé, 65

crise da Aids, 46

Crouch, Simon, 52

Cumberbatch, Benedict, 172-173, 176

D

Daley, Tom, 28, 51, 56

Daly, Conor, 198

Damore, James, 12

Davidson, Michael, 20-21, 23, 24, 25-26, 273

Davies, Russell T., 31

Dawson, Rosario, 76-77

DeGeneres, Ellen, 50

Deleuze, Gilles, 63

desconstrução, 63-64, 68

DiAngelo, Robin, 188-189

diferenças salariais, 261, 262-263, 266

diferenças salariais, 261, 262-263, 266

direitos civis dos negros, 47-48

direitos civis, 14

direitos das mulheres, 14, 249-250

direitos trans, 217-221, 250, 264-266

Dolezal, Rachel, 170-171, 252

Downs, Jim, 54

Dreger, Alice, 206, 214

Du Bois, W. E. B., 138

Dumbo (filme), 154-155

Dyson, Michael Eric, 171

E

Earhart, Amelia, 262

Economist, The, 262-263

Eddo-Lodge, Reni, 181-182

Ehrensaft, Diane, 235

Ellis, Bret Easton, 55-56

El-Wardany, Salma, 111-112, 176

entretenimento: questões raciais, 155--159

epigenética: e homossexualidade, 40-41

era pré-lapso, 268-270

espaço privado/público, 120-122: *ver também* mídias sociais

esportes

    questões de gênero, 236, 254-256

    questões raciais, 159-160

Estados Unidos da América (EUA)

    atitudes morais em relação à homossexualidade, 37

    e comunidade gay, 27, 54

    National Survey of Men (1991), 35--36

    Office of Personnel Management: treinamento de viés inconsciente, 100

    serviço militar norte-americano: "não pergunte, não conte", 27

Estudantes negros unidos, Universidade de Cornell, 257

estudos da brancura, 136-139

A LOUCURA DAS MASSAS

estudos das mulheres, 69
estudos feministas, 68-69
estudos negros, 136-139
eugenia, 40
Eugenides, Jeffrey, 206
eutanásia, 202
Evening Standard, The, 198
extremismo: visões homofóbicas como evidência de, 26-27

F

fa'afafine (Samoa), 204
Facebook, 123
Faculdade Claremont McKenna, Califórnia, 150
Faculdade Estadual Evergreen, Washington, 142-146
Fae, Jane, 234
Faludi, Susan, 107
fantasias de estupro, 89
fat-shaming, 260
Favre, Brett, 218
Fawcett Society, 116
Featherstone, Lynne, 92, 230
feminismo, 64, 106-117
   e fluidez sexual, 117-118
   e *mansplaining*, 113-114, 257
   e masculinidade tóxica, 110-111, 114-115
   e maternidade, 262
   e misandria, 110-116
   e patriarcado, 114
   guerra contra os homens, 111-113
Ferguson, Sharon, 52
Flores, Ryan Jacobs, 236

fluidez sexual, 31-33, 117-118
Fonda, Jane, 80-81
Forbes, revista, 140
Forcier, Michelle, 239
Foster, Kmele, 149
Foucault, Michel, 42-43, 63
Fouratt, Jim, 46
Fox, Fallon, 255
French, Marilyn, 107-109
fundamentalismo cristão, 40

G

Gallup, Gordon G., 41
Gay Times (revista britânica), 253-254
genética
   e gênero, 40, 219
   e QI, 185-187
geração floco de neve, 194
geração Z, 32
Girard, René, 192
GLAAD (organização gay), 55
Glashow, Sheldon Lee, 71
Goldberg, Jeff, 181
Goldberg, Susan, 152
Goldberg, Whoopi, 171
Good Morning Britain, 20
Google, 122-123, 126-133
Grahame, Gloria, 78
Gramsci, Antonio, 63
Greer, Germaine, 231-233, 234, 239
grupo Outrage, 47
grupos identitários: divisões nos, 167--169, 257
Guadagnino, Luca, 140

ÍNDICE

Guardian, The: controvérsias esportivas, 159-160
Gyarkye, Lovia, 164-163

H

Haidt, Jonathan, 12, 141
Halperin, David, 43
Hamilton, Lewis, 200
Hammer, Armie, 139-142
Harriot, Michael, 150
Harris, Sam, 187
Harrop, Adrian, 233
Hartley, L. P.: *O mensageiro* [*The Go--Between*], 152
Hepburn, Katharine, 262
Herrnstein, Richard J., 185-186
hijras (Índia), 204
Hodgson, Eve, 232
Hollywood, 77-81, 140
homofobia, 41
  como evidência de extremismo, 26-27
  razões para a, 56-57
homossexualidade, 13
  como ideologia política, 53-54, 167, 169
  e travestismo, 207
  epigenética e, 39-40
  inata/escolha de estilo de vida/comportamento aprendido, 38-40
  origens, 38-41
  papel evolutivo da, 41-42
  transexuais homossexuais, 214
Hubbard, Laurel (nascida Gavin), 255
Hughes, Coleman, 11

humanismo secular, 183
Humboldt Broncos, acidente de ônibus, 154
humilhação intergeracional, 198
humilhação pública, 120, 191-193, 197-198
Hunt, Ruth, 217
Hunt, Tim, 14
Hypatia (jornal filosófico feminista), 252-253

I

I am Jazz (série documental), 236-237
IAT, *ver* teste de associação implícita (IAT)
identidade sexual, 32-33
igualdade, 183-187
  genética e QI, 185-187
  humanismo secular e, 183
  igualdade gay, 13-14, 46-50, 249
Independent Spirit Awards, Santa Mônica, 76-77
Indiana Jones e a última cruzada (filme), 84
Instituto Alan Guttmacher, EUA, 36
internet, 97, 120-121
  armadilhas da, 174-175, 191
  e aprendizado de máquina, 126-127
  e ativismo social, 120
  e justiça, 192-193, 195, 196
  e linguagem pública/privada, 120--121
  teste de associação implícita (IAT), 100
  ver também mídias sociais

313

interseccionalidade, 10, 11, 69, 70, 99-100, 102, 160

intersexo, 205-207, 264

Irã

cirurgias de mudança de sexo, 204

transexualismo, 269-270

J

J. P. Morgan: treinamento de viés inconsciente, 99

James, Andrea, 215

Japão: atitude em relação à homossexualidade, 28-29

Jenner, Caitlyn (antes Bruce), 217-219

Jennings, Jazz, 236

Jeong, Sarah, 174-176

Johansson, Scarlett, 156, 256

judeus: e privilégio, 273-274

Just Nips, empresa, 84-85

K

Kang, Jay Caspian, 86-87

kathoey (Tailândia), 187

Keeley, L. H., 269

Keen-Minshull, Kellie-Jay, 233

Khomeini, aiatolá, 204

King Jr., Martin Luther, 135

discurso "Para onde iremos daqui?", 273

Kinnaman, Joel, 155

Kinsey, Alfred, 35-36

Kipling, Rudyard: "Se", 196

Kirk, Marshall, 45

Klein, Ezra, 112-113, 176-177, 272

Krutzik, Ramona, 255

L

Laclau, Ernesto, 65-66, 67-68

Lagarde, Christine, 91-92

Lakdawalla, Emily, 153

LAMBDA (organização literária gay), 215

Lawrence, Anne A., 215

lei trabalhista, 11

Leibovitz, Annie, 217

lesbianismo, 56

lésbicas/mulheres gay: visão dos homens gays, 44

Lester, Adrian, 155

Letterman, David, 79-80

liberalismo, 13, 15, 16, 250

liberdade de expressão, 26

Lilla, Mark, 149, 258

Lilly Diabetes, 198

Lindsay, James, 72

linguagem: pública/privada, 120-122, 191, 192

Locke, Ollie, 28

London School of Economics (LSE), 169-170

Loreto, Nora, 154

Lukianoff, Greg, 12, 141

M

Mac Donald, Heather, 150

Machine Learning Fairness (MLF), 125-131

ÍNDICE

Madsen, Hunter, 45
mamilos falsos, 84-85
mansplaining, 113, 257
Marcha das Mulheres, Londres (2018), 182
Marcha de Washington (1963), 47-48
Marcha de Washington (1993), 47-48
marxismo, 61-73
masculinidade tóxica, 14, 110, 114-115
maternidade, 262-263
McIntosh, Peggy, 64-65
McKellen, Ian, 53
McKinnon, Rachel, 254
Me chame pelo seu nome (filme), 139-140
Mendelsohn, Daniel, 58-60
Mendes, Eva, 76-77
Mermaids (grupo britânico pelos direitos trans), 236, 265
mídias sociais, 110-111, 114, 120-122, 123-124
armadilhas das, 171-176, 197-198
Mill, John Stuart: *Sobre a liberdade*, 26
millennials: e fluidez sexual, 32
mimetismo sexual, 267-268
Minaj, Nicki: vídeo Anaconda, 89-90
Minogue, Kenneth: "síndrome de São Jorge aposentado", 15-16
misandria, 110-116
Mixed Martial Arts (MMA), 255
MLF (Machine Learning Fairness), 125-131
Moore, Suzanne, 229-230
Moran, Layla, 265
Morgan, Nicky, 26

Morgan, Piers, 20-21, 31, 82-83
Morgan, Richard K., 155
Morris, Jan (antes James), 208-212
Morrison, Toni, 180
Mouffe, Chantal, 65-68
Mouncey, Hannah, 254-255
movimento #MeToo, 50, 80
movimento de justiça social, 11, 123, 249-275
contradições e confusões, 251-256
e a era pré-lapso, 268-270
e espírito de generosidade, 272-273
e maternidade, 262-263
e opressão, 260-261
e politização, 274-275
e privilégio judeu, 273-274
e sociedades livres, 232
e solução de problemas, 264-268
e vitimização, 270-272
farsas, 72-73
ideologia da justiça social, 61-73
problemas de impossibilidade, 257-260
Moynihan, Daniel Patrick, 250
Mulholland, John, 230
Murphy, Meghan, 124
Murray, Charles, 185-186

N

nação *queer*, 46-47
National Geographic, 152-153
New York City Ballet, 29-30
New York Times, The, 28-30, 174-176, 191-192

Nicolosi, Joseph, 22
Nietzsche, Friedrich, 199
Nixon, Kimberley, 228
Norman, Jessye, 157
Norton, Quinn, 191-192
Nosek, Brian, 102

O

Observer, jornal, 230
Ocasio-Cortez, Alexandria, 265
Office for National Statistics (ONS), Reino Unido, 36, 37
Oliver, Jamie, 162
Olson-Kennedy, Aydin, 245-246
Olson-Kennedy, Johanna, 241-245, 246, 247
Olusoga, David, 153
OMS (Organização Mundial da Saúde): remoção da homossexualidade como transtorno, 33
ONS (Office for National Statistics), Reino Unido, 36, 37
opressão, 260-261
orientação sexual, 34-36
Ovídio: *Metamorfoses*, 58, 204
Owens, Candace,167

P

Paglia, Camille, 262
Pantera negra (filme), 153
Parada do Orgulho em Londres (2018), 233
Parada do Orgulho em Manchester (2018), 233

Patreon (website de patrocínio), 124
Penny, Laurie, 110-111
perdão, 193-200
Perry, Katy, 50
Petersen, Anne Helen, 139-140
Peterson, Jordan, 86-87, 186, 266
Pickup, David, 21
Pink News, 19, 24, 37, 55
Pinker, Steven, 69, 75
Platão: *O banquete*, 57
Pluckrose, Helen, 72
poder, 63, 65, 67, 94-96
  poder das mulheres, 95-96
  poder patriarcal, 62, 73, 94-95
  relações de poder, 69, 70-71
Polanski, Roman, 78
política identitária, 10, 11
pornografia na internet, 36
privilégio branco, 11-12
privilégio branco, 64-65, 137-138
privilégio judeu, 273-274
privilégio masculino, 113
privilégio, 73, 98
Pulse, massacre no clube noturno, 55

Q

QI: e genética, 185-187
Queer Nation (grupo radical), 46-47
queers, 45-47
  e gays, 46-47, 49
Question Time (programa de discussão política da BBC), 92
questões de gênero
  ambiguidade de gênero, 203-204

ÍNDICE

diferença salarial entre os gêneros, 260-261, 262-263, 266
disforia sexual, 219, 220, 237-240, 251
fluidez de gênero, 31, 203-204
fluidez sexual, 31-33, 117-118
gênero como constructo social, 64, 71, 188, 234
genética, 219
redesignação de gênero, 242-243: *ver também* cirurgias de mudança de sexo
questões gays
casamento gay, 13, 27, 50-51
gays e política, 53-56
gays e *queers*, 46-47, 49-50
homens gays: visão das lésbicas/mulheres gays, 44
igualdade, 13, 46-48, 50, 249
imprensa gay, 54
marchas do orgulho gay, 48
movimento de liberação gay, 55
movimento pelos direitos gays, 46--48, 50, 249
parentesco gay, 50-53
responsabilidades de ser gay, 55-56
QW (semanário gay), 46

R

raça
como constructo social, 71, 187--188
como ideologia política, 169-171
racismo, 12, 135-189
academia e, 136-139

antirracismo, 136-139, 141, 151, 175-176, 182-183
e cegueira racial, 141
entretenimento e, 154-159
leis de segregação racial, 135
Rafsky, Robert, 53
Ray, Tony, 78
RCP (Royal College of Psychiatrists), Londres, 21, 34
Reich, David, 187
Reid, Joy, 27
relacionamentos no local de trabalho, 93-98
relatório da *Bloomberg*, 97-98
religião, 9, 40
revelação, 32
Rivers, Josh, 253-254
Roberts, David, 259-260
Rogan, Joe, 255-256
Ronell, Avital, 69
Root, The (revista da comunidade negra), 150, 153
Roselli, Chuck, 40
Rousseau, Jean-Jacques: *Emílio ou Da educação*, 269
Royal College of Psychiatrists (RCP), Londres, 20, 34
Royal Shakespeare Company, 157
Royal Society of Arts, Londres, 100
Rudd, Paul, 76-77

S

same-sex attraction [atração pelo mesmo sexo] (SSA), 22
Samuels, Robert, 27

Sarandon, Susan, 82

SDMP (síndrome do ducto mülleriano persistente), 205

Sex and the City (série televisiva), 85

sexualidade: pressuposições sobre, 26

Shapiro, Bem, 218-219

Shriver, Lionel, 163-165

síndrome do ducto mülleriano persistente (SDMP), 205

síndrome do impostor, 94

Sociedade Endócrina, 242

Sociedade Intersexo da América do Norte (ISNA), 206

Sommers, Christina Hoff, 110

Sowell, Thomas, 169-170

SSA (*same-sex attraction*) [atração pelo mesmo sexo], 22

Stein, Arlene, 49

Stephens-Davidowitz, Seth, 36

Stonewall, 36, 49, 203

Stop Funding Hate, grupo, 52

Sullivan, Andrew, 48, 151

T

Tatchell, Peter, 47

terapias de conversão, 20, 24, 25, 34-35

TERFS (*trans-exclusionary radical feminists*), 124

teste de associação implícita (IAT), 100, 101-102, 184

The Times, 197

Thiel, Peter, 53-55, 166-167

Things Not to Say to a Non-Binary Person (filme da BBC), 247

Thurber, James, 118-120

Time, revista, 155

Times Are Racing, The (balé), 29

Tocqueville, Alexis de: *Da democracia na América*, 272

Traditional Values Coalition, 36

trans-exclusionary radical feminists (TERFS), 124

transexuais homossexuais, 214

transexualismo, 204, 207-212, 220

transfobia, 11-12, 200, 227-232, 254

transgenerismo, 14-15, 201-247, 264-265

agrupamento, 235-236

atitudes dos profissionais, 241-246

autoginecofilia, 212-216

direitos trans, 217-220, 250, 264--266

disforia de gênero, 219, 220-221, 237-240, 251

intersexo, 205-207, 264-265

James, 221-226

preocupações paternas, 234-235, 237-239

Timothy, 227

transexualismo, 204, 207-212, 220

transfobia, 11-12, 200, 227-232, 254

transracialismo, 253

travestismo, 204

e homossexualidade, 207-208

treinamento de viés inconsciente, 99--100

Trudeau, Justin, 257

Trump, Donald, 166-167

Tur, Zoey, 218-219

ÍNDICE

Tuvel, Rebecca, 252-253

Twitter, 123-124, 140, 153-154, 174-176, 191

U

Universidade de Yale, Connecticut, 146-148

Universidade Harvard, Massachusetts
políticas de admissão, 184-185
teste de associação implícita (IAT), 100, 101-102, 184

Universidade Rutgers, Nova Jersey, 149

universidades
ativismo de *campus*, 142-151
e antirracismo, 141
e racismo, 136-139, 141
Universidade Harvard, Massachusetts, 100, 102, 184-185
Universidade Rutgers, Nova Jersey, 149
Universidade Yale, Connecticut, 146-148

USPATH (Associação Profissional de Saúde Transgênero dos Estados Unidos), conferência em Los Angeles, 243-245

V

Vale do Silício, 10, 122-132

Velázquez, Diego, 128

verdade: e objetivos políticos, 133

Verhelst, Nathan, 201-202

Vice 154-155

vídeos de música pop, 89-90

viés de interação, 127

viés de seleção, 127-133

viés inconsciente, 99-100

viés latente, 127

viés, 126-133
teste de associação implícita (IAT), 100, 101-102, 184
treinamento de viés inconsciente, 99-102
viés de interação, 127
viés de seleção, 127-133
viés inconsciente, 99-102
viés latente, 127

violência racial, 250

vitimização, 257, 270-271

Voices of the Silenced (filme), 19-20, 21-23, 24

Vox, website, 175-176, 187

Vue, cinema, 19, 24

W

Wagner-Assali, Jen, 254

Ward, Douglas Turner, 142

Weinstein, Bret, 142-143, 145-148

Weinstein, Eric, 11, 264

Weinstein, Harvey, 50, 78

West, Cornel, 180

West, Kanye, 167-169

White, Blaire, 234

White, Karen, 265

Williams, Serena, 159

Williamson, Kevin, 180-181

Woit, Peter, 71

Wolf, Naomi, 109-110

Women Mean Business, conferência, 92-99, 102

WPATH (Associação Profissional Mundial de Saúde Transgênero), 243

Y

Young, Toby, 197-198

YouTube, 235, 236

Z

Žižek, Slavoj, 69

Este livro foi composto na tipografia
Minion Pro, em corpo 11/15, e impresso em
papel off-white no Sistema Digital Instant Duplex
da Divisão Gráfica da Distribuidora Record.